Áyax
Las Traquinias
Antígona
Edipo Rey

Sófocles

Áyax
Las Traquinias
Antígona
Edipo Rey

Introducción, traducción y notas de
José M.ª Lucas de Dios

Alianza editorial
El libro de bolsillo

Primera edición: 1988
Tercera edición: 2013
Octava reimpresión: 2025

Diseño de colección: Estrada Design
Diseño de cubierta: Manuel Estrada

Reservados todos los derechos. El contenido de esta obra está protegido por la Ley, que establece penas de prisión y/o multas, además de las correspondientes indemnizaciones por daños y perjuicios, para quienes reprodujeren, plagiaren, distribuyeren o comunicaren públicamente, en todo o en parte, una obra literaria, artística o científica, o su transformación, interpretación o ejecución artística fijada en cualquier tipo de soporte o comunicada a través de cualquier medio, sin la preceptiva autorización.

© De la introducción, traducción y notas: José M.ª Lucas de Dios
© Alianza Editorial, S. A., Madrid, 1988, 2025
  Calle Valentín Beato, 21
  28037 Madrid
  www.alianzaeditorial.es

ISBN: 978-84-206-7464-3
Depósito legal: M. 3.620-2013
Composición: Grupo Anaya
Printed in Spain

Si quiere recibir información periódica sobre las novedades de Alianza Editorial, envíe un correo electrónico a la dirección: alianzaeditorial@anaya.es

Índice

11 Introducción, por José M.ª Lucas de Dios
57 Nota bibliográfica

61 Áyax
125 Las Traquinias
183 Antígona
247 Edipo Rey

321 Glosario de nombres propios

*A
Conchita
José María
Arturo*

Introducción

I. Marco histórico

Con frecuencia, y sobre todo a partir de Tycho von Wilamowitz, se piensa que Sófocles es esencialmente dramaturgo, un artífice de acción teatral, preocupado básicamente por armonizar una serie de elementos escénicos en un todo brillante y espectacular, con la consiguiente despreocupación por una línea ideológica en su temática.

Este enfoque tan radicalizado pienso que no es muy exacto. Es evidente que en Sófocles hay una constante preocupación por conseguir en todo momento una depurada dramaturgia en su teatro; pero de ahí a negarle una clara y precisa directriz en la función pedagógica de su producción dramática hay un gran trecho.

Sófocles, como uno más, es hijo de su época y ante ella toma una postura determinada. En su obra podemos constatar las inquietudes espirituales de su momento histórico. Por ello, para poder abarcarle lo más posible, es preciso tener bien presente el cuadro histórico en el que va a desenvolverse.

Precedentes

Sófocles, como luego veremos más detalladamente al tratar de su vida, nace en los albores del siglo V a.C. en Atenas, es decir, su existencia se abre a la vida a la par que el gran siglo de oro en Grecia. Es el momento del apogeo intelectual ateniense en todas sus vertientes.

Ahora bien, para comprender el inicio y posterior desarrollo de la vida espiritual de Atenas a lo largo de este siglo V a.C. es necesario lanzar una mirada retrospectiva a su situación en una época anterior. El siglo VII a.C. se va a cerrar en toda Grecia con una serie importante de conmociones sociales. La gran colonización griega va a dar lugar a una alteración del esquema económico-social hasta ese momento existente, y que consistía en la retención de todos los poderes por parte de una oligarquía aristocrática. La masa popular va a enfrentarse repetidas veces a esa minoría de clase. Atenas, a pesar de no intervenir en este primer momento colonizador con gran intensidad, no por ello se queda atrás en este proceso de política interna. Solón será el elegido como mediador entre ambas facciones en lucha, y dará paso a una constitución política que será el primer recorte importante de los poderes omnímodos de la clase aristocrática ateniense, y esto ya dentro del siglo VI a.C.

Pero lo que va a caracterizar principalmente a este siglo VI en toda Grecia será la implantación de un nuevo estatus político: la tiranía. En un momento determinado un noble se pone al frente de las reivindicaciones del partido popular y trata de destruir las bases de la sociedad aristocrática precedente, con la consiguiente concentración de autoridad en su persona. Atenas también participa de este fenómeno generalizado en Grecia, y así vemos cómo el tirano Pisístrato, en medio de diversos acaeceres, domina la política de Atenas desde mediados del siglo VI hasta su muerte en el año 527 a.C.

A Pisístrato le suceden igualmente en calidad de tiranos sus hijos Hipias e Hiparco. Pero los dos últimos decenios de este siglo van a transcurrir en medio de una constante tensión entre la agonía de este régimen de la tiranía y la naciente democracia. Ahora bien, en Atenas esta transición se produce como resultado de una inversión de las alianzas, es decir, como un replanteamiento con fines eminentemente prácticos del esquema típico de la tiranía: los nobles, o al menos una parte de ellos, se dan cuenta de que para derrocar al tirano deben pactar con la masa popular, lo que habrá de ser el comienzo de la democracia.

Pero lo que debe quedar bien claro es que Atenas no se ve alterada en su estatus político por razones económicas o guerreras o de desarrollo ideológico, sino que se trata esencialmente de un paso basado en la visión realista de la situación presente. Por lo tanto, Atenas en este momento de entrada al siglo V es una ciudad básicamente conservadora y tradicional en todos sus aspectos, y será ahora cuando habrá de hacer frente a los grandes problemas ideológicos surgidos ya en otras colectividades. Atenas no se ve abocada al nuevo espíritu del siglo V a resultas de haber dado una solución a los planteamientos de la nueva mentalidad. Será ya dentro de un régimen democrático cuando habrá de buscar soluciones a ellos.

Pues bien, es en este marco del naciente siglo V ateniense en el que hay que circunscribir la aparición de Sófocles. Es en este momento cuando en Atenas habrá que dar una respuesta al dilema de la relación entre la esfera divina y la humana, y dentro de esta última a la relación entre la clase de la nobleza y el pueblo, con lo que ello comporta respecto al concepto de la justicia.

Etapa contemporánea

Sófocles gozó de una larga existencia. Si situamos su nacimiento por los años 497-496, y su muerte en 406-405, vemos cómo su vida se extiende prácticamente a todo lo largo del siglo V.

Este siglo V en Atenas podemos dividirlo en tres grandes períodos desde el punto de vista histórico e ideológico. Podemos hablar en cierto modo de tres generaciones de hombres, que habrán de ir haciendo avanzar los ideales democráticos surgidos con la caída de la tiranía. Pero habrá que destacar la existencia en todo momento de una línea de clara reacción o, si queremos, democracia moderada que corre paralela a su compañera más radical. Es decir, a todo lo largo de esta empresa por la ascensión del pueblo al poder notamos siempre dos niveles: de un lado, la corriente más vanguardista e ilustrada, dentro de la cual germinarán todos los movimientos intelectuales más característicos de este siglo de oro ateniense, y cuyos líderes políticos serán cronológicamente Temístocles, Efialtes, Pericles, Cleón. Pero, paralelamente a esta corriente, se desarrollará otra más moderada, en la que confluyen las ideas generales de este nuevo espíritu de la democracia, pero atenuadas por un mantenimiento de gran parte de los valores tradicionales. Al frente de este segundo grupo podemos colocar a Arístides, Cimón, Tucídides (hijo de Melesias), Nicias.

El primer período de los tres que mencionábamos en este siglo V se extiende hasta los años sesenta. Es la consecuencia directa del planteamiento derrocador de la tiranía, o sea, del compromiso realista y práctico, tanto por parte de la nobleza como del pueblo, por llegar a una convivencia pacífica, basada en un reparto de atribuciones que nivelase hegemonías precedentes.

Es también la etapa de la primera generación. Los hombres de este momento están convencidos de que el éxito ciudadano reside en una perfecta armonía de poderes, de que la convivencia se logrará a base de ceder unos y otros en parte de sus atribuciones. Es, por decirlo con una palabra, la generación de la concordia.

La gran figura ideológica de esta primera etapa es el trágico Esquilo. En Esquilo hay una constante tensión por alcanzar esta conciliación de los dos grupos. Esquilo se da cuenta del carácter trágico de esta pretensión, pero al final siempre es optimista y sus obras concluyen con un final feliz, o sea, con la consecución de esa armonía ciudadana. Ahora bien, para Esquilo el fundamento de este éxito es de carácter religioso: ese equilibrio de fuerzas no se debe a un acuerdo entre los hombres, sino que reproduce un modo de actuar de procedencia divina; la legitimidad del poder y la justicia sólo se consiguen siguiendo la pauta marcada por la voluntad divina.

El paso al segundo período en este siglo V en Atenas se produce con las reformas de Efialtes en el 462. Este político del ala radical reduce considerablemente las atribuciones del tribunal del Areópago, compuesto netamente por miembros de la nobleza, lo que supone lógicamente un afianzamiento del poder popular. Efialtes es asesinado al año siguiente, Cimón es desterrado, y Pericles se hace con el poder.

Pericles es la gran figura de esta segunda etapa. Las bases de la doctrina de Pericles son la libertad, la igualdad, la prosperidad, pero todo ello basado esencialmente en el poder de la razón. El éxito en toda clase de empresas dependerá de un meditado discernimiento en las deliberaciones previas a la decisión y acción subsiguientes. Por lo tanto, ya no existe esa norma divina de conducta a la que ceñirse, que postulaba Esquilo, sino que es el propio hombre el que debe ir construyéndose su futuro por la vía del razonamiento.

En realidad, la base de estos postulados políticos nuevos está en la corriente ideológica que en este momento se desarrolla en Atenas, es decir, la sofística. Continuadora de la filosofía de la naturaleza nacida en la Jonia del siglo VI, ahora en Atenas se crean unos movimientos espirituales con base eminentemente antropocéntrica. El punto central para esta ideología ilustrada es el hombre, que con la fuerza de la razón habrá de interpretar y abarcarlo todo. Esto, lógicamente, dará paso a una gran crisis moral y religiosa frente a las posturas tradicionales precedentes, basadas en una religiosidad de sometimiento absoluto a la divinidad.

Frente a esta corriente racionalista e individualista surgirá una reacción por parte de hombres con una mentalidad más tradicional, que opondrán a esta nueva ideología una postura menos optimistamente humana y más normativa. En este grupo habrá que incluir a Sófocles, aunque sobre esto volveremos más tarde al tratar directamente del aspecto ideológico de su producción dramática.

El tercer y último período de este siglo V se abre con la muerte de Pericles, al comienzo de la guerra del Peloponeso. Los dos grandes bloques ideológicos del mundo griego, el bando ateniense de un lado, democrático y progresista, el bando espartano de otro, oligárquico y reaccionario, después de una etapa de tensiones constantes, terminan por declararse en guerra abierta, y con ello da comienzo la guerra del Peloponeso. Es el año 431. Dos años más tarde, víctima de la peste declarada en Atenas, muere Pericles, lo que en realidad va a ser el comienzo del fin.

La guerra del Peloponeso condujo a la democracia griega a una situación sin salida. El ideal democrático de Pericles pasaba por una política de conciliación entre las dos grandes clases sociales. Y ello se mantuvo gracias al esplendor alcanzado en el plano de la economía. Sin embargo, ahora todo esto se va a venir abajo. La guerra supone el hundimiento económico y, con él, el moral dentro de esa unidad conseguida por Pericles. Las viejas virtudes democráticas del respeto, de la libertad, de la conciliación, del racionalismo en la deliberación son objeto constantemente de violencia. Y más aún. Esta política democrática interior experimenta un duro contraste con la actuación de Atenas en el exterior respecto a sus aliados, puesto que éstos, en sus intentos de defección, son objeto de duras represiones.

El pueblo, ante esta situación de crisis económica, se deja llevar de la oratoria de los demagogos, que pretenden a toda costa una continuación de la guerra contra Esparta en lugar de una paz honrosa. Pero frente a esto el partido de la democracia moderada comienza a levantar la cabeza cada vez con más insistencia. En el 404 se concluye esta guerra con el triunfo de Esparta y el fracaso de Atenas y de todo su sistema político.

II. Sófocles

Vida

Entre las diversas opciones propuestas en torno a la fecha de nacimiento de Sófocles se piensa que la más ajustada es la que nos proporciona el Mármol de Paros, que sitúa el hecho en los años 497-496.

Sófocles pertenece, por lo tanto, a la segunda generación de este siglo V según la división que hemos establecido más arriba, aunque por su edad también se extendió a lo largo de la tercera, es decir, la correspondiente a la guerra del Peloponeso. En este aspecto es interesante mencionar la leyenda acuñada en la Antigüedad, y según la cual Esquilo habría intervenido en la batalla de Salamina, jalón importante en la defensa de Grecia frente al invasor persa; Sófocles habría formado parte del coro de muchachos que entonó el peán en acción de gracias por la victoria, y Eurípides habría nacido ese mismo día. Evidentemente, se quería con esta invención establecer una gradación cronológica e ideológica entre los tres trágicos griegos: Esquilo sería un hombre forjado en el espíritu unitario de la Grecia de ese momento, frente al aparentemente irresistible avance persa; Sófocles pertenecería a una generación posterior a estas Guerras Médicas, pero salido directamente de ellas; mientras que Eurípides tendrá noticia de ellas ya de una manera más lejana y, consiguientemente, menos influyente en su manera de ver las cosas.

Su círculo familiar también es importante. Sófocles nace en una familia ateniense acomodada. Su padre, Sófilo, era un fabricante de armas. Recibió en su juventud una educación esmerada. Sobresalió tanto en la gimnasia como en las restantes artes: sabemos que intervino públicamente en un coro de danza, así como tocador de cítara. De su mujer Nicóstrata tuvo un hijo, Iofonte, que también fue poeta trágico; pero de una extranjera, Teoris de Sición, tuvo otro hijo, Aristón, del que a su vez nacería Sófocles el Joven, nieto preferido de su abuelo y también como él autor dramático. Pero, en fin, en lo relativo a su medio familiar vemos que Sófocles pertenece a un ambiente tradicional, lo que no quiere decir que tengamos que incluirlo entre el grupo oligarca, opuesto a la política radical de un Pericles, pero lo que es claro es que por su ascendencia familiar Sófocles pertenece a la clase de ciudadanos que, sin desdeñar los grandes ideales de la naciente democracia, no abandona por ello su relación y dependencia con otras ideas más tradicionales, en las que predomina un pesimismo ante el poder omnímodo de los dioses.

Dejando ahora de lado su producción dramática, Sófocles intervino alguna vez en los asuntos públicos de la ciudad. Al lado de Pericles aparece como estratego en la campaña contra Samos en 441-440, al poco por lo tanto de haber estrenado su *Antígona*. Dos años antes había sido nombrado *helenotamía,* es decir, una especie de inspector de los tesoros aportados por la Liga de ciudades griegas bajo la soberanía de Atenas. Y esto coincide con la circunstancia de que ese mismo año debió de haber reformas profundas en el sistema tributario. Ya de edad avanzada, en el año 413, es elegido miembro de la *probulé,* comisión surgida tras la derrota ateniense en Siracusa, y que es un intento del partido oligárquico de frenar el poder de la asamblea popular, dado el cariz que iba tomando la guerra.

Todo esto, unido a las noticias que sobre él nos transmite la Antigüedad, nos dibuja a Sófocles como un hombre de un gran equilibrio y moderación espirituales. Sus contemporáneos, por ejemplo Aristófanes en su comedia *Las ranas,* nos lo describen como una persona de un carácter apacible y feliz, lo que no deja de estar en agudo contraste con la profundidad trágica de sus personajes, que saben hacer frente decidido y firme al inexorable destino divino.

Sobre la fecha de su muerte tenemos datos más seguros que sobre su nacimiento. En el Proagón de las Dionisias, presentación de las diversas compañías de teatro que intervendrían pocos días después en los concursos dramáticos, en el año 406, Sófocles hizo aparecer a su coro y a sus actores vestidos de negro por la reciente muerte de Eurípides, lo que nuevamente nos vuelve a reflejar su espíritu piadoso. Sin embargo, ya había muerto cuando al año siguiente Aristófanes puso en escena su comedia *Las ranas* en las fiestas Leneas. Sófocles había muerto en el intermedio.

Obra

El filólogo alejandrino Aristófanes de Bizancio, siglo III-II a.C., poseyó 130 tragedias de Sófocles, de las que siete se tenían por espurias. A nosotros nos han llegado los títulos de 124 (para los problemas que ha planteado este número a la crítica filológica, cf. la introducción a los *Fragmentos* sofocleos que he hecho para la Biblioteca Clásica Gredos). Todos estos datos nos hablan de la gran producción dramática de nuestro autor y, a la vez, de la penuria de lo que realmente conservamos. Además, es de destacar el hecho de que, según noticias antiguas, con frecuencia obtuvo el primer puesto en los concursos dramáticos, y nunca quedó en tercer lugar, dato este que se valorará en su justa medida si tenemos presente que a menudo entró en rivalidad con Esquilo primeramente y luego con Eurípides.

De toda esta vasta producción sólo conservamos enteras siete tragedias: *Áyax, Las Traquinias, Antígona, Edipo Rey, Electra, Filoctetes* y *Edipo en Colono*, a lo que hay que añadir el drama satírico *Los Rastreadores*, que conservamos en una gran medida gracias a un papiro descubierto en 1907.

En lo referente a la cronología, sólo tenemos dos fechas exactas documentadas, y son el año 409 para su *Filoctetes,* y el 401, después de su muerte, para el *Edipo en Colono.* Con una menor seguridad, aunque con gran probabilidad, *Antígona* se cree que fue estrenada el 442. Para ordenar el resto hay que recurrir a procedimientos que podríamos llamar internos, es decir, a motivos literarios, o a relaciones entre alusiones del texto y la vida real de la ciudad o a otros varios. Según esto últimamente se suele coincidir en darles un orden cronológico como el que acabo de exponer más arriba al enumerarlas.

Sobre las cuatro primeras tragedias, motivo de la posterior traducción, hablaremos más tarde y con más detenimiento. Hagamos, pues, ahora alusión a las otras tres, precisamente las tres últimas cronológicamente de las que conservamos.

Electra, como su título ya indica, pertenece a la leyenda de Agamenón, general en jefe de la expedición griega contra Troya, que al volver a su patria, Micenas, muere a manos de su mujer Clitemestra, unida ilícitamente a Egisto. Ante la muerte de su padre, sus hijos, Orestes y Electra, se ven en la obligación de vengarle, tema este que será el contenido de *Las Coéforos* de Esquilo. También Eurípides escribe en el año 413 una tragedia con el mismo título que ésta de Sófocles, y la crítica moderna vacila al considerar cuál de las dos puede ser anterior a la otra, aunque lo que sí es cierto es que no están muy alejadas en el tiempo la una de la otra.

Tenemos, por lo tanto, un hecho corriente en el teatro griego: un mismo tema, en este caso la venganza de la muerte de Agamenón por parte de sus hijos, tratado por los tres trágicos griegos llegados hasta nosotros. Y, como es también lo normal, el tratamiento de cada uno es diferente, según la particular ideología y enfoque de la situación.

En *Las Coéforos* de Esquilo el tema central de la obra es el hecho mismo de la venganza: ha habido una muerte que requiere una justificación; lo de menos será quién y cómo se ha de llevar a efecto, lo importante es que ha de cumplirse. En la *Electra* de Sófocles el enfoque es diferente. Ahora el centro de la pieza es la propia Electra. Lo que persigue Sófocles con su tratamiento de este tema común es diseñar el proceso psicológico de la heroína ante la obligación de la venganza. En Esquilo la escena de la llegada de Orestes del exilio y el consiguiente reconocimiento de los dos hermanos se producen al comienzo de la obra y, a partir de ese momento, Electra pasará a un segundo plano. En Sófocles es diferente. La muchacha domina la acción de principio a fin, Orestes aparecerá ya muy avanzada la tragedia. El arte de Sófocles se centrará en ir describiendo el avance paso a paso de Electra en su decisión de ser ella misma la que lleve a cabo la venganza. En tercer lugar, la *Electra* de Eurípides vuelve a poner el centro de la obra en el hecho de la venganza, pero la distancia del tratamiento eurípideo y el de Esquilo es semejante a la que había entre sus propias ideologías: Esquilo es un demócrata de la primera época, de los acuñados en la guerra contra el poder persa, con lo que ello significa de ansia de unión y concordia; Eurípides, por el contrario, es un hombre plenamente imbuido de las ideas avanzadas de la ilustración sofística, y las gestas contra el persa no son más que relatos de sus mayores.

Ahora bien, debemos decir que en *Electra,* e igualmente en las otras tragedias posteriores, no nos encontramos con el típico conflicto trágico de Sófocles entre el hombre y la divinidad, como sucede en *Áyax* o en las otras tres que en este volumen traduzco. Aquí ya no se da ese contraste inconciliable entre la determinación del hombre y el designio divino, ya no tenemos esa situación del hombre desconocedor e impotente ante el orden del mundo. Desde esta tragedia de *Electra* en adelante nos encontramos primordialmente con la descripción del sufrimiento de un protagonista que va avanzando camino de su liberación.

En el año 409, Sófocles estrena su versión de *Filoctetes.* Es el tema del héroe Filoctetes que, enrolado en la campaña griega contra Troya, es abandonado en la isla de Lemnos por causa de la hedionda herida que le causó la mordedura de una serpiente, y que hacía que su trato fuese insoportable para los demás. En los momentos últimos de la guerra un oráculo hace saber a los griegos que no tomarán Troya si no es hecho venir Filoctetes, que con su arco portentoso, regalo en otro tiempo de Heracles, llevaría a término victorioso la expedición.

La acción desarrollada por los tres grandes trágicos griegos sobre este tema consiste en la traída de Filoctetes a Troya desde Lemnos. No sabemos mucho sobre el tratamiento que le dieron Esquilo y Eurípides, pero los datos que al respecto nos han llegado nos hacen pensar que Sófocles introdujo importantes variaciones. En su versión se destaca la pintura desgarradora de la situación doliente de este anciano, abandonado en la mayor miseria y soledad, pero también las intrigas y tretas de Odiseo, que junto a Neoptólemo viene ahora a Lemnos con orden de llevar al anciano a Troya. Filoctetes, a pesar de su situación miserable y de los diversos engaños que urde Odiseo para llevárselo, al final se mantiene en su postura heroica de no ceder ante los que antes le traicionaron y ahora le reclaman. La obra en un momento parece que va a concluir así, pero Sófocles no puede variar esencialmente el contenido de la leyenda y, según ésta, Filoctetes vuelve a Troya. En esta situación, cuando ya la tragedia parece que se encamina a su desenlace con la negativa insolucionable de Filoctetes, Sófocles hace aparecer a Heracles en lo alto, utilizando el procedimiento tan querido a Eurípides del *deus ex machina,* y ante la petición de Heracles, Filoctetes cede.

La última obra sofoclea llegada a nosotros es *Edipo en Colono.* El mismo Sófocles murió sin verla representar, y sería en el 401 su nieto Sófocles el Joven el que la estrenara.

Esta tragedia, evidentemente, es una continuación temática de *Edipo Rey.* En esta última hemos visto a Edipo expatriarse de Tebas en medio de la desgracia y el dolor. Ahora, en *Edipo en Colono,* Sófocles nos presenta al héroe ya anciano y próximo a su final, y toda la tragedia está encaminada a la exaltación de este personaje en su última hora. Pero también hay una glorificación de Atenas, de su Atenas, de la Atenas a la que Sófocles ha entregado todos sus desvelos y afanes: en su eterno peregrinar Edipo llega a Atenas precisamente cuando su existencia está a punto de concluir, pero ahora los dioses quieren dignificar con la categoría de héroe al pobre anciano ciego, y es en este momento cuando Sófocles hace llegar a

Edipo a Atenas, para que así esta ciudad sea el puerto de descanso final del héroe.

En el bosque sagrado de las Euménides próximo a Atenas, en Colono concretamente, Edipo, con la ayuda de Teseo –el memorable rey de Atenas–, logra superar los varios intentos de Creonte, su cuñado, y luego de Polinices, su hijo, por llevárselo consigo, pues se ha dicho que reinará en Tebas aquel que posea el cuerpo del anciano rey expatriado. Pero Edipo descansará para siempre en tierra ateniense, con lo que su tumba de héroe glorificará a la ciudad.

Además de las siete tragedias mencionadas conservamos de Sófocles gran parte de un drama satírico titulado *Los Rastreadores:* un coro de sátiros, bajo la dirección de su padre Sileno, tratan de encontrar las vacas robadas a Apolo y de esa manera conseguir el premio ofrecido; el autor del tal robo es Hermes, y al final se consigue la reconciliación entre ambos dioses hermanos con el regalo de la lira a Apolo por parte de Hermes.

Ideología

Los tres trágicos griegos nos presentan un esquema de pensamiento muy diferente entre sí, aunque de todas formas eso no quita para que la distancia entre Esquilo y Sófocles sea menor que la que separa a ambos de Eurípides.

En el punto inicial de esta introducción hablábamos de un Esquilo como el representante de una teología natural, de una armonización entre la esfera divina y humana, aunque para ello se necesitase de esfuerzo y lucha. Esto mismo, a nivel político, lo llamábamos democracia religiosa. Eurípides, por el contrario, es un puro representante de la ilustración sofística y racionalista.

Pues bien, Sófocles, aunque más cerca de Esquilo que de Eurípides, representa no obstante un tipo de pensamiento bastante diferente. Es, por decirlo con una palabra, un hombre religioso, es decir, un hombre preocupado esencialmente por la relación de la acción y destino humanos en su conexión con el orden del mundo, orden éste que ha sido determinado previamente de forma inmutable por los dioses.

En Sófocles, pues, hay dos esferas de actuación: una, la divina, que determina el orden de la existencia humana y marca el camino de actuación del hombre; otra, la humana, que debe acomodarse a la anterior. Lo cual no quiere decir que para Sófocles haya una plena moralización en el actuar del hombre a resultas de esta línea de comportamiento fijada de antemano por los dioses. En casos como el de Edipo o el de Deyanira se trata claramente de culpabilidades inconscientes, pero ha habido un rompimiento de un orden establecido e inevitablemente viene el castigo consiguiente.

Ahora bien, en esta situación del hombre hay dos elementos constitutivos de su naturaleza. Uno es el sufrimiento. El sufrimiento es un componente consustancial del hombre. Esto es claro en los casos de un comportamiento como el de Creonte en *Antígona,* que, llevado de unas ideas netamente humanas, se atreve a alterar el orden divino de dar culto a los muertos. Pero para Sófocles el sufrimiento humano se da incluso cuando el héroe actúa de acuerdo con las leyes divinas, como vemos en Antígona o Electra.

El segundo elemento constitutivo de la naturaleza humana es su sujeción al error. Es frecuente en las tragedias sofocleas el hecho del oráculo malinterpretado, que al final acaba por cumplirse. Así, por ejemplo, el caso de Edipo en la primera tragedia de las dos que llevan su nombre. También es el caso de Deyanira, que interpreta equivocadamente los preceptos del centauro.

En este estado de cosas es importante describir la figura del héroe sofocleo. Su actitud es inflexible, pero nunca triunfa ante la divinidad. Antes bien, su fracaso y posterior reconocimiento del orden del mundo le elevan a la cumbre de la naturaleza humana. De esta forma no hay aniquilación de un hombre, sino el nacimiento de uno nuevo.

Ante este esquema de la naturaleza humana, Sófocles propone como norma de vida la *sophrosýne*, el reconocimiento de las propias limitaciones ante el poder absoluto de la divinidad. De *sophrosýne* están necesitados en su primer momento todos los héroes sofocleos. En este sentido podemos ver claramente cómo Sófocles se encuentra a medio camino entre la concepción heroica tradicional, cuyo ideal heroico y agonal está bastante lejos de esta visión más humana del hombre, y la postura racionalista de la sofística, con su desprecio por un orden regido por los dioses y no por la razón humana.

En definitiva, Sófocles propugna un nuevo tipo de ideal humano. De un lado, hay en él el abandono de una serie de presupuestos típicamente aristocráticos, como era, por ejemplo, la afirmación absoluta en sí mismo del héroe; ahora el héroe para Sófocles es una mezcla de sufrimiento y error, lo que está muy lejos del ideal heroico de un Píndaro, y consiguientemente nos encontramos con un tipo de héroe más humanizado. Pero, de otro lado, Sófocles no llega a meterse en las aguas de la sofística con su ideal del hombre como centro del mundo. Sófocles abandona el esquema tradicional y aristocrático del hombre, pero conserva en una importante medida elementos de aquél. Para Sófocles la división de los hombres no será ya según la clase, sino según su carácter, lo cual supone una separación por igual del héroe aristocrático y del ideal sofístico.

Si pasamos a considerar su pensamiento político, observamos que se da este mismo equilibrio al que nos venimos refiriendo, aunque en realidad en nuestro poeta el tema de la política y de la relación del Estado con los ciudadanos no es asunto central, sino que lo individual, lo religioso, lo familiar son realmente los motivos predilectos.

En este terreno podemos notar una prolongación del ideal humano sofocleo, antes descrito, al campo de la política. De un lado, Sófocles comulga con una serie de ideas de la nueva democracia, sobre todo con el esquema democrático propuesto por Pericles. Y, así, vemos que propugna una tendencia igualitaria entre los ciudadanos, el mantenimiento de una serie de principios morales, un respeto a los demás; en definitiva, la implantación de un nuevo tipo de hombre que sobrepase el ideal heroico aristocrático de la época arcaica.

Ahora bien, frente a esto Sófocles presenta también su lado antidemocrático. Para él la ciudad debe someterse en todo momento a la ley divina. Quienes ejercen el poder político deben en todo momento tener presente lo que está establecido por los dioses. Hay en él un claro rechazo de los puntos extremos de la democracia radical. En modo alguno admite que el hombre con su razón pueda determinar la línea de actuación. De otro lado, su postura política es siempre negativa; Sófocles en ningún momento fija unas normas positivas y concretas de conducta política, sino que en este terreno su pretensión en todo momento es poner de manifiesto lo que no debe hacerse, el lado rechazable de un conflicto.

Vemos, pues, que el pensamiento político sofocleo no es más que una prolongación de sus ideas sobre el hombre individual. Por ello no podemos decir que Sófocles perteneciese al grupo reaccionario de la aristocracia, que a lo largo de todo este siglo V a.C. fue viendo cómo sus antiguos privilegios se perdían ante el acoso de las nuevas clases sociales pujantes. Sófocles es un hombre tocado por algunas de las nuevas ideas de la incipiente democracia, pero a la vez no está dispuesto a abandonar otra serie de normas tradicionales de conducta. Llega a admitir la igualdad entre los hombres, pero para él la divinidad sigue siendo el centro del acontecer humano. Sófocles está en una medida importante identificado con la democracia de un Pericles, pero cuando las posturas de ambos bandos, el radical y el moderado, se extreman durante la guerra del Peloponeso, en ese momento Sófocles se encuentra a sí mismo fuera de época.

Sófocles como autor dramático

Desde una perspectiva puramente teatral, Sófocles supone para la tragedia griega un paso adelante de relevante importancia. Pero para conseguir una más precisa valoración de su aportación a la evolución del teatro es necesario que antes demos algunos datos y remarquemos algunas características de la situación anterior a Sófocles y, de esta forma, se podrá ver mejor su papel dentro de la historia de este género literario.

Dejando de un lado la cuestión referente a los orígenes del teatro, que nos llevaría bastante lejos de nuestro propósito actual, conviene tener presente que la creación del teatro como tal hay que situarla a finales del siglo VI a.C. Tradicionalmente se suele atribuir la creación de la tragedia a Tespis, que sería el vencedor del primer concurso, celebrado el 535-534 a.C. De todas formas, cuando realmente podemos hablar ya de obras trágicas es al comienzo del siglo V. De esta etapa la figura predominante es Esquilo. Pues bien, ante estos datos vemos cómo Sófocles se encuentra muy próximo al nacimiento de este género literario que tanta importancia iba a conseguir en la historia literaria posterior hasta nuestros días.

El teatro griego en estos momentos iniciales esquíleos presenta lógicamente todavía una gran rigidez. Un elemento importante en él lo constituye el coro, lo que nos habla, por otro lado, de su proximidad a sus orígenes, pues es bien sabido que el teatro nace de prácticas rituales en las que interviene un coro. En Esquilo el coro se mantiene como componente básico de la acción de la obra, y así vemos cómo sus intervenciones son frecuentes y extensas. Como el coro actúa de forma lírica, es decir, cantada, las obras conservadas de Esquilo vemos que tienen un porcentaje elevado de versos líricos frente a los recitados, que son los que corren a cargo de los actores o del corifeo, representante este último a nivel individual y de recitado del sentir de la totalidad del coro. De todas formas, esto no quiere decir que tanto los actores como el corifeo no puedan intervenir también de forma cantada, lo que en Esquilo sucede en muchas ocasiones, hecho este que viene a aumentar la actuación lírica total de una tragedia esquílea.

De otro lado, las partes recitadas son primordialmente narrativas, se trata en una mayoría de casos de relatos de hechos acaecidos fuera de la escena, que son traídos a ésta en boca de un mensajero. Esta característica se une a lo anterior para configurar así un tipo de obra dramática esencialmente no activa, es decir, aquella en la que no hay una verdadera acción en el desarrollo de la misma. La característica básica de este género literario que es el teatro sabemos que es la acción. Pues bien, en estos primeros estadios de la tragedia griega, dominados por la figura de Esquilo, tal acción dramática está ausente en una gran medida de la escena: las cosas suceden fuera, y son traídas a escena mediante narraciones, ante las que el coro reacciona.

Uno de los determinantes de este tipo de teatro es el hecho de que el autor dramático no dispone más que de dos actores, lo que dificulta grandemente el que haya un cierto movimiento en la escena. El argumento de la obra puede constar de una pluralidad de personajes, pero para todo ello el autor sólo puede utilizar dos actores, que se van alternando en los diferentes papeles, lo que determina que en escena sólo pueda haber simultáneamente dos personajes como máximo. De todas formas, Esquilo en la *Orestía*, la última trilogía que conservamos de su producción dramática, ya utiliza tres actores, lo que hace que la acción sea ya más movida que en las obras anteriores. Pero tengamos presente que la *Orestía* es ya de los años cincuenta, es decir, de mediados de siglo.

Frente a esta situación de la tragedia griega en su primera etapa Sófocles va a suponer un avance importante en este aspecto de la técnica dramática.

Tradicionalmente se viene atribuyendo a Sófocles una serie de innovaciones que van a agilizar el desarrollo de la acción dramática. De un lado está la introducción de un tercer actor, hecho este ya aludido más arriba, y que Esquilo ya utilizó al final de su vida. Con esta innovación la acción en la propia escena va a ganar en intensidad en una gran medida. Ya se podrá disponer de dos actores que intervengan en escena y reservar una tercera posibilidad para un repentino mensajero, cosa antes imposible. O más aún. Que sean tres los actores que intervengan en una misma escena sobre unos hechos conocidos anteriormente.

Este papel relevante concedido a los actores repercute en múltiples factores. De un lado, el coro pierde su puesto de centro de la obra, ya que ahora van a ser los actores los que comiencen a llevar progresivamente el peso de la obra. El coro dejará de ser el epicentro de la acción, y tal vez en relación con esto es como hay que entender la reducción del número de coreutas o componentes del coro de 15 a 12, innovación esta también atribuida a Sófocles. Pero tengamos bien presente que en Sófocles este abandono del papel preponderante del coro es paulatino, lógicamente, y por ello no podemos atribuir un juicio unívoco a este respecto en relación con toda su producción dramática, dándose además la circunstancia de que entre algunas de sus obras conservadas hay un espacio de tiempo de casi más de cuarenta años. El coro en Sófocles ha perdido el puesto relevante que tenía en Esquilo, y notamos también una progresiva pérdida de importancia a lo largo de su producción dramática, pero aún no estamos en la situación de Eurípides, en el que el coro es ya en muchos casos –no en todos– un resto arqueológico y con una total desvinculación de la marcha de la acción de la obra en ocasiones.

Otra consecuencia en este relevo de protagonismos es el incremento de las partes recitadas a cargo de los actores entre sí, con la consiguiente disminución de partes líricas o cantadas a cargo del coro. En Esquilo las tiradas de versos líricos en boca del coro eran extensas, y a menudo comportando minuciosas narraciones, puesto que el coro era el elemento central de la acción. Ahora la situación es distinta. El coro interviene menos y, cuando lo hace, se trata de una actuación más corta, en la que predomina el carácter de reacción anímica ante la marcha de la obra, aunque esta generalización, como todas, no abarca la totalidad de los casos, y no es éste el lugar de pasar a un mayor detallismo, cosa por otra parte que ya hemos hecho en otros trabajos.

Otra innovación tradicionalmente atribuida a Sófocles está también en estrecha relación con lo que venimos diciendo. Me refiero a la supresión de la composición en trilogías. Entre las bases que había para participar en los concursos trágicos estaba la de que cada autor debía presentar tres tragedias, a lo que se habría de añadir un drama satírico. Esquilo componía estas tres piezas requeridas en trilogías, es decir, todas ellas iban enlazadas con el mismo argumento. La *Orestía* es la única trilogía entera que conservamos. Este hecho le facilitaba que sus coros pudieran extenderse en amplias exposiciones, dado que disponía de mucha extensión para un mismo tema. Sin embargo, Sófocles renuncia a este procedimiento, y sus tres tragedias en cada ocasión presentaban una temática distinta entre sí –dejando aparte los casos de excepción. En consecuencia, nuestro poeta dispone de una menor amplitud y, consiguientemente, sus obras son menos narrativas y portadoras de una mayor acción.

A niveles más inferiores de composición, Sófocles trastoca esencialmente el arte esquíleo de composición. Los diálogos se hacen más frecuentes y más vivos. Las grandes tiradas de versos características de los personajes esquíleos se acortan ahora con Sófocles, y se intercalan partes dialogadas en medio, volviendo a continuación el personaje a tomar el rumbo de su exposición. Las unidades de un contenido específico que en Esquilo tenían una estructura más o menos precisa ahora en Sófocles se complican de múltiples formas: o bien se amplían con la adición de nuevos elementos, o bien se duplican o triplican o cuadriplican en su totalidad, y todo esto con muy variados procedimientos.

En una palabra, con Sófocles la acción dramática gana una importancia decisiva. La escena se convierte en el centro mismo de la obra. Los hechos fundamentales tienen lugar delante del auditorio, que es ahora testigo directo de los pasos esenciales de la acción de la obra. Con Sófocles, pues, se inaugura lo que podríamos llamar un teatro moderno.

Convendría también decir alguna palabra sobre el estilo sofocleo. Esquilo nos presenta un estilo grandilocuente, con una gran influencia de la épica a diversos niveles, enfático y artificioso. Frente a él, Sófocles altera profundamente estos rasgos, componiendo sus obras con un estilo mucho más abierto y llano, lo que no obsta para que lógicamente en las primeras obras conservadas notemos una clara influencia esquílea, como por ejemplo en *Áyax,* donde la huella épica es notable, aunque en realidad más que considerarlo como influencia de su predecesor habría que pensar que se trata de una característica de este género literario incipiente, que en sus inicios toma elementos de los otros géneros ya existentes, en este caso la épica y la lírica.

Si pasamos ahora a otro nivel y tratamos de determinar la existencia de una serie de momentos generales en el desarrollo de toda obra sofoclea, deberemos concluir que se observan siete partes claramente distintas y que se dan en toda su producción dramática conservada, lo que podría llamarse el esquema o armazón de la tragedia sofoclea con mayúsculas. Pero debe quedar bien claro que esta segmentación es a un nivel general, pues después, dentro ya de cada parte, hay una disparidad de tratamiento, según sea el parecer del poeta para cada caso concreto.

Toda obra sofoclea se abre con el prólogo. Es generalmente admitido el carácter secundario del prólogo desde el punto de vista de la historia del teatro griego. La situación originaria, como lo atestiguan *Los Persas* y *Las Suplicantes* de Esquilo, debía de consistir en la entrada del coro en escena dando con ello comienzo a la obra, lo que no deja de ser un reflejo más de cómo en los primeros estadios el coro es el verdadero protagonista de la obra. En Sófocles ya encontramos todas sus obras abiertas por una escena previa a la llegada del coro, a lo que llamamos prólogo, y cuya función es enmarcar la orientación de la obra, enmarcación esta que será tanto en lo referente a la temática de la tragedia como a la postura en ocasiones de algunos de los personajes importantes.

Tras el prólogo viene la *párodos*, o entrada del coro en escena. Esta parte es siempre a cargo del coro y, por lo tanto, cantada. Ahora es cuando realmente da comienzo la acción de la obra. Los contenidos de la *párodos* son de tipos variados, en relación con la situación de cada caso en concreto.

Una vez concluida la *párodos,* tiene lugar la escena del mensajero, que va a traer una noticia de fuera, y será la base y punto de arranque argumental de la acción central de la tragedia. Esto a nivel general. Ahora bien, en cada obra en particular encontraremos esquemas formales diversos según sea la intencionalidad dramática del poeta: en casos como *Las Traquinias* o *Antígona* esta parte se desdoblará en dos escenas; en *Electra* vemos cómo Sófocles ha intercalado un período de retardamiento entre la *párodos* y la llegada del Ayo en función de mensajero trayendo la noticia de la muerte de Orestes; en *Edipo Rey* lo que se pensaba que iba a ser la típica escena de mensajero se rompe a la mitad y se transforma en una escena de enfrentamiento entre actores, aunque con la misma finalidad narrativa que la escena-tipo. En definitiva, tras la llegada del coro en la *párodos* hay siempre un momento expositivo, que creará la base para la acción subsiguiente de la tragedia.

Después de que ha tenido lugar el período inicial narrativo mediante esa escena de mensajero aludida, la acción de la obra se pone en movimiento, y se da paso al momento del *agón* o enfrentamiento entre los actores, aunque también puede intervenir el coro. Éste es normalmente el punto central de la obra. En él se debate la problemática expuesta en lo que va de obra. Lógicamente, las realizaciones concretas varían de obra a obra. En *Antígona,* por ejemplo, vemos cómo esta parte se amplía a tres enfrentamientos, ocupando una extensión respetable: Creonte-Antígona, Creonte-Hemón y Creonte-Tiresias. En estos casos de grandes ampliaciones de un mismo momento pueden ir las distintas unidades inferiores separadas por cantos del coro.

Una vez concluido el *agón,* tiene lugar una escena típicamente sofoclea, y que no se da en la totalidad de las siete tragedias conservadas, sino en las cuatro más antiguas, que son las que en este volumen traducimos. Me estoy refiriendo al *estásimo* o canto del coro «en falso». El momento de enfrentamiento ha terminado y parece que ha sido con rumbo próspero. La situación antes sin salida se ha solucionado y todo parece marchar bien. En este preciso momento el coro entona un canto de alegría, porque el problema ha desaparecido y todo se ha arreglado. Sin embargo, esta alegría va a durar poco tiempo. En la escena inmediatamente siguiente se descubrirá lo equivocado del anterior optimismo. Es ésta una escena netamente orientada a un efectivismo dramático ausente del resto del teatro griego.

Tras esta explosión de alegría «en falso» viene el desenlace real y verdadero de la acción de la obra, que es muy otro de aquel que el coro esperaba. Con este descubrimiento de la auténtica realidad se llega al fin de la acción que se ha venido desarrollando a lo largo de toda la obra. El poeta utiliza o bien un mensajero o bien un personaje concreto en función de aquél, que de forma narrativa pone fin al argumento central de la obra.

Ya realmente puede decirse que la tragedia ha terminado, puesto que su acción central ha llegado al desenlace definitivo. Sin embargo, el poeta lo prolonga aún un poco mediante un período que podría llamarse «acción hacia el final de la tragedia». Esta última parte presenta un contenido complejo y muy diverso en cada caso. Pero en definitiva, se trata del cierre de la obra.

Éstas son, pues, las siete partes de que consta cada tragedia sofoclea. Ahora bien, debe quedar bien claro que luego, en cada obra en particular, el poeta somete esta estructura general a constantes variaciones en función de finalidades específicas de cada argumento.

En resumen, debemos cerrar este punto de la valoración dramática de Sófocles con las mismas palabras con que lo abríamos. El papel de nuestro poeta en la evolución de este género literario, de cara a la consolidación de un teatro moderno, es esencial. Toda su labor como dramaturgo podemos resumirla diciendo que depuró todos los elementos arcaicos y prácticamente preteatrales en busca de la consolidación de este género literario que es el teatro, y que tan larga historia habría de recorrer.

Áyax

Áyax es la tragedia de la caída de uno de los grandes héroes homéricos. Áyax el hijo de Telamón es en la *Ilíada* uno de los bastiones más recios en apoyo del ejército griego. En diversas ocasiones ha brillado por su celo guerrero ante los ataques del lado troyano. Después de Aquiles se le considera el héroe más fuerte y aguerrido de la expedición griega. En un momento dado sale elegido para enfrentarse en combate singular a Héctor, el gran héroe troyano. Pues bien, ahora en manos de Sófocles es sujeto y objeto, agente y paciente de una de sus obras. Su grandeza heroica acuñada en el recitado épico se derrumba y vuelve a resurgir en el tratamiento que hace de él Sófocles en esta tragedia. Llevado de su osadía sin límites, Sófocles lo hace precipitarse en la ruina más absoluta con el desenlace obligado del suicidio, pero luego, una vez que las cosas del orden divino han quedado restablecidas en su sitio debido, en ese momento la grandiosidad de su figura vuelve a aflorar con ese reconocimiento final de su valía por parte de uno de sus más acérrimos enemigos.

El prólogo de *Áyax* es una muestra del gran hacer dramático de Sófocles. De un lado, en una primera parte de la escena se nos sitúa la acción. Áyax, ante el veredicto adverso de los jueces en torno a la concesión de las armas de Aquiles, resuelve ebrio de cólera vengarse de los dos Atridas y, en especial, de Odiseo, que ha sido el afortunado del juicio habido por las tales armas. Sin embargo, la diosa Atena, celosa protectora de la expedición griega, le sale al paso y, ofuscando su mente, lo precipita sobre los ganados, botín del ejército griego. Esto es en dos palabras lo que Atena refiere a Odiseo en esta primera parte del prólogo.

Pero Sófocles quiere ya desde los primeros momentos crear una gran tensión y expectación en el auditorio. Y esto lo va a conseguir con lo que sigue dentro del mismo prólogo. Atena hace salir a Áyax de su tienda, aún poseído de locura, y lo muestra en esta actitud tan antiheroica a su mayor enemigo. En estas circunstancias Áyax es un héroe de barro, un gigante que se tambalea, poseído de su tan quimérica grandeza. Pero no se detiene ahí Sófocles. Cuando el espectador espera que la reacción de Odiseo sea la de disfrutar con el ridículo de su enemigo, en ese momento Sófocles hace brotar la conmiseración en el alma de Odiseo y, en lugar de burla, nos encontramos con piedad en su boca. En realidad, esta reacción está orientada a sacar las consecuencias morales con que se cierra el prólogo: «Pues bien, tras contemplar cosas tales palabra pretenciosa nunca dirijas tú a los dioses, ni des paso a orgullo alguno, si eres superior a alguien ya por tu brazo ya por la inmensidad de una gran riqueza».

El decorado de fondo ya está echado, la obra está enmarcada. Ahora llega a escena el coro, compuesto en este caso de marineros salaminios que han venido a Troya a las órdenes de Áyax, y con ello la acción de la tragedia se pone en marcha.

El coro ha llegado pidiendo la presencia de Áyax, para así poner fin a las habladurías y rumores que sobre él proliferan por el campamento argivo. El espectador, sentado en las gradas del teatro de Dioniso en Atenas, espera de un momento a otro que aparezca el héroe requerido, pero Sófocles se guarda esta baza para mejor ocasión, y ahora hace entrar a Tecmesa, cautiva concubina de Áyax, que en una escena narrativa confirma la veracidad de tales rumores. Estamos también en este caso ante un ejemplo de bien hacer dramático: los primeros momentos expositivos son breves menciones narrativas entrecortadas por constantes paréntesis de duelo y lamentos, y será sólo cuando ya está bien avanzada la escena cuando Tecmesa tiene posibilidad de dar paso a una narración más pormenorizada y continua.

Ahora, tras esta escena expositiva, cargada a la vez de tensión, sí que está suficientemente preparada la situación para que se produzca la aparición del héroe. En este momento Áyax hace acto de presencia y aparece el gran héroe sentado en medio de la trágica carnicería de la noche pasada. La escena es de una fuerza patética impresionante. El hundimiento moral del héroe está en fuerte contraste con su resolución heroica de poner fin a su existencia ante tal descalabro. Él, Áyax, el mayor héroe griego después de Aquiles, se ha precipitado sobre los ganados hundiendo su esforzada espada sobre víctimas indefensas. En tal coyuntura sólo hay una salida: «o hermosamente vivir o hermosamente morir es preciso que haga el bien nacido». Ante tal determinación, Tecmesa y el coro, por boca de su corifeo, tratan de hacerle desistir en su empeño. Es un enfrentamiento entre la grandeza heroica de Áyax y la visión realista de quienes no pertenecen a su mundo, y la postura del héroe, al menos según concluye esta escena, es irrevocable. El centro de la atención debemos tal vez ponerlo, más que en las alternativas del resultado, en la pintura que del carácter del héroe está haciendo Sófocles a todo lo largo de esta prolija escena, tanto en la parte inicial cantada como también luego en la recitada y más plenamente de enfrentamiento.

Tras un canto pesaroso del coro llega nuevamente Áyax, y ahora todo parece diametralmente distinto. El héroe viene dispuesto a ceder ante la autoridad de los Atridas. El coro y los espectadores no pueden creerlo. Áyax ha dado paso a la mansedumbre y a la sumisión. Y ante esto el coro estalla en un canto de alegría irrefrenable. Su incierto porvenir ha cambiado de rumbo. La suerte les es propicia.

Pero la verdad es muy otra. Nada más terminar su efusivo canto llega el desenlace: un mensajero traerá las primicias de una terrible sospecha. Y todo ello porque Áyax se mostró en otro tiempo insolente con los dioses. El coro y Tecmesa, en un desesperado esfuerzo por salvar al héroe, salen de la escena en busca suya.

Todos se han ido. Aún hay un aliento de esperanza. Pero Sófocles nuevamente da muestras de su maestría dramática. En este momento hace entrar al héroe camino de su destino fatal y rodeado de una soledad tan impresionante como requiere la situación. Es un momento de una gran solemnidad. En un amplio monólogo Áyax vuelve a dejar patente su temple heroico. En esta larga tirada de versos, Sófocles da paso a un gran torrente de inflexiones psicológicas por las que atraviesa el héroe en este momento decisivo de su existencia. De entrada viene férreamente decidido a poner en práctica su resolución. Pero, una vez dispuestos los preparativos, se detiene para invocar la ayuda de los dioses en este trance fatal. No olvida su odio por sus enemigos, que son los causantes de tal situación. Hasta aquí la dureza del alma de nuestro héroe es obsesiva. Pero en un momento dado no puede contenerse y da paso a una amplia vena de humanidad. El recuerdo de sus padres allá en Salamina, especialmente el de su madre, le viene ahora a la mente. Un nuevo arrebato de dureza le llena el corazón. Estas lamentaciones no conducen a nada. Lo que hay que hacer es consumar la acción. Pero en este momento crítico nuevamente le asalta una cálida nostalgia de la vida que abandona en un adiós a la naturaleza radiante que le rodea y a la lejana que añora. Es un pasaje de fuerza y belleza indescriptibles.

Áyax se precipita sobre su espada y con ello consuma su desgracia a la par que consolida su grandeza. Es éste un caso claro de cómo el héroe sofocleo, presa de error, se derrumba en el sufrimiento, pero esa misma fuerza le encumbra en su grandiosidad.

Pero Sófocles no se detiene aquí. La exaltación total del héroe se conseguirá en lo que queda de tragedia. Una vez muerto Áyax surge el problema de su enterramiento. Los Atridas se oponen a ello, porque lo consideran un traidor a la causa griega. Odiseo, que llega al final, se pondrá del lado del muerto y logrará persuadir a sus oponentes. Esto es lo que constituye la tan debatida segunda parte de *Áyax*. Esta prolongación no es, pienso, un añadido, sino un intento de exaltar la figura del héroe caído. Las palabras de Odiseo son un fiel refrendo de esta intención: «De ningún modo la violencia te lleve victoriosa a odiar hasta el punto de pisotear la justicia..., veo en él al mejor con mucho de los argivos, cuantos llegaron a Troya, con excepción de Aquiles».

Todo llega a su fin. Los Atridas consienten en que se dé enterramiento a Áyax. El orden divino ha quedado plenamente restablecido. Áyax, el más grande héroe griego ante Troya después de Aquiles, se ha derrumbado por causa de su espíritu altanero, pero esa misma caída irremediable le proporciona su exaltación en calidad de héroe.

Las Traquinias

Las Traquinias es una pieza un tanto compleja. Hay situaciones y personajes de ella sobre los cuales la crítica de todos los tiempos no se pone de acuerdo.

Un primer hecho de complejidad es la dualidad de protagonistas. Para unos esta obra es la tragedia de Deyanira exclusivamente, o al menos principalmente, por el hecho sobre todo de que este personaje es el que domina la escena durante algo más de los dos tercios de la totalidad. Por el contrario, a juicio de otros es Heracles el centro de la acción, el que en realidad mueve los hilos de la trama, a pesar de su ausencia de la escena hasta el último tercio de la obra. Finalmente, un tercer grupo piensa que ambos personajes poseen en esta obra una importancia casi paralela: diríase que Sófocles, al componer esta tragedia, pretende describirnos el caso de Heracles, pero para ello se ha servido de un procedimiento en el que un segundo personaje, que podía haber permanecido en una decorosa segunda fila, tipo Tecmesa en *Áyax,* en esta ocasión adquiere un realce de protagonista.

Esta complejidad de protagonismos se refleja lógicamente también en la temática. *Las Traquinias* es la tragedia de los desvelos amorosos, de los celos, de las ansias por reconquistar el amor perdido; pero, a la vez, también se ha visto en ella la tragedia de la caída de un héroe, del derrumbamiento de su grandeza. Si nos inclinamos a pensar que el primer tema es el que prima, en ese caso habrá que buscar una explicación para la parte en que interviene Heracles. Si, por el contrario, consideramos que la verdadera finalidad se centra en el tema del héroe aniquilado por la voluntad divina, entonces habrá que admitir que la acción se desvía notablemente a menudo de su primaria orientación.

La obra comienza con un prólogo netamente expositivo. Deyanira, en una amplia tirada de versos, nos relata su situación de desconsuelo ante la ausencia casi constante de su marido Heracles. Ya desde este primer momento nos damos cuenta del concentrado ambiente familiar que respira toda la tragedia. En esta misma escena una esclava, comprendiendo su penosa existencia en desvelos constantes por la suerte de Heracles, le aconseja enviar a alguno de sus hijos en busca de noticias de su padre.

Este mismo ambiente familiar lo encontramos en la *párodos,* en la que un coro compuesto de muchachas de Traquis expresa igualmente sus inquietudes por la suerte de Heracles.

Tras la *párodos,* como siempre, viene la escena del mensajero. En este caso de *Las Traquinias* el esquema es un tanto complejo, pues nos encontramos con una estructura duplicada, es decir, hay dos escenas de mensajero: en una primera se trata de un adelanto somero de la gran noticia de que Heracles está sano y salvo y que se dirige de vuelta para casa, lo que supone que los oráculos sobre el destino del héroe se han inclinado del lado favorable. Pero, tras una explosión de júbilo por parte del coro, viene una segunda escena de mensajero en la que tras unos enredos Deyanira conoce la cruel realidad: Heracles vuelve, sí, para casa, pero lo hace trayendo a su hogar una joven de la que está enamorado, lo que supone un rompimiento de su unión con su esposa.

Ante esta situación, Deyanira termina aceptando las cosas como son, pero se propone firmemente recuperar el amor de su marido, y para ello utiliza un filtro que en otro tiempo le proporcionara el centauro Neso. Con él cree poder volver a atraer a su lado a Heracles. Y, sin sospechar nada, pone en práctica su estrategia.

El coro, ante este estado de cosas que se promete favorable, manifiesta su alegría esperanzada. Pero estamos ante un nuevo ejemplo del *estásimo* sofocleo «en falso». Inmediatamente a continuación se va a descubrir que eran esperanzas vanas. El manto impregnado del tal filtro ha resultado un engaño del centauro, y Heracles al ponérselo siente arder sus carnes.

El desenlace no se hace esperar. Deyanira se retira al interior de la casa en silencio. Ya no tiene sentido hablar y explicar su falta de culpabilidad. Sólo le queda una salida, y va adentro a ponerla en práctica.

La acción subsiguiente de la tragedia se complica con la llegada de Heracles. En esta última parte de la obra se alcanza el convencimiento por parte de Heracles de que éste era su destino, y que Deyanira sólo ha sido un instrumento de él. Nuevamente el orden divino ha quedado restablecido. La voluntad divina se ha llevado a cumplimiento. Y de esta forma ya puede concluir la tragedia.

Un problema por siempre debatido ha sido la culpabilidad consciente de Deyanira o su desconocimiento de la verdad que había en su estrategia. Es cierto que Deyanira, dentro de una parte de la tradición mítica, incluso en las manifestaciones de las artes plásticas, nos es presentada como agente consciente de su pérfida maquinación. Sin embargo, el tratamiento que de este personaje hace Sófocles me parece diferente. No estamos ante almas como la de Medea o Fedra de Eurípides, en las que su pasión amorosa es mucho más turbulenta. El corazón de la Deyanira sofoclea me parece que respira ese equilibrio bienintencionado que rezuma toda la obra sofoclea. No aparece por ningún rincón de la pieza alusión alguna destemplada, ni ningún rencor de importancia que pueda dar firmeza a la tesis de su culpabilidad. Antes bien, toda la trayectoria del personaje respira una nobleza y sensatez manifiestas.

Antígona

La problemática en torno a la correcta intelección de la *Antígona* de Sófocles es tan antigua como la crítica misma. Quién sea el verdadero protagonista, si Antígona o

Creonte, cuál la intención principal del autor en esta obra, son interrogantes eternas y, tal vez, insolubles en torno a esta tragedia de Sófocles.

Desde un primer momento, y con un renovado énfasis en los últimos decenios a cargo de filólogos como G. Müller entre otros, se pensó que el centro de la tragedia lo ocupa Antígona con su postura de defensa de unas leyes sagradas que ninguna voluntad humana puede prohibir. Ella, para este sector de la crítica, representa perfectamente el tipo del héroe sofocleo que llega hasta la muerte por defender el orden divino. Y frente a ella y en calidad de antagonista está Creonte, representante autócrata de las leyes de los hombres, que en este caso entran en conflicto.

De otro lado están quienes piensan que el verdadero protagonista en la mente de Sófocles es Creonte, que representa un tipo de conducta a cuyo desprestigio y condena está orientada la pieza. Para la mayoría de los mantenedores de este criterio, Creonte sería el clásico gobernante que, a pesar de poseer incluso una buena voluntad a priori, llegado un momento sufre una recia obcecación que le lleva a extremos en un primer momento insospechados.

Dentro de este segundo grupo habría que incluir la opinión de un Adrados, que destaco aparte por representar una serie de peculiaridades producto de un planteamiento un tanto distinto del tradicional. Para Adrados esta pieza habría que incluirla como una más de toda la obra sofoclea, en la cual observamos siempre un planteamiento general de tipo religioso. Creonte, en este sentido, sería el típico oponente a la divinidad, personaje-tipo este que aparece no pocas veces en el teatro griego. En este caso Antígona sería un simple instrumento para que se produzca el derrumbamiento del tirano, que se atreve a hacer frente a las leyes divinas.

No es fácil adoptar una postura ante tal problema. Las diversas corrientes de opinión están muy estudiadas, y cada una tiene su parte de razón en función de aquel aspecto que le parece más destacable. Tal vez me inclinaría a pensar de una forma próxima a los que ven en Creonte el centro de la atención de nuestro poeta. Y ello por varias razones. De un lado, he dicho al hablar del pensamiento sofocleo que su postura, y sobre todo en lo tocante a la política, es esencialmente negativa. Sófocles no postula unos principios generales y positivos de actuación política, sino que preferentemente lo que hace es condenar lo que a su juicio le parece que no es lo recto. Y eso es lo que tenemos en este caso de *Antígona*. Creonte es el representante de lo que Sófocles rechaza como gobernante. Es, pues, una lección claramente negativa.

En otros trabajos he defendido la tesis de que el centro neurálgico de una tragedia, tanto a nivel conceptual como dramático, es el período agonal o de enfrentamiento, en el que dos partes discuten sus posturas respectivas. Pues bien, en *Antígona* debemos observar cómo el personaje fijo en las tres escenas de *agón* es Creonte. Y frente a él van desfilando diferentes contendientes que le hacen frente con perspectivas distintas. Primeramente es la propia Antígona, como es lógico, la que defiende su postura de estar rindiendo culto a una ley divina e inmutable. Luego le llega el turno a Hemón, y ahora el debate será eminentemente político; ya no se alude a la rectitud de la conducta de la muchacha, sino a la postura autárquica del tirano frente a la voluntad y criterio de toda una colectividad. Finalmente, viene el enfrentamiento con el adivino Tiresias, representante directo de los dioses. Por lo tanto, la figura de Creonte es acosada desde tres ángulos distintos, y es en ese sentido en el que pienso que tal vez debe tenerse en cuenta la opción de que lo que realmente Sófocles está buscando es hacer saltar en pedazos la figura de Creonte (un análisis en profundidad de este problema, que a su vez incide en muchos otros aspectos de la obra, puede verse en mi trabajo: «La *Antígona* de Sófocles. Análisis de su problemática desde la perspectiva de su composición», en *Athlon. Satura philologica in honorem Francisci R. Adrados,* vol. II, Madrid, Gredos, 1987, pp. 533-573).

Desde un punto de vista puramente de técnica dramática, *Antígona* es un nuevo ejemplo de cómo Sófocles sabe armonizar la presentación de un problema conceptual importante con una cuidadísima elaboración dramática. Con una lectura detenida pueden apreciarse los innumerables efectos buscados por el poeta para aumentar la tensión emocional.

Ya en el prólogo observamos la destreza que se obtiene en la pintura de los dos personajes femeninos más importantes: Antígona e Ismena. Las partes líricas son todas de una gran belleza, aunque entre ellas puedan tal vez sobresalir el canto dedicado a ensalzar la capacidad del hombre, o el que se entona en torno al poder del Amor. La llegada y posterior salida de Antígona camino de su final aumentan el clímax emocional en un momento en el que el debate está aún inconcluso. En fin, estos y otros muchos son los efectos con los que Sófocles ha sabido hacer de este tema una obra de gran valía.

Edipo Rey

Edipo Rey es la obra clásica por excelencia. Ya desde el mismo Aristóteles ha gozado de una estimación sin par. Las diversas vicisitudes de su trama se han convertido en un ejemplo histórico de buen hacer dramático. Pero tal vez, por encima de este virtuosismo escénico, habría que colocar los vaivenes psíquicos que se producen tanto en la propia escena como en el auditorio mismo. Por todo esto, *Edipo Rey* ha adquirido en la historia del teatro rango de obra universal.

Es una pieza perfectamente delineada. Su trama es una auténtica peripecia en busca constante del descubrimiento final. Tal vez no sería demasiado exagerado afirmar que nada le falta y nada le sobra. La acción va avanzando progresivamente en línea recta hacia su punto final, pero cada nuevo paso adelante supone un nuevo descubrimiento y, consiguientemente, una nueva incertidumbre e inquietud. Pero esta marcha hacia adelante nunca se produce de tal forma que se adivine ya desde los primeros momentos el desenlace, sino que la progresión está estudiadamente dosificada. Y cuando el espectador cree adivinar el final, se intercala un elemento que causa un cierto desconcierto y la consiguiente inseguridad en esa previsión.

Pero por encima de estos valores escénicos decíamos antes que en *Edipo Rey* hay otra serie de factores de tipo conceptual que cautivan el alma del auditorio. El espectador que se levantaba de las gradas del teatro de Dioniso en Atenas tras la representación de esta tragedia se notaba embargado de una indefinible emoción y sobrecogimiento a la vez. Y es en el intento de explicar estas reacciones psíquicas donde la crítica ha presentado todo un abanico de opciones.

Es de sobra conocida la relación de Freud con el tema de Edipo. No en vano nuestro personaje de la obra habría de darle el nombre a su famoso «complejo». Pues bien, para Freud lógicamente la emoción y compasión que experimenta el espectador de esta tragedia se explican porque, en realidad, uno se ve reflejado en el personaje mítico con esta tendencia nuestra general infantil de tener como primer objeto de nuestro impulso sexual a nuestra madre, y de nuestro odio a nuestro padre.

Pero tal vez la postura más aceptada, y que me parece más oportuna, es la de que esta tragedia cifra su mérito en la ambivalencia trágica que presenta el protagonista: inocente desde el plano de la moralidad, pero culpable a nivel de la realidad. Edipo es un personaje auténticamente trágico: él trajo la salvación y la ruina a la ciudad, él es inocente y culpable a la vez, él es el paladín y el enemigo de la colectividad, él quiere evitar lo establecido por los dioses y cae aplastado por ellos, él se propone buscar al culpable y al final se encontrará a sí mismo sin haberlo sospechado. En fin, su persona es una pura dicotomía. Y en esto radica el efecto sobrecogedor que infunde en el auditorio, que va asistiendo irremediablemente a su progresivo derrumbamiento.

Ahora bien, en este estado de cosas pienso que Sófocles no pretende ningún fin moralizador en el sentido de determinar la posible culpabilidad o inocencia de Edipo. Creo que el planteamiento auténtico que nuestro autor hace en esta tragedia está muy por encima de esto. Lo que realmente debate, y esto a niveles de grandiosidad trágica, es el enfrentamiento entre las leyes divinas y la naturaleza heroica de Edipo. De un lado la voluntad divina ha puesto proa contra Edipo, y éste, a pesar de toda su grandeza y de todos sus enfuerzos por rehuirla, tiene que caer. Esto tan sencillo y a la vez tan grande, creo que es el esquema básico de esta tragedia.

A la grandiosidad de estos planteamientos se une en este caso una elaboración extremadamente cuidada. Antes ya hice alusión al refinado trazado de la acción de cara a su desenlace final. Dentro de este aspecto es preciso aludir a la constante ironía trágica que atraviesa toda la obra, lo que aumenta la tensión general. Edipo no cesa de hacer alusiones a que, sea como sea, encontrará al culpable, y que en ese momento su mano no dudará. Y así va a suceder, lo que pasa es que no sabe aún qué sorpresa le va a deparar su investigación.

III. Nuestra traducción

Sería descubrir mediterráneos el ponerme aquí a destacar las dificultades que presenta la traducción de un texto clásico, y más aún cuando se trata de la obra de un trágico. El refinado arte dramático sofocleo, en su reflejo sobre la lengua, crea situaciones de difícil salida en su versión al castellano.

En líneas generales he pretendido mantener siempre el nivel de estilo del original, tanto en lo referente a las diversas figuras retóricas tradicionales como a los demás efectos buscados conscientemente por el poeta y, de forma especial, en lo que atañe a ese estilo pomposo tan característico de la tragedia griega.

Las partes meramente recitadas del original, que van en griego en versos trímetros yámbicos, las he traducido en prosa, porque son las más próximas al nivel conversacional. En ocasiones tenemos en el texto un tipo de verso diferente, el anapesto, que corre casi siempre a cargo del corifeo y era, a mi juicio, recitado también, aunque suponía lógicamente una variación rítmica para el auditorio, y se utilizaba para indicar un movimiento en escena, normalmente la llegada o salida de alguien del escenario. En estos casos he traducido estas tiradas anapésticas por versos con un ritmo también movido, y siempre, eso sí, tratando de mantener la correspondencia verso a verso con el original. Finalmente, las partes netamente líricas, es decir, cantadas, las traduzco en versos rítmicos, intentando en todo momento conservar el estilo denso que siempre tienen en el teatro griego. En ocasiones aparecerán en una primera lectura incomprensibles, pero es que así sucedía también en el original, y una traducción fiel debe intentar reproducir la total realidad del texto en cuestión. Al final del volumen se ha incorporado un glosario de nombres propios donde poder consultar los que aparecen en el texto para, así, aligerar las notas.

La edición que he seguido en esta traducción es la de Dain, mencionada en el breve aparato bibliográfico. De todas formas, en ocasiones, cuando me ha parecido más sensato, me he separado de él, adoptando otras lecturas a mi juicio más razonables. En todo momento he tenido a la mano los comentarios generales de Jebb en su versión *maior* y Kamerbeek, así como los individuales de Standford *(Áyax),* Easterling *(Las Traquinias),* Müller *(Antígona)* y Dawe *(Edipo Rey).*

Nota bibliográfica

1. Marco histórico

Bowra, C. M.: *La Atenas de Pericles,* Madrid, Alianza Editorial, 1974.
Homo, L.: *Pericles,* México, Grijalbo, 1959.
Struve, V. V.: *Historia de la antigua Grecia,* Madrid, Edaf, 1974.
Tovar, A., y M. S. Ruipérez: *Historia de Grecia,* Barcelona, Montaner y Simón, 1972.

2. Sófocles

Adrados, F. R.: *Ilustración y política en la Grecia clásica,* Madrid, Revista de Occidente, 1966 (2.ª ed., *La democracia ateniense,* Madrid, Alianza Universidad, 1975).
Benedetto, V. di: *Sofocle,* Florencia, 1983.
Bowra, C. M.: *Sophoclean Tragedy,* Oxford, 1944.
Burton, R. W. B.: *The Chorus in Sophocles' Tragedies,* Oxford, 1980.
Ehrenberg, V.: *Sophocles and Pericles,* Oxford, 1974.
Errandonea, I.: *Sófocles. Investigaciones sobre la estructura dramática de sus siete tragedias y sobre la personalidad de sus coros,* Madrid, Escelicer, 1958.
Kirkwood, G. M.: *A study of Sophoclean Drama,* Ithaca, Cornell Univ. Press, 1958.
Kitto, H. D. F.: *Greek Tragedy. A literary study,* Londres, Methuen, 1966 (reimpr. de la 3.ª ed.), pp. 117-186, 288-310 y 381-398.
Lesky, A.: *Historia de la literatura griega,* Madrid, Gredos, 1968, pp. 298-329.
– *La tragedia griega,* Barcelona, Labor, 1966.
– *Die tragische Dichtung der Hellenen,* Gotinga, 3.ª ed., 1972 (= *Greek Tragic Poetry,* trad. de M. Dillon, Yale Univ. Press, 1983).
Lida, M.ª R.: *Introducción al teatro de Sófocles,* Buenos Aires, Losada, 1944.

Lucas, J. M.ª: *Estructura de la tragedia de Sófocles*, Madrid, C.S.I.C., 1982.
Opstelten, J. C.: *Sophocles and Greek Pessimism*, Ámsterdam, 1952.
Seale, D.: *Vision and Stagecraft in Sophocles*, Londres, 1982.
Segal, Ch.: *Tragedy and Civilization: An Interpretation of Sophocles*, Cambridge (Mass.), 1981.
Webster, T. B. L.: *An Introduction to Sophocles*, Londres, Methuen, 1969, 2.ª ed.
Winnington-Ingram, R. P.: *Sophocles. An interpretation*, Cambridge, 1980.

3. Ediciones. Comentarios. Traducciones

3.1. *De la obra completa*

Jebb, R. C.: *Sophocles. The Plays and Fragments*, con notas, comentario y traducción inglesa, Cambridge Univ. Press, 1887-1907 (7 vols., en 2.ª ed. algunos y otros en reimpr.).
Pearson, A. C.: *Sophoclis Fabulae*, Oxford, 1924 (sólo ed.).
Dain, A., y Mazon, P.: *Sophocle*, París, Les Belles Lettres, 2.ª ed., 1960-1967 (ed. de Dain y trad. de Mazon).
Errandonea, I.: *Sófocles. Tragedias*, Barcelona, Alma Mater, 1959-1968 (ed. y trad.).
Kamerbeek, J. C.: *The Plays of Sophocles. Commentaries*, Leiden, E. J. Brill: parte I: *Ayax*, 1963²; parte II: *The Trachiniae*, 1970; parte III: *The Antigone*, 1978; parte IV: *The Oedipus Tyrannus*, 1967.
Dawe, R. D.: *Sophoclis tragoediae*, col. Teubner, Leipzig. Vol. I: *Aiax, Electra, Oedipus Rex*, 1975; vol. II: *Trachiniae, Antigone, Philoctetes, Oedipus Coloneus*, 1979.
— *Studies on the text of Sophocles*, I-III, Leiden, 1973-1978.

3.2. *De piezas aisladas*

Standford, W. B.: *Ayax*, Londres, 1963.
Müller, G.: *Sophocles. Antigone*, Heidelberg, 1967.
Easterling, P.: *Trachiniae*, Cambridge, 1982.
Dawe, R. D.: *Oedipus Rex*, Cambridge, 1982.

3.3. *Traducciones completas al español*

(Me limito a las de los últimos años. En el apartado correspondiente de la versión de Fernández-Galiano, citada más abajo, puede verse una relación más completa.)

Benavente, M.: *Sófocles. Tragedias,* Madrid, Ed. Hernando, 1971 (trad. de las siete tragedias conservadas y de *Los Rastreadores*).
Pallí Bonet, J.: *Sófocles. Teatro completo,* Barcelona, Ed. Bruguera, 1981³ (1973).
Alamillo, A.: *Sófocles. Tragedias,* Madrid, Biblioteca Clásica Gredos, 1981.
Lucas, J. M.ª: *Sófocles. Fragmentos,* Madrid, Biblioteca Clásica Gredos, 1983.
Vara, J.: *Sófocles. Tragedias,* Madrid, Cátedra, 1984.
Fernández-Galiano, M.: *Sófocles. Tragedias,* Barcelona, Planeta, 1985.

Áyax

Personajes

ATENA, diosa
ODISEO, jefe griego al mando de los cefalonios contra Troya
ÁYAX, jefe griego al mando de los salaminios contra Troya
CORO DE MARINEROS SALAMINIOS
TECMESA, mujer de Áyax
MENSAJERO
TEUCRO, hermanastro de Áyax
MENELAO, jefe griego, rey de Esparta
AGAMENÓN, general en jefe de la expedición griega contra Troya

Como personaje mudo aparece varias veces EURÍSACES, hijo de Áyax y Tecmesa, además de los tradicionales figurantes que formaban parte del séquito de los personajes principales.

Escena: Campamento de los griegos ante Troya. El día comienza a despuntar. ODISEO *examina unas huellas delante de la tienda de Áyax.*
Repentinamente se aparece la diosa ATENA, *que rompe el silencio de la escena.* ODISEO *la oye sin verla.*

ATENA. Siempre, hijo de Laertes, te encuentro al acecho de intentar alguna acción contra tus enemigos. También ahora te veo junto a la costera tienda de Áyax, que ocupa el puesto extremo, rastreando y observando desde hace tiempo las huellas recién impresas de aquél, con el fin de ver si está dentro o no está dentro. Y bien te guía un paso de buen olfato como de perra laconia[1].

---

1. La raza laconia –cruce de perro y zorro– era muy estimada en la Antigüedad como perro de caza. Y dentro de este tipo las hembras gozaban de mayor estimación que los machos.

Dentro, efectivamente, está desde hace poco tu hombre, derramando sudor por su cabeza y por sus manos que matan con la espada. Así que no es ya tarea tuya andar husmeando al interior de esta puerta, sino contarme por qué te aplicaste a esta diligencia, para que aprendas de una que sabe.

ODISEO. Voz de Atena, la más querida para mí de los dioses, cuán clara, aunque estés invisible, tu voz no obstante oigo y al punto la capto con mi mente, como la de una tirrénica trompeta de broncíneo pabellón. También ahora te diste bien cuenta de que estoy contra un enemigo describiendo un círculo, contra Áyax el que lleva escudo. A él, sí, y no a otro sigo el rastro hace rato, puesto que en esta noche un acto inconcebible nos ha perpetrado, si realmente lo ha hecho. Nada sabemos en claro..., más bien estamos desorientados. Y yo voluntariamente me puse a esta tarea. Aniquilados ha poco encontramos todos los rebaños y muertos a mano de hombre junto incluso con los guardianes de los ganados. Pues bien, la culpa de esto a él todo el mundo se la atribuye. A mí, incluso, un testigo ocular que lo vio atravesando en solitario la llanura con la espada recién bañada en sangre me llama y me lo descubre. Yo al punto me lanzo tras las huellas, y unas las conjeturo, pero ante otras me desconcierto y no puedo entender de quién son. En momento oportuno has llegado, pues todo, tanto el pasado como el futuro, lo piloto bajo tu mano.

ATENA. Me di cuenta, Odiseo, y ha rato que vine al encuentro como guardián propicio a tu rastreo.

ODISEO. ¿Y acaso, señora mía, en dirección oportuna me esfuerzo?

ATENA. Ten por bien cierto que de este hombre son esos hechos.

ODISEO. ¿Y por qué tan insensata condujo su mano? 40

ATENA. Por la cólera oprimido a causa de las armas de Aquiles[2].

ODISEO. Entonces, ¿por qué contra los rebaños descargó tal ataque?

ATENA. Porque creyó mancharse la mano de muerte en vosotros.

ODISEO. ¿Y acaso el plan este era contra los argivos?

ATENA. Y lo habría llevado a cabo, si yo no hubiera estado atenta.

ODISEO. ¿Con qué proyectos tales de audacia y empuje de ánimo?

ATENA. De noche contra vosotros dolosamente se lanza en solitario.

ODISEO. ¿Y acaso se acercó y llegó al límite?

ATENA. Ya estaba ante las dos puertas de las tiendas de los dos caudillos.

ODISEO. ¿Y cómo contuvo su mano ansiosa de muerte? 50

ATENA. Yo le aparto lanzando sobre sus ojos imágenes ofuscadoras de su fatal regocijo, y contra los rebaños le desvío y contra los variados tipos de ganado, objeto de botín, aún sin repartir y bajo la custodia de los vaqueros. Allí se lanza y segaba una muerte de muchos cuernos quebrando espinazos en derredor. Y creyó en un

---

2. Atena se está refiriendo al famoso juicio de las armas de Aquiles. Cuando este héroe griego murió en el asedio de Troya se celebró un certamen para dilucidar quién era el guerrero más notable de la expedición y consiguientemente merecedor de las armas de Aquiles. Los jueces eligieron a Odiseo y no a Áyax, contra lo que este último creía.

momento alcanzar a los dos Atridas y por su propia mano estar dándoles muerte, y en otra ocasión caer unas veces sobre uno, otras sobre otro de los jefes. Yo le animaba a ir y venir en su locura, le lanzaba a fatales redes. Y luego, una vez que cesó en tal matanza, a los bueyes vivos y demás ganados los ata a su vez con ataduras y a su tienda se los lleva, teniéndolos por hombres, no por botín de hermosos cuernos. Y ahora en su tienda atados los maltrata. Pero también a ti te haré ver esta locura evidente, para que a todos los argivos tras contemplarlo se lo comuniques. Con ánimo aguanta y no recibas como una calamidad a este hombre. Que yo los rayos de sus ojos vueltos a otro lado apartaré para que no adviertan tu presencia. *(A* ÁYAX.*)* ¡Eh, tú!, a ti, al que estás atando a la espalda las manos de los cautivos, a ti te digo que te acerques. A Áyax llamo, sal delante de la tienda.

ODISEO. ¿Qué haces, Atena? De ningún modo lo llames afuera.

ATENA. ¿No te estarás en silencio? ¿Conseguirás fama de cobarde?

ODISEO. No, por los dioses. Pero que se quede dentro, es lo seguro.

ATENA. ¿Qué temes que suceda? ¿No era éste antes un hombre?

ODISEO. Sí, y enemigo mío también ahora todavía.

ATENA. ¿No es la más dulce risa el reírse de los enemigos?

ODISEO. Para mí lo seguro es que ése siga dentro de la tienda.

ATENA. ¿A un hombre loco a las claras vacilas en ver?

ODISEO. De estar en su juicio no le rehuiría con vacilación.

ATENA. Pero no te verá, aunque estés a su lado.
ODISEO. ¿Cómo, si me ve con sus propios ojos?
ATENA. Yo ensombreceré sus ojos aunque miren penetrantemente.
ODISEO. Sería realmente todo ello propio de la argucia de un dios.
ATENA. Guarda, pues, silencio, y quédate como estás.
ODISEO. Me quedaré. Pero me gustaría estar fuera.
ATENA. (A ÁYAX.) ¡Eh, tú, Áyax!, es la segunda vez que te llamo. ¿Por qué de forma tan insignificante te cuidas de tu aliada?

(Sale ÁYAX.)

ÁYAX. ¡Salud, Atena, salud, vástago de Zeus! ¡Qué a propósito estuviste a mi lado! También a ti yo te rodearé de áureos despojos en gracia a esta cacería.
ATENA. Bien hablaste. Pero dime esto. ¿Teñiste bien la espada en el ejército argivo?
ÁYAX. Motivo de orgullo hay y no lo niego.
ATENA. ¿Y acaso también contra los Atridas levantaste la mano?
ÁYAX. De manera que ya nunca a Áyax, bien lo sé, deshonrarán.
ATENA. Muertos están ellos, según advierto yo en tu respuesta.
ÁYAX. Ya muertos que vengan ahora a despojarme de las armas que son mías.
ATENA. ¡Bien! ¿Y qué del hijo de Laertes? ¿En qué punto del destino se te encuentra? ¿Acaso se te ha escapado?

ÁYAX. ¿Del astuto zorro me preguntas eso?
ATENA. Sí, a Odiseo tu adversario me refiero.
ÁYAX. Como el más dulce cautivo, señora, dentro permanece sentado. No quiero que muera todavía.
ATENA. Antes, ¿qué harás o en qué más te aprovecharás?
ÁYAX. Antes, tras atarlo a la columna del techo de la tienda...
ATENA. ¿Qué desgracia, pues, le infligirás al desgraciado?
ÁYAX. ... tras teñirle de rojo las espaldas primeramente con látigo, que muera.
ATENA. No maltrates al desdichado hasta ese punto.
ÁYAX. Complácete, Atena, en todo lo demás, yo te doy rienda suelta. Pero aquél pagará este y no otro castigo.
ATENA. Bien, entonces, puesto que tienes el deseo ese de actuar, usa tu mano, no escatimes nada de lo que planeas.
ÁYAX. Marcho a la tarea. Y esto te impongo, que como tal aliada siempre estés a mi lado.

(ÁYAX *entra de nuevo en la tienda.*)

ATENA. ¿Ves, Odiseo, cuán grande es el poder de los dioses? ¿Quién más previsor que este hombre se habría encontrado o más capaz de hacer lo oportuno?
ODISEO. Yo a ninguno conozco. Y siento compasión de él, desdichado, a pesar de ser mi enemigo, porque a un fatal hado estaba uncido, cuando reflexiono sobre lo suyo no más que sobre lo mío. Veo, en efecto, que nosotros, cuantos vivimos, nada somos sino apariencias, otra cosa que vana sombra.

ATENA. Pues bien, tras contemplar cosas tales palabra pretenciosa nunca dirijas tú a los dioses, ni des paso a orgullo alguno, si eres superior a alguien ya por tu brazo, ya por la inmensidad de una gran riqueza. Así un día inclina y levanta[3] de nuevo el acontecer de los mortales. A los prudentes los dioses los aman, y aborrecen a los malvados. 130

(ÁYAX *desaparece*. ODISEO *sale de escena. Entra el* CORO DE MARINEROS SALAMINIOS.)

CORIFEO. *(Anapestos.)*
Hijo de Telamón, que de la marina
Salamina tienes el trono cercana al mar,
cuando eres feliz siento contento.
Mas, cuando el azote de Zeus o la vehemente
lengua de los dánaos insolente te ataca,
gran turbación siento y de temor estoy lleno,
cual mirada de alada paloma. 140
Así, en la noche que ahora se consume
grandes clamores nos asaltan
para deshonra, de que tú el caballar
prado hollando destruiste de los dánaos
presas y botín,
que ganado por la lanza aún quedaba,
matándolo con ardiente espada.
Tales nuevas maldiciones modela

---

3. Imagen de la balanza, procedimiento este frecuente en la literatura griega para aludir a la decisión divina y a la oscilación del destino del hombre.

y a los oídos de todos lleva Odiseo,
150 y mucho persuade. De ti, pues, ahora
cosas creíbles dice, y todo el que oye
más que el que habla se complace
en tus desgracias insultando.
Verdad es que si contra grandes almas disparas
no errarás; mas si contra mí alguno
tales cosas dice, no convencerá.
Contra el que tiene la envidia se arrastra.
Aun así, los débiles, los fuertes aparte,
vacilante defensa de torre son,
160 pues con ayuda de los fuertes el débil se supera,
y también el fuerte en los débiles apoyado.
Pero no se puede a los necios
el sentido de esto enseñar de antemano.
A hombres tales es debido el vocerío,
y nosotros incapaces somos contra esto
de oponer defensa alguna, señor, lejos de ti.
Sin embargo —cuando tu presencia evitaron,
atruenan cual bandadas de pájaros—
al gran buitre temiendo
170 tal vez, si de repente aparecieras,
en silencio se agazaparían mudos.
CORO.

Estrofa

¿Acaso a ti la domadora de toros, hija de Zeus, Ártemis
—¡oh Fama, de ingente poder,
madre de mi deshonor!—
te empujó contra las vacas del rebaño del ejército,

Áyax

tal vez por alguna victoria sin recompensa,
tal vez ante magníficos despojos defraudada,
ya por cacerías de ciervos sin ofrendas[4]*?*
¿O el de broncínea coraza o tal vez Enialio[5]
algún reproche teniendo de la común alianza   180
con nocturnas maquinaciones se cobró la afrenta?

Antístrofa

Nunca, de grado al menos, contra absurdos tales,
hijo de Telamón, marchaste
como para sobre rebaños precipitarte.
Vendría tal vez una divina enfermedad.
Mas ojalá que aparten Zeus y también Febo
el innoble rumor de los argivos.
Y, si tras sugerirlo
a ocultas traman patrañas los grandes reyes,
o el de la insalvable progenie de Sísifo,   190
no, señor, no ya así en la costera tienda
te me quedes y des pie al innoble rumor.

---

4. Ártemis era tenida por la diosa del botín, es decir, a la que se debían presentar ofrendas tras la obtención de algún botín.
5. Ares, dios de la guerra, y Enialio, divinidad paralela. Esta escisión en dos dioses de la guerra ha llevado a editores modernos a corregir el texto de nuestros manuscritos, dado que además en diferentes autores antiguos hay esta misma identificación. Sin embargo, conservamos diferentes testimonios de culto a un dios Enialio, cuya esfera de atributos es paralela a la de Ares y tal vez anterior. Con base en estos hechos preferimos la lectura de los manuscritos a las diferentes correcciones modernas.

Epodo

*Ea, levántate del sitio dondequiera
que con esta larga dilación de lucha permanezcas
encendiendo una ruina que llega al cielo.
La arrogancia de los enemigos hasta este punto de
crece en los valles al viento abiertos,   [insolente
mientras todos ríen
con sus bocas dolores.*
200   *Y en mí el dolor se posa.*

(Sale TECMESA.*)*

TECMESA. *(Anapestos.)*
   Servidores de la flota de Áyax,
   del linaje de los Erecteidas, nacidos de la tierra,
   motivos tenemos de duelo quienes cuidamos
   de la casa de Telamón allá lejos.
   Ahora el terrible poderoso de recio vigor
   Áyax de turbia agitación
   se encuentra enfermo.
CORIFEO. *(Anapestos.)*
   ¿Qué pesadumbre a cambio de la tranquilidad
   ha traído esta noche?
210   Hija del frigio Teleutante,
   habla, pues a ti, esposa por la lanza conquistada,
   en amarte persevera el impetuoso Áyax
   de forma que no responderás desconocedora.
TECMESA. *(Anapestos.)*
   ¿Pero cómo narrar una historia inenarrable?
   A la muerte dolor semejante sabrás.

Áyax

De locura cogido el gran Áyax
esta noche sin honra nos ha quedado.
Tales víctimas ver podrás dentro de la tienda
degolladas por la mano y en sangre bañadas,
de ese hombre sacrificios presagiadores. 220
Coro.

Estrofa

¡De hombre ardiente
qué noticia has descubierto
insufrible e inevitable,
por los dánaos poderosos sugerida,
que el gran rumor aumenta!
¡Ay de mí, temor siento de lo que se acerca!
Claro es que este hombre
morirá tras con mano demente 230
a golpes de cuchillos sombríos
muerte haber dado a ganados y vaqueros a caballo.
Tecmesa. *(Anapestos.)*
¡Ay de mí, de allí, de allí fue, entonces,
de donde encadenado rebaño trayéndonos vino!
De él una parte dentro en tierra la degüella,
a otros tras romperles las costillas en dos los despe-
Dos carneros de blancas patas levantando,   [daza.
a uno cabeza y lengua puntiaguda
arranca y tira lejos,
al otro de pie al pilar ata 240
y gran brida de atar caballos tomando
le azota con doble látigo sonoro,

73

mientras con funestas palabras le injuria,
que algún dios y no un hombre le enseñara.
CORO.

Antístrofa

Hora es ya de que uno
la cara con velos ocultando
levante con sus pies furtiva huida,
o en veloz banco de remo sentándose
250 *en nave surcadora del mar se marche.*
¡Qué amenazas agitan los dos caudillos,
los Atridas, contra nosotros!
Temo un lapidador Ares
sufrir a la par que éste golpeado,
al que un destino inabordable retiene.

TECMESA. (*Anapestos.*)
Ya no, pues sin brillante claridad
cual violento noto tras lanzarse cesa[6],
y ahora en su sano juicio en nuevo dolor tiene.
260 El contemplar los propios infortunios,
ya que ningún otro cooperó,
grandes dolores le ocasiona.

CORIFEO. Entonces, si ha parado, de cierto creo que la fortuna se va a enderezar, pues de mal ya pasado la importancia es menor.

TECMESA. ¿Qué preferirías, si se te permitiese una elección: disfrutar tú placeres mientras a los amigos los

---

6. El noto es el viento del sur, que tras lanzarse con violencia se calma bruscamente. La locura de Áyax es comparada con el comportamiento del noto.

afliges, o compañero entre compañeros sufrir en común?

CORIFEO. Verdad es que la que es doble, mujer, es una desgracia mayor.

TECMESA. En efecto, nosotros, aunque no sufrimos, somos ahora desgraciados.

CORIFEO. ¿Cómo has dicho eso? No comprendo cómo dices.

TECMESA. Ese hombre, cuando estaba en la enfermedad, él disfrutaba con la desgracia en la que se encontraba, pero a nosotros, cuerdos, nos apesadumbraba a nuestro lado. Pero ahora, cuando ha cesado y ha vuelto en sí de la enfermedad, todo él de funesto pesar está acosado, y nosotros también no menos que antes. ¿No son, entonces, estos males dobles en lugar de sencillos?

CORIFEO. Estoy contigo efectivamente y temo que de un dios haya venido un azote. Pues, ¿cómo no, si cuando ha cesado no se alegra más que cuando estaba enfermo?

TECMESA. De cómo están así las cosas es necesario que tengas conocimiento.

CORIFEO. ¿Cómo, pues, se precipitó el comienzo de la desgracia? Muéstranos las vicisitudes a los que compartimos el dolor.

TECMESA. Toda la empresa conocerás, como compañero que eres. Él, en lo más profundo de la noche, cuando las fogatas vespertinas ya no ardían, tomando la espada de doble filo se disponía a encaminarse a salidas vanas. Y yo le increpo diciéndole: «¿Qué haces, Áyax? ¿Por qué sin ser convocado te empeñas en este inten-

290 to, ni llamado por mensajeros ni tras haber oído la trompeta? Por el contrario, ahora todo el ejército duerme». Él me contestó una cosa breve, pero una y otra vez repetida: «Mujer, para las mujeres el silencio un adorno supone». Yo dándome cuenta puse fin, y él se lanzó en solitario. De los sucesos de allí no puedo hablar, pero adentro vino trayendo consigo atados a un tiempo toros, perros, pastores y un botín de hermosa cornamenta. A unos les cortaba el cuello, a otros volviéndoles hacia arriba la cabeza los degollaba y rompía el espinazo, y a otros que estaban atados los ul-
300 trajaba como a hombres, aunque estaba atacando a rebaños. Finalmente, lanzándose a través de la puerta a una sombra dirigía palabras[7], unas contra los Atridas, otras en torno a Odiseo, uniéndole mucha risa, ¡cuánta insolencia les había devuelto en pago con su salida! Y luego, tras penetrar nuevamente en la tienda, en su sano juicio a duras penas se vuelve con el tiempo. Y cuando llena de oprobio contempla la tienda, golpeándose la cabeza prorrumpió en gritos. Y sobre los restos
310 de las víctimas de la matanza de corderos arruinado se sienta, y la cabellera firmemente agarrada con las uñas se la arranca. Durante una gran cantidad de tiempo permaneció sentado en silencio. Luego terribles palabras en son de amenaza me lanzó, si no le revelaba todo el desastre ocurrido, y preguntaba en qué asunto estaba metido. Y yo, amigos, sintiendo miedo le conté lo sucedido, todo cuanto en concreto sabía. Él al pun-

---

7. Tecmesa se está refiriendo a la escena que ha tenido lugar en el prólogo.

to prorrumpió en gemidos, lamentos penosos, que
nunca antes yo le escuché, pues de hombre miserable
y pusilánime pensaba él siempre antes que tales lloros 320
eran propios; por el contrario, sin ruido de agudos lamentos en tono grave se dolía como un toro cuando
muge. Y ahora, tendido en tal mal fortuna, sin comer
nuestro hombre, sin beber, caído en medio de los ganados muertos por la espada, inmóvil permanece sentado. Y es evidente que algo funesto quiere hacer, pues
cosas semejantes en cierto modo dice y se lamenta.
Pero, amigos, por esto vine. Entrad y ayudadme, si en
algo podéis. Ante las palabras de los amigos, en efecto, 330
los tales claudican.
CORIFEO. Tecmesa, hija de Teleutante, cosas terribles
nos dices, que este hombre se nos ha vuelto loco en la
desgracia.
ÁYAX. *(Desde dentro de la tienda.)* ¡Ay de mí! ¡Ay!
TECMESA. Pronto, según parece, más. ¿No habéis oído
acaso a Áyax, qué grito ahora ha lanzado?
ÁYAX. ¡Ay de mí! ¡Ay!
CORIFEO. Ese hombre parece que o siente dolor o de los
dolores habidos antes se lamenta ahora.
ÁYAX. ¡Ay, hijo, hijo!
TECMESA. ¡Ay de mí, desdichada! Eurísaces, por ti grita. 340
¿Qué puede estar tramando? ¿Dónde estarás? ¡Desdi-
chada de mí!
ÁYAX. A Teucro llamo. ¿Dónde está Teucro? ¿Va a estar
eternamente de saqueo? Yo muero.
CORIFEO. Ese hombre parece que está en su juicio. ¡Ea,
abrid! Tal vez un cierto pudor también de mí sienta al
verme.

TECMESA. Mira, abro. Posible te es contemplar sus hechos, y a él mismo cómo se encuentra.

> (*Abre la puerta de la tienda y aparece* ÁYAX *sentado en medio de reses degolladas.*)

ÁYAX.

Estrofa 1

¡Ay, compañeros de la mar, únicos de mis amigos,
350 únicos que aún permanecéis en la buena ley,
vedme qué ola ha poco bajo sanguinolento turbión
cercadora me rodea!
CORIFEO. (*A* TECMESA.) ¡Ah, en cuán gran medida pareces haber estado testificando cosas reales! Lo hecho deja ver en qué estado de sinrazón se encuentra.
ÁYAX.

Antístrofa 1

¡Ay, linaje en el arte marinera socorro,
que embarcándote hiciste girar el marino remo,
360 a ti, sí, a ti sólo contemplo asistiendo mi pena!
¡Ea, préstame tu mano para matarme!
CORIFEO. Habla propicio, no des un mal remedio a la desgracia, no hagas mayor el dolor del infortunio.

ÁYAX.

Estrofa 2

¿Ves al animoso, al de corazón valiente,
al intrépido en devastadores combates,
entre mansas fieras a mí terrible con la mano?
¡Ay de mí, irrisión, cuánto he sido afrentado!

TECMESA. No hables así, soberano Áyax, te lo suplico.

ÁYAX. ¿No te irás? ¿No te llevarás tu pie de vuelta hacia fuera? ¡Ay, ay! 370

TECMESA. Por los dioses, cede y ten sensatez.

ÁYAX.

¡Ay, desdichado, que de mi mano
dejé ir a los infames,
y sobre bueyes de curvados cuernos
y magníficos ganados cayendo
negra sangre derramé!

CORIFEO. ¿Por qué dolerse de cosas cumplidas? No habría posiblemente forma de que estas cosas no sean de esta manera.

ÁYAX.

Antístrofa 2

¡Ay, tú que todo lo ves, que de todos los males
siempre eres causante, hijo de Laertes, 380
el más sucio truhán del ejército,
de seguro que en una gran risa de placer no cesas!

CORIFEO. De mano de la divinidad todo el mundo ríe y llora.

ÁYAX. ¡Ojalá alcanzara a verle, aunque en este punto estoy de desgracia! ¡Ay de mí, ay!

CORIFEO. No digas nada altanero. ¿No ves en qué situación de desgracia estás?

ÁYAX.

¡Oh Zeus, de mis antepasados ascendiente![8]
¿Cómo podría al muy doloroso,
hostil truhán,
390 *y a los dos reyes en el mando destruyendo*
al fin morir también yo?

TECMESA. Cuando supliques eso, al tiempo también para mí pide la muerte. ¿Por qué es preciso que yo viva, si tú estás muerto?

ÁYAX.

Estrofa 3

¡Ay!
Sombra, luz de mi destino,
tiniebla la más brillante, para mí al menos,
acogedme, acogedme como habitante,
acogedme. Ni en la estirpe de los dioses
ni de los hombres efímeros como el día
digno soy ya
400 *de poner la vista en ayuda alguna.*
La hija de Zeus, la potente diosa[9]*,*
hasta la muerte me atormenta.
¿Adónde uno huir?
¿Adónde encaminándome me detendré,

---

8. Áyax se considera descendiente de Zeus por cuanto que Zeus es padre de Éaco, y éste de Telamón, que a su vez lo es de Áyax.
9. Atena.

si las cosas se desvanecen, amigos, al lado de éstos[10],
y a locas cacerías atados estamos?
Todo el ejército a redoblados golpes
me matará con su mano.

TECMESA. ¡Desdichada, que cosas tales un hombre va- 410
lioso diga, lo que antes él no habría dicho nunca!

ÁYAX.

Antístrofa 3

¡Ay,
estrechos del mar resonantes,
marinas cuevas y prados costeros,
mucho mucho tiempo ha que a mí
me reteníais en torno a Troya.
Pero a mí ya no, ya no,
si aliento me queda!
Esto quien tenga entendimiento sépalo.
¡Corrientes vecinas del Escamandro,
propicias a los argivos,   420
hombre tal ya no veréis,
—expresión altanera diré—,
cual a nadie Troya del ejército contempló
venido de tierra griega! ¡Mas ahora
así deshonrado yace expuesto!

CORIFEO. Verdad es que no sé cómo apartarte ni para
qué te dejo hablar, caído en desgracias tales.

---

10. Se refiere al ganado degollado. Su heroísmo anterior se pierde con la actuación de la noche pasada.

430 ÁYAX. ¡Ay, ay! ¿Quién en otro tiempo habría creído que mi nombre iba a coincidir tan sonoramente con mis males[11]? Ahora posible me es dos y tres veces decir ¡ay!, pues en desgracias tales me encuentro. Mi padre desde esta tierra del Ida, tras haber conseguido por su valor los primeros premios del ejército, a casa volvió llevando toda clase de gloria. Mientras que yo, hijo suyo, después de venir a este mismo lugar de Troya con una fuerza no inferior, y sin haber cumplido por mi mano empresas inferiores, deshonrado entre los argivos así perezco. Sin embargo, esto al menos creo saber con certeza: si en vida Aquiles con motivo de sus armas hubiera tenido que decidir la supremacía del valor a favor de alguno, ningún otro que yo de ellas se habría hecho dueño. Ahora por el contrario los Atridas a favor de un hombre capaz de todo actuaron, relegando los méritos de este hombre. Y si estos ojos y mi entendimiento, extraviados, no se hubieran apartado de mi plan, nunca justicia tal habrían votado contra hombre alguno. Pero ahora la hija de Zeus, la indomable diosa de mirada cual Gorgona, cuando ya contra ellos dirigía yo mi mano, me hizo fracasar lanzándome un arrebato de locura, de manera que en presas tales ensangrenté mis manos. Y ellos ríen encima una vez a salvo, aunque bien a pesar mío. Pero si alguno de los dioses entorpece, incluso el débil huirá al más fuerte. Y ahora, ¿qué es preciso hacer? Yo, que abiertamente soy aborrecido por los dioses, me odia el ejército de los

---

11. Busca Sófocles un juego etimológico al hacer derivar el nombre de Áyax de la interjección griega de dolor *aiai*.

griegos, y me aborrece Troya entera y estas llanuras.
¿Acaso camino de casa, tras dejar los fondeaderos y a 460
los Atridas en solitario, atravesaré el mar Egeo? Y
¿qué semblante mostraré cuando me presente a mi padre Telamón? ¿Cómo podrá soportar verme aparecer desnudo, sin los premios con los que él obtuvo una gran corona de gloria? Insoportable es la cosa. ¿Acaso, entonces, ir contra la muralla de los troyanos y, tras lanzarme yo solo en combates singulares, hacer algo valioso, y luego al fin morir? Pero no, de esta manera a los Atridas daría gusto sin duda. Imposible esto. Hay 470
que buscar una empresa tal por la que demuestre a mi anciano padre que no he nacido de él cobarde en lo que respecta a mi natural al menos. Vergonzoso es que desee larga vida el hombre que no experimenta cambio alguno en sus desgracias. ¿En qué puede agradar un día tras otro arrimando y separando de la muerte? No compraría a ningún precio a mortal que se inflama en esperanzas vanas. Sino que o hermosamente vivir o hermosamente morir es preciso que haga el bien naci- 480
do. Todo el asunto acabas de oír.

CORIFEO. Nadie dirá nunca, Áyax, que falso discurso dijiste, sino nacido de tu propio corazón. Cesa, no obstante, y concede a tus amigos triunfar sobre tu resolución, abandonando pensamientos tales.

TECMESA. Áyax, mi señor, que el destino inapelable no hay mal mayor para los hombres. Yo nací de padre libre y poderoso en riqueza, si es que hubo alguno entre los frigios. Pero ahora soy esclava, pues a los dioses así 490
les pareció sin duda, y en especial a tu brazo. Así que, ya que a tu lecho vine, buenos sentimientos tengo para

con tus cosas. Y te suplico por Zeus, protector del hogar, y por tu tálamo nupcial, donde a mí te uniste, que no tengas a bien el que yo una doliente fama alcance de tus enemigos, echándome como cautiva en manos de uno cualquiera. Pues el día en que mueras tú y tras terminar me abandones, en ese mismo piensa que también yo, violentamente arrebatada por los argivos, a la par que tu hijo dispondré del alimento del cautivo. Y algunos de mis dueños, lanzando con sus palabras un ofensivo saludo, dirá: «Ved a la compañera de Áyax, el que de más fuerza gozó del ejército, qué servidumbre y no cuánta admiración alimenta». Cosas tales dirá alguno, y a mí alguna divinidad me arrastrará, pero para ti y para tu estirpe vergonzosas serán estas palabras. Ea, ten en consideración a tu padre, al que anticipadamente abandonas en penosa vejez, y ten en consideración a tu madre, partícipe de muchos años, que una y otra vez a los dioses suplica que tú vuelvas vivo a casa. Ten conmiseración, señor, de tu hijo, si privado de la temprana educación va a vivir sin ti bajo tutores no amistosos. ¡Qué gran infortunio para él y para mí será ese que vas a legarnos, cuando mueras! Para mí ya no hay a donde mirar sin ti, pues tú me borraste la patria con tu lanza, y a mi madre y al que me engendró un destino diferente los arrebató como habitantes mortales del Hades. ¿Qué patria, pues, habría para mí sin ti? ¿Qué riqueza? En ti toda yo estoy a salvo. Ea, acuérdate también de mí. Es necesario que al hombre vaya unido el recuerdo, si algún deleite experimenta, pues agradecimiento es aquel que engendra una y otra vez agradecimiento. Aquel del que se derrama el recuerdo del bien recibido, no podrá ser ya ése un hombre bien nacido.

CORIFEO. Áyax, yo te pediría que tuvieras compasión como yo en mi corazón, pues aprobarías las palabras de ésta.

ÁYAX. Y con seguridad alcanzará la aprobación de mi parte al menos, si sólo lo ordenado está bien dispuesta a cumplir.

TECMESA. Por supuesto, querido Áyax, en todo yo te obedeceré.

ÁYAX. Tráeme, pues, a mi hijo para que lo vea. 530

TECMESA. La verdad es que por un cierto temor no obstante lo puse a salvo fuera.

ÁYAX. ¿En medio de estos desastres?, o ¿qué me quieres decir?

TECMESA. Por temor de que sin duda el desdichado, topándose contigo, muriese.

ÁYAX. Propio efectivamente de mi destino habría sido eso.

TECMESA. Sea como fuere yo me cuidé de rechazarlo.

ÁYAX. Alabo tu acción y la previsión que pusiste.

TECMESA. ¿En qué, pues, en estas circunstancias podría ayudarte?

ÁYAX. Permíteme que le hable y le vea abiertamente.

TECMESA. La verdad es que cerca está bajo la atención de los criados.

ÁYAX. ¿Por qué, pues, se tarda en estar presente? 540

TECMESA. Hijo, tu padre te llama. Tráelo aquí el que de entre los criados de tu mano lo llevas.

ÁYAX. ¿Viene al que hablas, o es tardo a tus palabras?

TECMESA. Aquí cerca lo trae este criado.

(TECMESA *toma al niño de manos de un criado que llega trayéndolo.*)

ÁYAX. Levántalo, levántalo aquí. No se asustará, no, al contemplar tal vez esta matanza recién degollada, si realmente es mío por descendencia paterna. Sino que en las crudas normas de su padre preciso es al punto educarlo y que le iguale en naturaleza. ¡Hijo, ojalá llegues a ser más feliz que tu padre, y en lo demás igual, y no serás innoble! Sin embargo, también ahora tengo razón para envidiarte al menos por esto, porque nada de estas desgracias comprendes. En no tener juicio alguno está la vida más feliz, hasta que aprendes a gozar y a sufrir. Y cuando llegues a este punto, preciso te es que muestres en medio de los enemigos de tu padre quién eres y de quién naciste. Entre tanto de ligeras brisas nútrete, mientras robusteces tu joven alma, gozo de tu madre. No, contigo ninguno de los aqueos, bien lo sé, se mostrará insolente con sombríos ultrajes, ni aun cuando estés separado de mí; tal guardián vigilante de tu puerta, a Teucro, dejaré a tu lado, custodio en nada remiso de tu educación, aunque ahora lejos se haya ido tentando la caza de enemigos. Pero, guerreros, marinera tropa, a vosotros este común favor os encomiendo, a aquél comunicadle mi encargo de que a este mi hijo lleve a mi casa y a Telamón lo muestre y también a mi madre, a Eribea me refiero, para que les sea sostén en la vejez perennemente, hasta que alcancen las profundidades del dios subterráneo[12]. Y mis ar-

---

12. El Hades.

mas ni jueces cualesquiera las entregarán a los aqueos, ni mi destructor[13]. Sino que esto, hijo, el escudo indestructible guarnecido de siete pieles de buey que te da nombre, Eurísaces[14], tómalo y mantenlo firme haciéndolo girar por medio de la bien cosida abrazadera. Las otras armas a la par conmigo quedarán enterradas. *(A* Tecmesa.*)* Ea, rápido, coge ya el niño y cierra la tienda, y no viertas lamentos aquí afuera. Verdad es que sin duda el ser más amante de duelo es la mujer. Cierra pronto. No es propio de sabio médico lanzar conjuros lastimeros ante mal que precisa operación. 580

Corifeo. Siento miedo al oír este ardor. No me agrada tu lengua afilada.

Tecmesa. Soberano Áyax, ¿qué planeas en tu corazón?

Áyax. No preguntes, no averigües. El ser discreto hermosa cosa es.

Tecmesa. ¡Ay de mí, cuán acongojada estoy! Aun así, por tu hijo y por los dioses te suplico no nos abandones.

Áyax. En demasía molestas. ¿No comprendes que yo no soy ya deudor de hacer nada para con los dioses? 590

Tecmesa. Habla con respeto.

Áyax. Dirígete a los que te escuchen.

Tecmesa. ¿No vas tú a obedecer?

Áyax. Demasiadas cosas ya estás diciendo fuera de tono.

Tecmesa. Porque estoy espantada, señor.

Áyax. ¿No cerraréis al punto?

---

13. Odiseo.
14. Eurísaces significa «el de ancho escudo».

TECMESA. Por los dioses, cede.
ÁYAX. Insensateces me pareces reflexionar, si mi carácter crees educar en un momento.

> (ÁYAX *penetra en la tienda.* TECMESA *con* EURÍSACES *vase por otra puerta.*)

CORO.

Estrofa 1

Gloriosa Salamina, tú, sin duda,
batida por el mar feliz habitas
de todos conocida para siempre.
600 *Mas yo, desdichado, antiguo es el tiempo*
que del Ida las moradas campestres ocupando
de meses incontables por siempre me recuesto,
por el tiempo consumido, y con funesta esperanza
de que aún algún día a término yo llegue
al inexorable y destructor Hades.

Antístrofa 1

Y además Áyax de difícil curación
610 *me queda después, ¡ay de mí!,*
a divina locura unido,
al que enviaste en otro tiempo
poderoso en el impetuoso Ares.
Mas ahora, de su corazón pastor en soledad
a los amigos gran pesar ha resultado.
Las anteriores acciones de su mano de gran valor
620 *hostiles para los hostiles Atridas desdichados cayeron.*

Áyax

Estrofa 2

De seguro que, ya en avanzada edad
y con blanca ancianidad, su madre,
cuando oiga que él padece
de mente vana,
¡aílinon, aílinon![15]*,*
y no duelo de ruiseñor quejumbroso
lanzará desventurada, sino cantos de agudos tonos   630
lamentará, y a golpes de mano caerán sobre su pecho
retumbos y de blanca cabellera arrancamiento.

Antístrofa 2

Mejor es que en el Hades se oculte
quien sufre de locura,
quien por linaje paterno a ser el mejor vino
de los aqueos de muchos afanes,
y ya en sus congénitas pasiones
no es firme, sino que lejos se encuentra.   640
¡Padre infortunado, qué locura insufrible de tu hijo
oír te queda, la que nadie hasta ahora alimentó
de los Eácidas descendientes de Zeus aparte de éste!

(Reaparece ÁYAX *a la puerta de la tienda*
acompañado de TECMESA.)

---

15. Grito desgarrado de dolor en griego, que en este pasaje se opone al quejumbroso plañir del ruiseñor, a fin de conseguir un contraste intenso.

ÁYAX[16]. Todo lo oculto el vasto e inmensurable tiempo lo hace crecer a la luz y cubre lo manifiesto. Y nada hay inesperado, sino que incluso el terrible juramento y las obstinadas mentes son vencidas. Así también yo, que a las dificultades entonces hacía frente, cual hierro en el temple, me ablandé en el filo de mi lengua por esta mujer, y compasión siento de dejarla viuda en medio de mis enemigos y a mi hijo huérfano. Ea, iré a bañarme a los prados costeros, para así purificar mis manchas y escapar a la pesada cólera de la diosa[17]. Caminaré hasta donde encuentre un lugar no hollado, y esconderé esta espada mía, la más odiosa de las armas, tras cavar en aquel punto de la tierra donde nadie lo vea[18]. Ea, que la noche y el Hades la guarden allá abajo. Yo, desde que con mi mano la tomé de Héctor, regalo de mi mayor enemigo, ya ningún beneficio recibí de los argivos. Verdadero es el refrán de los mortales: de enemigos regalo ni regalo ni provecho. Pues bien, en el futuro sabremos ceder ante los dioses, y aprenderemos a respetar a los Atridas. Jefes son, por lo tanto hay que doblegarse. ¿Por qué no? También las si-

---

16. Este monólogo de Áyax es objeto de una escisión radical en los estudiosos de la obra sofoclea. Unos piensan que el héroe está falseando su verdadera intención, puesto que este cambio de opinión en la conducta a seguir no es veraz. Otros, por el contrario, creen que Áyax está realmente arrepentido de su propósito de suicidarse. Personalmente me inclino por la primera opinión.
17. Ejemplo claro de cómo en la mentalidad primitiva es importante también la purificación material de una falta moral.
18. Ambigüedad irónica evidente. El coro, al oírle, cree que Áyax piensa ir a enterrar bajo tierra la espada y así olvidarse de sus anteriores proyectos funestos. Pero en realidad el héroe lo que hará será clavarla en tierra, sí, pero con la punta hacia arriba.

tuaciones severas y firmes se doblegan bajo las autoridades. De manera tal los inviernos de pie de nieve se retiran ante el fructífero verano. Y la bóveda sombría de la noche se aleja ante el día de blancos caballos con su brillar resplandeciente. El soplo de los terribles vientos puso en calma el resonante mar. Y de igual forma el todopoderoso sueño suelta después de haber atado, y no retiene por siempre tras la captura. ¿Cómo nosotros no vamos a saber ser sensatos? Yo incluso, puesto que ahora sé que el enemigo debe ser odiado por nosotros hasta el punto que sea compaginable con   680
la idea de que también puede volver a ser amigo, y ante el amigo dispuesto estaré a ayudarle colaborando en la medida apropiada a la idea de que no perseverará por siempre. En la mayoría de los mortales, en efecto, inseguro es el puerto de la amistad. Ea, en esto... todo saldrá bien. Tú, mujer, ve dentro y suplica a los dioses que llegue a su total término lo que mi corazón anhela. Y vosotros, compañeros, tened en consideración las mismas cosas que ésta y a Teucro, si viene, indicadle que se preocupe de mí, y que sea propicio con vosotros también. Yo voy allí donde hay que ir. Vosotros haced   690
lo que digo, y tal vez os enteréis sin duda de que yo, aunque ahora soy infortunado, al fin me he salvado[19].

(Salen ambos.)

---

19. Nueva ambigüedad irónica. Esta salvación para el coro es la vida, para Áyax la muerte.

CORO[20].

Estrofa

Tiemblo de ansia, y eufórico levanto el vuelo.
¡Io, io[21], Pan, Pan!
¡Pan, Pan marino errante,
de Cilena batida por la nieve
de su pedregosa cumbre aparécete,
ah, de los dioses maestro de coro, soberano
para que de Misia o de Cnosos
700 *las danzas que aprendiste por ti mismo*
conmigo des comienzo!
Ahora preciso me es danzar.
¡Y que por encima de las aguas icarias[22]
viniendo el soberano Apolo,
el dios de Delos fácil de reconocer
a mi lado esté por siempre benévolo!

Antístrofa

Retiró terrible pesar Ares de sus ojos[23].
¡Io, io! Ahora otra vez,

20. Este canto del coro es uno de los ejemplos de lo que en la introducción llamamos canto «en falso». Ante el anterior monólogo, esperanzador a los ojos del coro, éste estalla en un canto de alegría y regocijo. La acción subsiguiente de la obra va a ser diametralmente diferente, y así el efecto emocional será intenso.
21. Grito cultual.
22. Las aguas icarias son aquellas en las que se cuenta que cayó Ícaro (cf. Glosario de nombres propios), y es la porción del mar Egeo que hay entre las islas de Samos y Míconos, en medio de las cuales está igualmente la isla de Icaria.
23. De los ojos de Áyax.

*ahora, Zeus, la blanca luz de feliz día
llegar puede a las rápidas naves* 710
*que veloces surcan el mar, porque Áyax
olvidado se ha de los males de nuevo,
y otra vez de los dioses los ritos
en sacrificios abundantes ha cumplido
con observancia y reverencia grandes.
Todo lo extingue el poderoso tiempo,
y nada indecible yo declararía,
desde que al menos fuera de toda esperanza
Áyax desistió de sus arrebatos
y grandes discordias contra los Atridas.*

(*Entra un* MENSAJERO.)

MENSAJERO. Amigos, lo primero quiero daros una noticia. Teucro está aquí llegado ha poco de los montes de 720 Misia. Y cuando se dirige al medio, a la tienda de los jefes, es ultrajado por todos los argivos en pleno. Pues cuando se enteraron de que venía a lo lejos, en círculo lo rodearon, y luego con injurias lo abrumaban aquí y allí y nadie hay que no lo haga, llamándolo el consanguíneo del loco, del enemigo solapado del ejército, mientras decían que no podría evitar morir molido totalmente a pedradas. Y así a tal punto llegaron que con 730 sus manos fuera de las vainas las espadas fueron desenvainadas. Y cesa la discordia, que había llegado muy lejos, con la intervención de la palabra de los ancianos. Pero, ¿dónde está Áyax, que le diga estas cosas? A los jefes es a quienes es necesario exponerles el relato entero.

CORIFEO. No está dentro, sino que se ha ido hace poco, unciendo nuevas determinaciones a nuevas actitudes.

MENSAJERO. ¡Ah, ah! Tarde entonces me lo encargó el que me encargó este trayecto, o fui yo el que resultó tardo.

740 CORIFEO. ¿Y qué ha sido descuidado en ese asunto tan apremiante?

MENSAJERO. Teucro mandó que este hombre no saliese de dentro de la tienda, antes de que él estuviera presente.

CORIFEO. Pero ha salido, sábetelo, vuelto al punto más provechoso de la razón, para reconciliarse con los dioses en su cólera.

MENSAJERO. Ésas son palabras llenas de gran insensatez, si en alguna medida Calcante profetiza con clarividencia.

CORIFEO. ¿Qué?, ¿qué sabe de este asunto?

MENSAJERO. Todo esto es cuanto sé y casualmente estuve presente. Calcante, alejándose del círculo de caudillos 750 en consejo, en solitario y aparte de los Atridas, colocó su mano derecha en la de Teucro con amistoso espíritu, y le dijo y encomendó que con toda clase de medios retuviese en el día presente de hoy a Áyax dentro de la tienda, y no le permitiese salir, si quería volver a verlo vivo, dado que ya sólo por este día le perseguiría la cólera de la divina Atena, según decía en sus palabras. Pues los seres desmesurados e inútiles caen en duros infortunios 760 de parte de los dioses, decía el adivino; todo el que habiendo hecho germinar una naturaleza de hombre luego no reflexione como hombre. Aquél[24], cuando a pun-

---

24. Áyax.

to estaba de marchar de su patria, insensato se reveló mientras juiciosamente le hablaba su padre. Éste le dice: «Hijo, con la lanza ansía triunfar, pero siempre con la ayuda de la divinidad». Y él de manera altisonante e irreflexiva contestó: «Padre, con los dioses incluso el que nada es conseguiría poder; pero yo también, sin el apoyo de ellos, confío en alcanzar esa fama». De tal criterio se jactaba. Luego, en una segunda ocasión a la divina Atena, cuando apremiándole le instaba a que contra los enemigos volviera su cruenta mano, en ese momento le contestó con una respuesta terrible e indecible: «Señora, junto a los demás argivos ponte, por mi lado nunca se quebrará la lucha». Por palabras tales se atrajo la dura cólera de la diosa, al no reflexionar como hombre. Pero si sigue con vida en este día, tal vez seamos sus salvadores con ayuda de la divinidad. Todo esto dijo el adivino. Y él retirándose al punto de su asiento me envía a traerte estos encargos de hacer guardia. Si hemos fracasado, no sigue ya con vida ese hombre, si Calcante es clarividente.

CORIFEO. Desventurada Tecmesa, desdichada criatura, ven, mira a éste qué noticias cuenta. Esto afeita en seco; no puede alegrarse nadie.

(TECMESA *sale de la tienda con* EURÍSACES.)

TECMESA. ¿Por qué nuevamente a mí, desdichada, que ha poco descanso de desgracias inagotables, me hacéis levantar de mi sitio?

CORIFEO. Escucha a este hombre, pues ha llegado trayéndonos una circunstancia de Áyax por la que desde el primer momento yo me he afligido.

TECMESA. ¡Ay de mí!, ¿qué dices, hombre?, ¿es que acaso estamos perdidos?

MENSAJERO. No conozco tu destino, pero de Áyax sé que, si está fuera..., no siento confianza al respecto.

TECMESA. En efecto, está fuera, de manera que gran angustia siento de qué sea lo que cuentas.

MENSAJERO. Que se le retenga, manda Teucro, bajo el techo de la tienda, y que no se le deje ir solo.

TECMESA. ¿Dónde está Teucro, y por qué dice eso?

MENSAJERO. Está aquí hace poco, y teme que esta salida de Áyax se precipite fatal.

TECMESA. ¡Ay de mí, desdichada! ¿De qué hombre pudo saberlo?

MENSAJERO. Del adivino hijo de Téstor[25], y su temor se centra en el día de hoy, pues es el que muerte o vida le lleva.

TECMESA. ¡Ay de mí, amigos! Haced frente a la rigurosa fortuna, y procurad con apremio los unos que Teucro venga en seguida, y los otros a las regiones extremas de occidente unos, y a las de oriente otros, id y rastread su funesta salida. Me doy cuenta, en efecto, que de este hombre he sido objeto de engaño y que de su antiguo favor he sido privada. ¡Ay de mí!, ¿qué haré, hijo? No debe uno quedarse sentado. Ea, iré también yo allí hasta donde me lleguen las fuerzas. Vayámonos, démonos prisa. No es momento de descanso cuando se

---

25. Calcante.

está dispuesto a salvar a un hombre que se precipita a morir.

CORIFEO. A marchar estoy presto, y no sólo de palabra lo haré ver; rapidez de acción y de pies a la vez seguirá.

> (*El* CORO *dividido en dos grupos y* TECMESA *salen. Cambia la escena*[26]. *Ahora es un prado junto al mar.* ÁYAX *acaba de clavar su espada en el suelo con la punta hacia arriba.*)

ÁYAX. La espada homicida clavada está de punta, por donde más cortante habrá de ser, si para alguno hay tiempo también de reflexionar, regalo del guerrero Héctor, de los huéspedes[27] para mí con mucho el más odiado, y el más aborrecible de ver. Clavada está en la hostil tierra de Troya, con amoladera que el hierro roe recién afilada. Yo la clavé rodeándola con esmero, a fin de que bien dispuesta esté para con este hombre de forma que al punto muera. Así estamos de bien preparados. Y en estas circunstancias tú el primero, Zeus, 820

---

26. Este caso es uno de los pocos ejemplos en el teatro griego antiguo en que hay en medio de la obra un cambio de escenario. La razón en esta ocasión es clara: Áyax debe morir en soledad, porque de esta manera se alcanzará una mayor grandiosidad de la escena.

27. En un momento de la guerra de Troya se decide que cese la lucha entre ambos ejércitos y que se dé paso a un combate singular. Del lado troyano está Héctor, del lado griego sale elegido en sorteo Áyax. Sin embargo, al llegar la noche y no haber aún un claro vencedor, Zeus decide interrumpir el duelo. Los dos héroes obedecen y se separan, no sin antes haberse hecho sendos regalos: Héctor regala a Áyax su espada, Áyax a Héctor un cinturón. Y por este intercambio de regalos es por lo que Áyax ahora llama a Héctor huésped suyo.

pues también es lo natural, ayúdame. Te pediré alcanzar un don no excesivo. Envíame algún mensajero que la mala nueva a Teucro lleve, para que me levante el primero, a mí, caído a uno y otro lado de esta espada recién bañada en sangre, y no, reconocido antes por alguno de los enemigos, sea arrojado a los perros y a las aves de presa como botín. Todo esto, Zeus, te suplico. Invoco también como conductor a Hermes subterráneo para que convenientemente me adormezca, una vez que con salto rápido y sin convulsiones haya desgarrado el costado en esta espada. Invoco igualmente como defensores a las por siempre vírgenes, a las que siempre ven todos los padecimientos que anidan en los mortales, a las venerables Erinis de largas piernas, para que sepan cómo a manos de los Atridas, desdichado, yo perezco. ¡Y ojalá que a ellos, miserables, de la forma más miserable y enteramente aniquilados los barran; y de igual manera que ahora me contemplan caer por mi propia mano sacrificado, así perezcan sacrificados por sus propias manos en las personas de sus descendientes más queridos! ¡Venid, prestas vengadoras Erinis, gustad, no escatiméis el ejército entero! Y tú, que por el alto firmamento conduces tu carro, Sol, cuando mi tierra patria divises, retén la rienda de áureo dorso y anuncia mis desdichas y mi signo a mi anciano padre y a mi desventurada nutricia. De seguro que infortunada, cuando oiga esta noticia, dejará escapar gran lamento en toda la ciudad... Pero ningún sentido hay en lamentar esto en vano, sino que preciso es comenzar la empresa con una cierta rapidez. Muerte, Muerte, ven ahora y contémplame; aunque, también allí te hablaré cuando esté a tu lado. Y a ti, del resplandeciente día luz presente, al auriga Sol también dirijo mi palabra, por última vez, sí, y nunca ya otra. Resplandor, sagrado suelo de la natal tierra de Salamina, asiento del hogar paterno, ilustre Atenas y estirpe de común crianza, fuentes y ríos aquí presentes, y llanuras troyanas, a vosotros me dirijo, ¡adiós!, nodrizas mías. Ésta es la última palabra que Áyax os profiere, las demás en el Hades las lanzaré a los de allí abajo. 860

(ÁYAX *se precipita sobre la espada y muere. La maleza oculta su cuerpo. Entra*[28] *el* CORO *dividido en dos grupos, cada uno por un lado de la escena.*)

SEMICORO A.
Fatiga a la fatiga fatiga acarrea.
¿Adónde, adónde,
adónde yo no fui?
Y ningún lugar decir puede que yo aprendí.
Mira, mira, 870
ruido sordo a más escucho.

CORIFEO DEL SEMICORO B. La compañía de común navegar de nuestra nave.

SEMICORO A. ¿Qué, entonces?

---

28. Esta *epipárodos* o nueva entrada del coro en escena es un fenómeno raro en la dramaturgia griega. En el teatro griego el coro está siempre presente por las razones que ya dimos en la introducción. En el caso presente de *Áyax* tenemos una de las escasas excepciones. De todas formas, una vez que ha tenido lugar el monólogo del héroe previo a su muerte, vuelve a aparecer el coro, como es lo normal.

CORIFEO DEL SEMICORO B. Entero está hollado el costado occidental de las naves.
SEMICORO A. ¿Tienes, entonces...?
CORIFEO DEL SEMICORO B. De fatiga, sí, cantidad, y nada más a la vista.
CORIFEO DEL SEMICORO A. Pues tampoco por el camino de la partida del sol este hombre en ningún lado aparece.
CORO.

Estrofa

¿Quién tal vez, pues, a mí, quién tal vez
880 *de entre los laboriosos pescadores*
faenas teniendo que no duermen,
o quién de las deidades del Olimpo[29], o de los ríos
que al Bósforo fluyen,
al de recio temple si en algún lado
vagando divisa,
me lo gritará? Pues desgracia es
que yo, el vagabundo de grandes fatigas,
a favorable camino no me acerque,
890 *y a hombre sin fuerza no vea dónde está.*

(Se oye un grito detrás de la maleza que oculta el cuerpo de ÁYAX. Es la voz de TECMESA.)

---

29 Probablemente Sófocles se está refiriendo al Olimpo de Misia (cf. Glosario de nombres propios) y, por lo tanto, no alude a las diosas tradicionales del Olimpo griego sino a las deidades menores, es decir, las ninfas que vagan por tales parajes.

TECMESA. ¡Ay de mí, ay!

CORIFEO. ¿De quién es el grito cercano que salió de la cañada?

TECMESA. ¡Ay, desdichada!

CORIFEO. A la infortunada esposa por la lanza conquistada veo, a Tecmesa, a este lamento unida.

TECMESA. Perdida estoy, muerta, arruinada, amigos.

CORIFEO. Pero, ¿qué pasa?

TECMESA. Áyax con aún reciente muerte aquí nos yace por oculta espada atravesado.

CORO.
¡Ay, mi regreso!   900
¡Ay, mataste, señor,
a este tu compañero de la mar, desdichado!
¡Ah, mujer de desdichado corazón!

TECMESA. Puesto que de tal suerte éste se encuentra, razón hay para lanzar ayes de dolor.

CORIFEO. ¿Por mano de quién pudo actuar el infortunado?

TECMESA. Él por sí mismo. Es evidente. Esta espada que lo atraviesa fija en el suelo es testigo.

CORO.
¡Ay, mi ceguera!
En soledad sangrienta pereciste,
sin cerco de amigos.   910
Y yo, a todo sordo, a todo ciego,
estuve desatento. ¿Dónde, dónde
yace el de funesto temple,
de funesto nombre, Áyax?

TECMESA. No, no se le puede ver. Con este manto enrollado en torno le cubriré por entero, pues nadie, cualquiera al menos que sea amigo, podría contemplarlo vertiendo negra sangre arriba por las narices, y de la roja herida, producto de su propio degüello. ¡Ay de mí!, ¿qué haré?, ¿quién de los amigos te levantará?, ¿dónde está Teucro? ¡Qué oportuno, si viniera, llegaría a colaborar en disponer para el entierro a este su hermano caído! ¡Infortunado Áyax, siendo de tal categoría, en qué estado te encuentras, cuán merecedor incluso entre los enemigos eres de obtener lamentos!

CORO.

Antístrofa

Habías, desdichado, habías con el tiempo
de obstinado llevar a término funesto
destino de fatigas infinitas. Tales
durante toda la noche y bajo el sol radiante
lamentos gemías con el corazón recio
hostiles a los Atridas
con pasión fatal.
Gran inicio fue aquel día
de males, cuando para el más bravo brazo
por las armas malditas allí el certamen tuvo lugar.

TECMESA. ¡Ay de mí, ay!
CORIFEO. Te invade hasta el hígado[30], lo sé, una verdadera aflicción.
TECMESA. ¡Ay de mí! ¡Ay!

---

30. El hígado como asiento de las emociones es opinión corriente dentro de la erudición fisiológica de la época.

CORIFEO. No me extraña que tú también dos veces te la-   940
mentes, mujer, privada ha poco de tal ser querido.
TECMESA. Lo tuyo es suponerlo, lo mío conocerlo en de-
masía.
CORIFEO. Convengo en ello.
TECMESA. *(A EURÍSACES.)* ¡Ay, hijo!, ¡a qué yugos de es-
clavitud marchamos!, ¡qué guardianes nos acechan!
CORO.
¡Ay, de los insensibles
dos Atridas clamaste
hechos indecibles en este infortunio!
Mas ¡ojalá que un dios lo impida!
TECMESA. No estarían así las cosas, de no haber sido con   950
apoyo de los dioses.
CORIFEO. En exceso pesado llevaron a cabo este infortunio.
TECMESA. Tal, sí, tal sufrimiento lo hizo germinar la terrible diosa hija de Zeus, Palas, por complacer a Odiseo.
CORO.
En su ánimo de perfil sombrío se yergue insolente
hombre de mil aguantes,
y ríe de pesares que enloquecen
amplia risa, ¡ay, ay!,
y a la par los dos reyes
al oírlo, los Atridas.   960
TECMESA. Ellos, sea, que rían y disfruten con las desgracias de éste. Tal vez, tenlo presente, aunque en vida no
lo echaban de menos, muerto acaso lo lamenten en la
necesidad de su lanza. Los miserables en sus reflexiones no conocen el bien, aunque lo tengan entre sus ma-

nos, hasta que se le arroja fuera. Para mí amarga ha sido su muerte más que para ellos dulce, pero para él mismo ha sido placentera, puesto que lo que ansiaba obtener lo consiguió para sí, la muerte que precisamente quería. ¿En qué, pues, podrían burlarse de él? Víctima de los dioses ha muerto éste, no de aquéllos, de ningún modo. En estas circunstancias, que Odiseo se pavonee de cosas vanas. Áyax ya no existe para ellos, pero se ha ido dejándome a mí motivos de aflicción y lamento.

(TECMESA *se marcha. A lo lejos se escucha la voz de* TEUCRO.)

TEUCRO. ¡Ay de mí, ay!
CORIFEO. Calla. La voz de Teucro creo oír haciendo resonar un canto certero en esta desgracia.
TEUCRO. Querido Áyax, ser de mi misma sangre, ¿has acabado como el rumor impera?
CORIFEO. Muerto está nuestro hombre, Teucro, sábetelo.
TEUCRO. ¡Ay, mi suerte, en verdad penosa!
CORIFEO. Puesto que así están las cosas...
TEUCRO. ¡Ah, desdichado de mí, desdichado!
CORIFEO. ... razón hay para lamentarse.
TEUCRO. ¡Ah, dolor impetuoso!
CORIFEO. En demasía, en efecto, Teucro.
TEUCRO. ¡Ay de mí, desdichado! Pero, ¿qué hay del hijo de éste?, ¿en qué lugar de la región troyana se encuentra?
CORIFEO. Solo junto a las tiendas.

TEUCRO. ¿No lo traerás, pues, aquí rápidamente, no vaya a ser que alguien de ánimo hostil lo arrebate como a cachorro de leona sin macho?[31] Ve, apresúrate, colabora. De los que yacen muertos todos gustan de burlarse.

CORIFEO. También él, mientras aún vivía, Teucro, dejó el encargo de que te preocuparas de aquél, como en efecto te preocupas.

TEUCRO. ¡Ah, de todos en verdad espectáculo éste el más doloroso para mí de cuantos contemplé con mis ojos, y camino de todos los caminos el que afligió sin duda más mis entrañas, el que ahora seguí, queridísimo Áyax, viniendo presto tras tus huellas, en cuanto me enteré de tu destino! Pues rauda como de parte de un dios llegó a todos los aqueos la noticia de que a morir te encaminabas. Al oír tal yo, desdichado, estando lejos me lamentaba, pero ahora al verlo muero. ¡Ay de mí! Ea, descubre, para que vea toda la desgracia. ¡Ah, horrible rostro y de amarga osadía, cuántos pesares me dejaste sembrados y ahora desapareces! ¿Adónde puedo ir, junto a qué hombres, puesto que en medio de tus fatigas en modo alguno fui ayuda? Sin duda[32] que Telamón, tu padre y el mío a la vez, me recibiría con buena cara y benévolo quizá, llegando sin ti, ¿cómo no? Él, al que no le es propio ni en situación de ventura regocijarse con un mayor agrado. Éste ¿qué se callará?, ¿qué insulto no dirá del que es un bastardo nacido de

---

31. Otros prefieren traducir desde Jebb «como leona robada», con empleo proléptico del adjetivo, puesto que la leona no es robada entre tanto no es despojada de su cachorro.
32. Aguda ironía.

lanza enemiga³³, del que por temor y cobardía te ha traicionado, queridísimo Áyax, o por tretas para poder regentar tus poderes y tus palacios una vez muerto? Cosas tales dirá como hombre iracundo abrumado por la vejez, que se altera y precipita en la disputa
1020 por nada. Y al final desterrado del país seré arrojado lejos, apareciendo como esclavo y no como hombre libre por causa de sus palabras. Cosas tales en la patria; en Troya muchos serán mis enemigos, y pocas las ayudas. Y todo esto me lo encontré con tu muerte. ¡Ay de mí!, ¿qué haré?, ¿cómo te arrancaré de esta aguda y brillante espada, desdichado, bajo cuya mano homicida pereciste? ¿Viste cómo con el tiempo Héctor, incluso después de muerto, habría de arruinarte? Contemplad, por los dioses, el destino de ambos
1030 mortales. Héctor, al varal del carro atado con el cinturón que había recibido de éste como presente, una y otra vez fue siendo desgarrado hasta que expiró³⁴. Éste, por su parte, con este regalo de aquél murió a manos de esta espada con mortal caída. ¿Acaso no fue la Erinis la que forjó esta espada, y aquel cinturón Hades, cruel artesano? Yo por mi parte diría que esto y todo una y otra vez lo maquinan los dioses contra los hombres. Pero, para el que estas ideas no sean gratas en su convicción, ¡que él acepte las suyas, y yo las mías!

---

33. Teucro era hijo bastardo de Telamón, porque no había nacido de su esposa, como Áyax, sino de Hesíona, hermana de Príamo, rey de Troya. Heracles en su campaña contra Troya la había hecho cautiva y se la había entregado a Telamón como premio.
34. A manos de Aquiles, como bien cuenta Homero.

Corifeo. No te extiendas mucho, sino que piensa cómo 1040
darás sepultura a este hombre y lo que dirás dentro de
poco, pues veo a un enemigo y acaso riéndose de nuestras desgracias tal vez llegue, como auténtico malhechor.
Teucro. ¿Y quién del ejército es el hombre al que ves?
Corifeo. Menelao, por el que realmente hicimos esta expedición.
Teucro. Ya lo veo. No es difícil conocerlo, puesto que está cerca.

(*Entra* Menelao.)

Menelao. ¡Eh, tú, a ti te digo, no entierres con tus manos este cadáver, sino que déjalo como está!
Teucro. ¿Por qué razón has malgastado discurso tan altanero?
Menelao. Es lo que me parece bien a mí, y lo que le pa- 1050
rece bien al que manda en el ejército.
Teucro. Entonces, ¿no dirás tal vez qué motivo alegas?
Menelao. Pues que, mientras creíamos traer de la patria a éste como aliado y amigo de los aqueos, tras investigar lo descubrimos más enemigo que los frigios, puesto que, habiendo determinado la muerte para el ejército en pleno, durante la noche dio comienzo a su campaña a fin de hacer presa con la lanza. Y si algún dios no hubiera apagado el intento, nosotros, alcanzando el destino que éste ha obtenido, muertos yaceríamos con ruina en extremo vergonzosa, y él en cambio viviría. Pero en esta ocasión un dios ha cambiado 1060
el rumbo, de manera que la insolencia de éste se ha

precipitado sobre ganados y majadas. Por ello a éste no hay hombre con suficiente poder como para dar a su cuerpo enterramiento, sino que arrojado a la amarillenta arena de las aves costeras será pasto. Ante esto no levantes ninguna violenta furia, porque si mientras veía la luz del sol no pudimos domeñarlo, de muerto al menos lo gobernaremos plenamente, aunque no te guste, maniobrando a nuestro juicio. Nunca mientras vivió quiso escuchar mis palabras. Sin embargo, es propio de hombre miserable, siendo hombre del pueblo, en nada tener por justo escuchar a los que están encima. Nunca en una ciudad las leyes marcharían convenientemente allí donde no estuviera instaurado el temor, ni un ejército sería gobernado jamás con oportunidad si no tuviera la defensa del miedo y el respeto. De igual manera, un hombre es preciso que tenga presente que, aunque haya alcanzado un cuerpo de gigante, puede caer incluso en el caso de una desgracia insignificante. El que posee temor y vergüenza a la vez, sábete que ése tiene salvación. Pero donde sea posible ser insolente y hacer lo que apetece, ten presente que esa ciudad, aunque avance con viento propicio, con el tiempo caerá al fondo[35]. Asiéntese también en mí un cierto temor oportuno, y no pensemos al hacer lo que nos plazca que no vamos a dar satisfacción a su vez con lo que nos duela. Estas cosas avanzan alternativamente. Antes éste era el de ardiente insolencia, ahora soy yo el que a mi vez me manifiesto altivo. Y a ti te digo

---

35. Es uno de los innumerables ejemplos que hay en la literatura griega sobre la imagen de la nave del Estado.

de antemano que no entierres a éste, no sea que al enterrarlo caigas tú mismo en la fosa. 1090

CORIFEO. Menelao, tras dar sabios consejos no seas luego insolente con los muertos.

TEUCRO. Nunca ya, amigos, me admiraría de un hombre que no siendo nada en su nacimiento luego errase, cuando los que parecen ser bien nacidos tales errores cometen en sus palabras. Ea, di de nuevo desde el principio. ¿Dices acaso que fuiste tú quien trajo a este hombre aquí en apoyo de los aqueos captándolo como aliado? ¿No fue él quien se hizo a la mar como soberano de sí mismo? ¿En qué sentido estabas tú como jefe 1100 al frente de éste? ¿En qué sentido te es posible dar órdenes a las huestes que éste trajo de su patria? Como rey de Esparta viniste, no como soberano nuestro, y en modo alguno había más dispuesta una norma de gobierno a favor tuyo para que mandaras sobre éste que a favor de éste sobre ti. Como lugarteniente de otros hasta aquí navegaste, no como general de la expedición en pleno, de manera que algún día estuvieras al frente de Áyax. Manda a los que realmente mandas, y repréndeles a ellos con tus arrogantes palabras. Pero a éste, ya seas tú el que diga que no, ya sea otro jefe, yo le daré sepultura como es debido, sin temer tus palabras. 1110 De ningún modo hizo la expedición por causa de tu mujer[36], como los ahítos de abundante miseria, sino por los juramentos a los que estaba atado[37], pero por ti

---

36. Helena.
37. Se refiere a la circunstancia de cuando Tindáreo, padre de Helena, hizo jurar a todos los pretendientes de su hija que prestarían su ayuda al que fuera elegido por ella como esposo.

de ningún modo, pues no tenía en consideración a los que no son nada. Ante esto llégate aquí con más heraldos, incluso con el general en jefe; que no me volvería por tu charlatanería mientras seas como en verdad eres.

CORIFEO. Tampoco lengua tal apruebo en la desgracia, pues lo agrio, sábetelo, aunque sea justo sobremanera, muerde.

1120 MENELAO. El arquero[38] no parece ser modesto.

TEUCRO. Porque no adquirí el arte como cosa servil.

MENELAO. Gran ruido meterías, si portases escudo.

TEUCRO. Incluso de soldado de infantería ligera te igualaría al menos a ti de hoplita.

MENELAO. ¡La lengua hasta qué punto de bravura te alimenta el valor!

TEUCRO. Porque al lado de la justicia es posible ser altivo.

MENELAO. ¿Es justo, pues, que éste triunfe después de haberme dado muerte?

TEUCRO. ¿Después de haberte dado muerte? Cosa extraña sin duda dijiste, si realmente sigues viviendo después de haber muerto.

MENELAO. Porque un dios me ha salvado, pero para éste he perecido.

TEUCRO. No ultrajes ahora a los dioses, si por los dioses ahora estás a salvo.

1130 MENELAO. ¿Yo en este caso censuraría las leyes de los dioses?

---

[38]. Tal denominación es un insulto, porque ya desde Homero el arquero es tenido por soldado de segunda categoría.

TEUCRO. Si no permites con tu presencia enterrar a los muertos.

MENELAO. Al menos a los enemigos de uno mismo. ¿No es acaso lo oportuno?

TEUCRO. ¿Acaso, pues, Áyax en algún momento se erigió en enemigo tuyo?

MENELAO. El odio era un odio mutuo, y tú lo sabías.

TEUCRO. Porque te revelaste un rufián amañador de votos[39].

MENELAO. En los jueces, y no en mí, recayó eso.

TEUCRO. Muchas bajezas convenientemente a escondidas debiste tú de cometer.

MENELAO. Eso que has dicho va a desembocar en disgusto para alguno.

TEUCRO. No más, según parece, del malestar que causaremos.

MENELAO. Una sola cosa te voy a decir: a éste no se le puede enterrar. 1140

TEUCRO. Pues a tu vez vas a escuchar que éste quedará enterrado.

MENELAO. Ya en una ocasión vi yo a un hombre animoso de lengua, que a los marineros incitaba a navegar en época invernal, al cual no le habrías oído articulación alguna cuando se hallaba en los avatares de la tempestad, sino que cubierto con un manto se dejaba pisotear por el que quería de los marineros. Así también a ti y tu fiera boca tal vez una gran tempestad surgida de insignificante nube la sofoque del mucho vocerío.

---

39. Alude al juicio por las armas de Aquiles ya mencionado en la nota 2 de esta misma tragedia.

TEUCRO. Pues también yo he visto a un hombre lleno de locura, que en medio de las desgracias de los vecinos se mostraba insolente. Luego, viéndolo uno que es parecido a mí y semejante en carácter, le dijo lo siguiente: «Hombre, no hagas mal a los que ya están muertos. Si lo haces, ten en cuenta que sufrirás alguna calamidad». Tal amonestaba cara a cara a un hombre desventurado. Y a ése lo estoy viendo, y no es, en mi opinión, ningún otro sino tú. ¿Acaso, pues, he hablado en enigmas?

MENELAO. Me voy, porque sería incluso vergonzoso, si alguien se enterara, estar refrenando de palabra al que se puede forzar de obra.

TEUCRO. Vete, sí, porque también para mí es vergonzoso en extremo estar oyendo a un hombre necio decir palabras vanas.

(Sale MENELAO.)

CORIFEO. *(Anapestos.)*
Habrá de gran discordia enfrentamiento.
Mas, cuanto puedas, Teucro, date prisa
y cuida de cóncava fosa buscar para éste,
donde la de perenne recuerdo para los mortales
húmeda tumba alcance.

(Entran TECMESA y EURÍSACES.)

TEUCRO. Y por cierto que en este oportuno momento éstos se presentan, el hijo de este hombre y la mujer, para disponer el enterramiento del infortunado cadáver. Hijo, acércate aquí, colócate al lado y como suplicante pon tu mano sobre el padre que te engendró. Permanece sentado en disposición de súplica[40] portando en tus manos cabellos míos, de ésta y de ti mismo en tercer lugar, tesoro del suplicante[41]. Y si alguien del ejército por la violencia te arrancase de este cadáver, ¡ojalá que, miserable, miserablemente sea expulsado de su país insepulto[42], dejando segada la raíz de toda su estirpe tal como yo corto este rizo![43] Tómalo, hijo, y guárdalo, que no te mueva nadie, sino que posternado mantente a su lado. *(Al* CORO.) Y vosotros no os quedéis ahí parados como mujeres en vez de como hombres, sino que estad en defensa hasta que yo vuelva de buscar una tumba para éste, aunque nadie lo permita. 1180

(Sale TEUCRO.)

---

40. Es la postura ritual del suplicante.
41. Las ofrendas de cabellos daban más fuerza a la invocación del suplicante.
42. El texto griego está aquí muy condensado. La idea desarrollada está en relación con la situación de los condenados a muerte en Atenas por alta traición o sacrilegio, a los cuales les estaba prohibido recibir sepultura en suelo ático. Así, aquí la idea global es que el que se atreva a separar a Eurísaces del cadáver de su padre será merecedor de pena de muerte y de la consiguiente expulsión del cadáver sin recibir sepultura en su país.
43. Procedimiento tradicional de magia imprecatoria.

CORO.

Estrofa 1

*¿Cuál, pues, al fin algún día será
el último cómputo de años de mucho vagar,
que la incesante y eterna calamidad
de fatigas que la lanza agitan*
1190   *me ocasiona en la espaciosa Troya,
doliente oprobio de los griegos?*

Antístrofa 1

*¡Ojalá que antes en el ancho cielo hundido
se hubiera o en el Hades común a todos
el hombre aquel que de odiosas armas
el común Ares[44] a los griegos enseñó!
¡Ah, fatigas progenitoras de fatigas,
aquél, sí, aniquiló a los hombres!*

Estrofa 2

Aquél ni de coronas ni de profundas
1200   *copas el placer me dejó frecuentar,
ni el dulce sonar de las flautas, ¡miserable!,
ni el nocturno placer de dormitar.
Y a los amores, a los amores
puso fin, ¡ay de mí!
Y tendido estoy así sin atenciones,
de constantes y espesos rocíos
húmedos los cabellos,*
1210   *recuerdos de la triste Troya.*

44. La guerra.

Antístrofa 2

*Y antes, del nocturno temor estaba
para mí como defensa y de los dardos
el impetuoso Áyax.
Mas ahora éste ofrendado ha sido a odioso hado.
¿Qué placer, qué placer, pues, aún me quedará?
¡Ojalá estuviera donde boscoso se yergue
sobre el mar promontorio batido por las olas,
bajo la apuntada planicie de Sunio,*   1220
*a fin de que a la sagrada Atenas
dirigir pudiéramos el saludo!*

(*Entra de nuevo* TEUCRO.)

TEUCRO. Apreté el paso cuando vi que el caudillo del ejército, Agamenón, se nos dirigía hacia aquí. Y tengo por evidente que con el fin de dar suelta a una lengua de mal agüero.

(*Llega* AGAMENÓN.)

AGAMENÓN. De ti me dicen que con tales duras palabras te has atrevido a abrir la boca contra nosotros así impunemente. De ti, sí, del nacido de cautiva estoy hablando. Sin duda que, de haber sido criado por madre bien nacida, de encumbrados alardes te jactarías y sobre las puntas de los pies caminarías, puesto que no siendo nada te erigiste enemigo en defensa de quien nada es, y afirmaste bajo juramento que noso-   1230 tros no habíamos venido ni como generales ni como almirantes de los aqueos ni de ti, sino que él, Áyax, en calidad de jefe, según tú dices, navegaba. ¿No es una villanía oír cosas tan graves de los esclavos? ¿Qué clase de hombre es ese del que has estado hablando a voz en grito de forma tan arrogante? ¿Adónde ha ido, o dónde ha estado a pie firme que yo no? ¿No hay, pues, hombres entre los aqueos aparte de éste? Amargos certámenes parece que convocamos en su día entre los aqueos por las armas de Aquiles, si por todos lados vamos a aparecer por obra de Teucro malvados, y no vais a conformaros nunca, incluso de vencidos, con ceder a lo que agradó a la mayoría de los jueces, sino que perpetuamente o nos alcanzaréis con ultrajes o con alguna estratagema nos aguijonearéis los que perdisteis. De tal forma, en efecto, nunca habría consolidación de ley alguna, si a los que vencen con justicia los desecháramos y a los de atrás los pusiéramos delante. No, estas cosas deben ser rechazadas, puesto que los hombres corpulentos y de anchos hombros no son los más firmes, sino que los sensatos son los que triunfan en todo momento. Un buey de amplios costados bajo la acción no obstante de un pequeño látigo avanza derecho por el camino. Y veo que a grandes pasos esta medicina se te acerca, de no ser que adquieras algo de juicio. ¿Tú, que en defensa de un hombre que ya no existe, sino que es ya una sombra, envalentonado te revelas insolente y hablas con exceso de audacia, no entrarás en razón? ¿Dándote cuenta de qué eres por naturaleza, no traerás aquí a alguien de otra clase, a un hombre libre, que en tu lugar nos dirija tus reclamaciones?[45] Mientras seas tú el que hables yo no podría enterarme, puesto que no entiendo la lengua de los bárbaros.

CORIFEO. ¡Ojalá que ambos tuvierais el juicio de entrar en razón! Nada mejor que esto puedo aconsejaros a los dos.

TEUCRO. ¡Ay, el agradecimiento al que está muerto qué raudo para los mortales se diluye y es tomado como causante de traición, si de ti al menos, Áyax, este hombre ni aun con parcas palabras conserva ya recuerdo, en defensa del cual tú muchas veces te esforzaste con la lanza exponiendo tu vida! Pero la verdad es que todo esto desaparece abandonado. ¡Ah, muchas necias palabras acabas de decir ahora mismo! ¿No te acuerdas ya de nada, cuando en una ocasión vosotros estabais encerrados dentro de las empalizadas, no siendo ya nada, y éste en la desbandada del ejército fue el único que se lanzó a atacar, en un momento en que a uno y otro lado a lo largo de los puentes de popa de las naves ardía ya el fuego, y en dirección a las embarcaciones saltaba Héctor por encima de las trincheras? ¿Quién impidió esto? ¿No fue éste el que llevó a cabo estas cosas, del cual dices que no llegó con su pie a sitio alguno donde tú no lo hicieras? ¿Acaso no llevó éste a cabo estas empresas bien vistas por vosotros? ¿Y cuando en otra ocasión a Héctor en combate singular, tocándole en sorteo y no por mandato, le hizo frente,

1270

1280

---

45. Hace referencia a la norma jurídica del derecho ático según la cual un siervo no podía prestar testimonio si no estaba previamente avalado por un hombre libre.

tras dejar caer junto con los otros no la bola propia de un cobarde, un terrón de tierra húmeda, sino la que había de dar el salto la primera fuera del casco de hermoso penacho?[46] Éste fue el que hizo esto, y con él yo, el esclavo, el nacido de madre bárbara. ¡Desdichado! ¿Adónde miras para poder decir a voz en grito incluso estas cosas? ¿No sabes que el que fue padre de tu padre, el antiguo Pélope, era un bárbaro, un frigio? ¿Y que Atreo, que a su vez te engendró a ti, dispuso para su hermano la comida en extremo impía de sus propios hijos? Y tú mismo naciste de una madre cretense, a la que el padre que la engendró, encontrándola con un adúltero, la abandonó como presa de los mudos peces[47]. ¿Siendo tal echas en cara la ascendencia a un hombre de mi categoría? Yo, que nací de mi padre Telamón, el que por sobresalir en el más alto grado en el ejército obtuvo como compañera de lecho a mi madre, que de nacimiento pertenecía a familia de reyes, hija de Laomedonte, y a aquél se la dio como regalo escogido el hijo de Alcmena. ¿Habiendo nacido tan notable como descendencia de dos notables, acaso iba yo a

---

46. El procedimiento utilizado para la elección por sorteo consistía en meter dentro de un recipiente un terrón de tierra, y agitándolo, el primero que salía despedido fuera, ése era el elegido. La conducta propia de un cobarde sería la de introducir un terrón de tierra húmedo, para que se deshiciera dentro y no pudiera saltar fuera.

47. Catreo, rey de Creta, sorprendió a su hija Aérope en brazos de un esclavo, e indignado se la entregó a Nauplio para que la arrojara al mar. Pero en realidad este último no lo hizo, y con el tiempo Aérope se casaría con Atreo, de donde habrían de nacer Agamenón y Menelao.

deshonrar[48] a los de mi sangre, a los que ahora, hallándose en circunstancias tan penosas, tú los repudias sin concederles sepultura, y hablando sin respeto? Ten, pues, bien presente esto: si vais a arrojar a éste en alguna parte, nos arrojaréis también a nosotros tres en el mismo lugar muertos con él, ya que es a todas luces más hermoso para mí morir sufriendo fatigas en defensa de éste que en defensa de tu mujer, o de la de tu hermano, quiero decir. Ante esto ten a la vista no mi interés sino más bien el tuyo, en la idea de que, si en algo me dañas, con el tiempo preferirás haber sido incluso cobarde que audaz sobre mi persona. 1310

(*Entra* ODISEO.)

CORIFEO. Soberano Odiseo, a punto sabe que has llegado, a no ser que vengas como complicación, y no como solución.

ODISEO. ¿Que hay, amigos? De lejos oí el griterío de los Atridas en torno al cadáver de este héroe.

AGAMENÓN. ¿No hemos estado oyendo hace un momento las palabras más vergonzosas, soberano Odiseo, por boca de este hombre? 1320

ODISEO. ¿Cuáles?, porque yo tengo comprensión para con el hombre que escuchando cosas vanas a su vez lanza palabras malévolas.

AGAMENÓN. Escuchó cosas oprobiosas porque cosas tales me estaba ocasionando.

---

48. Con tal ascendencia Teucro puede perfectamente defender la causa de Áyax (cf. nota 33).

ODISEO. ¿Pues qué te hizo, hasta el punto incluso de considerarte objeto de ultraje?

AGAMENÓN. Dice que no permitirá que este cadáver sea privado de su derecho a ser enterrado, sino que le enterrará en contra mía.

ODISEO. Pues bien, ¿es posible a un amigo decir la verdad y seguir estando unido a ti no menos que antes?

1330 AGAMENÓN. Habla. Pues de seguro que no estaría yo bien cuerdo, ya que te considero mi mayor amigo entre los aqueos.

ODISEO. Escucha, entonces. A este hombre, por los dioses, no te atrevas a arrojarlo tan despiadadamente sin enterrar. De ningún modo la violencia te lleve victoriosa a odiar hasta el punto de pisotear la justicia. También para mí éste era en otro tiempo el mayor adversario en el ejército, desde que conseguí las armas de Aquiles; sin embargo, a él, a pesar de ser tal para
1340 conmigo, yo a mi vez no podría devolverle sus injurias, de forma que negara que veo en él al mejor con mucho de los argivos, cuantos llegamos a Troya, con excepción de Aquiles. En consecuencia, no le deshonrarías con justicia al menos, puesto que no a éste, sino a las leyes de los dioses destruirías. No es justo hacer daño al valiente, si ha muerto, ni aunque se le odie.

AGAMENÓN. ¿Tú, Odiseo, te enfrentas así contra mí en defensa de éste?

ODISEO. Yo, sí, yo, que también le odiaba, pero sólo mientras era noble odiarle.

AGAMENÓN. ¿No es preciso acaso que también tú pisotees al muerto?

Áyax

ODISEO. No te sientas dichoso, Atrida, con ganancias no nobles.
AGAMENÓN. No es fácil que el rey sienta piedad. 1350
ODISEO. Pero sí que dé valor a los amigos que le aconsejan bien.
AGAMENÓN. Preciso es que el hombre bueno escuche a los que están en el poder.
ODISEO. Desiste. Conservas tu autoridad, tenlo por seguro, al ceder ante tus amigos.
ATENA. Recuerda a qué clase de hombre otorgas el favor.
ODISEO. Este hombre en otro tiempo fue enemigo, pero noble.
AGAMENÓN. ¿Qué harás, pues? ¿A un enemigo muerto hasta este punto respetarás?
ODISEO. Sí, porque su valía me domina en mayor medida que su hostilidad.
AGAMENÓN. Tales hombres, en efecto, son los inconstantes entre los mortales.
ODISEO. Bien cierto es que muchos ahora son amigos y luego enemigos.
AGAMENÓN. ¿Tal clase de amigos, pues, recomiendas tú 1360
adquirir?
ODISEO. Un alma cruel es lo que yo no quiero recomendar.
AGAMENÓN. ¿Nos vas a descubrir tú miserables en este día?
ODISEO. Más bien como hombres rectos a los ojos de todos los griegos.
AGAMENÓN. ¿Me aconsejas, pues, que permita enterrar este cadáver?

ODISEO. Sí, porque también yo llegaré a esta situación.
AGAMENÓN. Siempre lo mismo. El hombre lucha siempre por sí mismo.
ODISEO. ¿Por quién más que por mí mismo es natural que yo luche?
AGAMENÓN. Como tuyo, no como mío, quedará el hecho.
ODISEO. Comoquiera que actúes, de todas formas serás tenido al menos por honrado.
AGAMENÓN. Ea, entérate bien de esto: a ti yo estaría dispuesto a concederte un favor mayor incluso que éste, pero este hombre será mi mayor enemigo en igual medida cuando está allí que cuando estaba aquí. A ti permitido te está hacer lo que sea preciso.

(Sale AGAMENÓN.*)*

CORIFEO. Aquel que de ti, Odiseo, diga que no eres de naturaleza sabio en entendimiento, siendo de tal categoría, es un necio.
ODISEO. Y ahora a Teucro comunico que a partir de este momento en la medida en que entonces fui enemigo suyo, en esa misma medida soy amigo. Y a colaborar en enterrar este cadáver estoy dispuesto y a tomar parte en los trabajos y a no dejar ninguna fatiga de cuantas es preciso que los mortales pasen por los hombres sobresalientes.
TEUCRO. Honorable Odiseo, por todos los conceptos tengo que cubrirte de palabras elogiosas, y en una gran medida me frustraste en mi previsión. Pues, a pesar de ser para éste el hombre más hostil de los argivos, fuiste

el único que se presentó de hecho, y no te atreviste, ya
presente, a hacer una gran manifestación de insolencia
tú, vivo, sobre éste, muerto, como el atronado general
y el de su misma sangre cuando vinieron queriendo dejar ignominiosamente a éste sin sepultura. Por ello,
que el padre que gobierna el Olimpo, y la Erinis que   1390
no olvida y Justicia que lleva a cumplimiento, a estos
malvados malvadamente los destruyan, de igual manera que estuvieron dispuestos a arrojar a éste con indig-
nas afrentas. Y a ti, semilla de tu anciano padre Laertes, vacilo en dejarte poner mano en este enterramiento,
no vaya a ser que haga esto inaceptable para el muerto.
En lo demás colabora, y si quieres traer a alguno del
ejército, ningún pesar tendremos. Yo voy a disponer
todas mis obligaciones. Tú entérate de que por lo que
respecta a nosotros eres un hombre noble.

ODISEO. Sin embargo, lo había deseado. Pero si no es de   1400
tu agrado el que nosotros llevemos a cabo estas cosas,
me iré tras aceptar tu deseo.

(Sale ODISEO.*)*

TEUCRO. *(Anapestos.)*
¡Basta!, pues ya mucho tiempo ha pasado.
Ea, unos cóncava fosa
presto disponed con vuestras manos,
otros alto trípode que el fuego cerque
de rituales abluciones colocad apropiado.
Que un grupo de hombres de la tienda traiga
el atavío que el escudo cubre.
Hijo, tú a tu padre, cuanto puedas,

1410   con ternura coge y por los costados
conmigo levanta. Ya los ardientes
tubos al aire fluyen negra sangre.
Ea, todo aquel que hombre amigo
aquí se diga, dese prisa, venga
por este hombre a afanarse, en todo bueno,
por nadie, sin duda todavía,
mejor de entre los mortales.
De Áyax, cuando vivía, esto digo.
    CORIFEO. *(Anapestos.)*
Muchas cosas es posible a los mortales
comprender al percibirlas.
Mas antes de percibirlas nadie hay adivino
1420   de cómo en lo futuro habrá de hallarse.

Las Traquinias

Personajes

DEYANIRA, mujer de Heracles
NODRIZA
HILO, hijo de Heracles y Deyanira
CORO DE DONCELLAS TRAQUINIAS
MENSAJERO
LICAS, heraldo enviado por Heracles
HERACLES, héroe griego
ANCIANO

Como personaje mudo aparece en una escena YOLA, hija de Eurito y esclava de Heracles. Además, los correspondientes figurantes.

Escena: La acción se desarrolla en Traquis, delante de la casa cedida a Heracles por Ceix, rey de esta tierra.
Salen de la casa DEYANIRA *y la* NODRIZA.

DEYANIRA. Un dicho hay de antiguo manifiesto entre los hombres: que no llegarás a conocer el destino de los mortales antes de que uno muera, ni si es bueno como si es malo. Pero yo del mío, incluso antes de encaminarme al Hades, sé perfectamente que lo tengo desdichado y penoso, puesto que, mientras aún vivía en el palacio de mi padre Eneo en Pleurón, la más dolorosa incertidumbre de bodas pasé, que mujer etolia alguna puede haber pasado. Pretendiente mío era un río, del Aqueloo estoy hablando, que en tres formas me solicitaba   10
de mi padre, pues venía de forma manifiesta unas veces como toro, otras como tornasolada y ondulante

serpiente, otras con forma de hombre y cabeza de buey, y de su umbrosa barba fluían chorros de agua de manantial. A la espera de tal pretendiente yo, desdichada, una y otra vez suplicaba morir, antes que acercarme algún día a ese lecho. Pero con el tiempo al fin, feliz de mí, llegó el ilustre hijo de Zeus y Alcmena, que tras entablar combate con él me liberó. El desarrollo de la lucha no podría describirlo, porque no lo vi; pero aquel que estuviera sentado sin temor a contemplar el espectáculo, ése podría contarlo. Yo permanecía sentada espantada de miedo, no fuera a ser que la belleza me proporcionara pesar algún día. Pero final feliz dispuso Zeus el de los certámenes, si es que en verdad fue feliz, pues, desde que a Heracles fui unida como escogido lecho, sin cesar miedo tras miedo alimento en constante preocupación por él. Una y otra noche dan paso y apartan alternativamente la angustia. Y engendramos hijos, a los que él en alguna ocasión, como el labrador que coge una tierra de labor lejana, prestó atención sólo una vez al sembrar y otra al segar[1]. Tal era el destino que a casa lo traía y de casa lo sacaba al servicio de algún hombre. Y ahora, cuando el fin de estos trabajos ha alcanzado, en este momento precisamente estoy sobremanera atemorizada, pues desde

---

1. Este pasaje ha sido objeto de diversas interpretaciones debido a la imprecisión del original, dado que no hay identidad absoluta entre la imagen escogida y la realidad. Creo que Sófocles se está refiriendo al labrador que coge una tierra lejana y va a ella solamente en dos ocasiones: en la siembra y en la cosecha. De igual forma Heracles, dadas sus constantes ausencias, podría decirse que ve a sus hijos al engendrarlos y cuando ya están crecidos.

que él mató al valeroso Ifito, nosotros vivimos refugiados aquí, en Traquis, al lado de un hombre hospitalario, y de él nadie sabe dónde está, excepto que a mí amargos sufrimientos por él me causa con su ausencia. Estoy casi segura de que es objeto de alguna calamidad, pues no por breve tiempo, sino ya hace diez meses y otros cinco más que está sin dar señales. De seguro que hay alguna terrible calamidad. Tal es la tablilla que me dejó al irse, la cual con frecuencia suplico yo a los dioses haberla recibido lejos de toda desgracia.

NODRIZA. Soberana Deyanira, muchos lamentos de copiosas lágrimas te vi ya deplorar por la marcha de Heracles. Ahora, si es justo inspirar sabiduría a los libres con reflexiones de esclavos, en ese caso es preciso que yo te diga lo que te atañe. ¿Cómo, con la gran cantidad de hijos en que abundas, no obstante no envías a alguno en busca de este hombre, y de manera especial al que es lógico, a Hilo, por si tiene algún interés en resolver si su padre está bien? Aquí cerca viene expedito éste en persona en dirección a la casa, de manera que, si te parece que he hablado oportuno, puedes servirte de éste y de mis palabras.

(Llega HILO.*)*

DEYANIRA. Hijo, hijo mío, también de la boca de los de bajo origen veo que brotan palabras oportunas. Esta mujer es esclava, pero acaba de hacer una afirmación propia de una persona libre.

HILO. ¿Cuál? Enséñamela, madre, si es posible enseñármela.

DEYANIRA. El que tú, estando ya tanto tiempo ausente tu padre, no averigües dónde está supone un oprobio.

HILO. Pero es que lo sé, si a rumores es lícito dar algún crédito.

DEYANIRA. ¿Y en qué lugar de la tierra has oído, hijo, que él se encuentra?

HILO. La cosecha pasada toda ella[2] dicen que ha estado al servicio de una mujer lidia.

DEYANIRA. Cualquier cosa entonces se podría oír, si incluso esto soportó.

HILO. Pero libre está de esto al menos, según yo tengo oído.

DEYANIRA. ¿Dónde, pues, se le anuncia ahora vivo o muerto?

HILO. Dicen que contra la región de Eubea, contra la patria de Eurito, está haciendo una expedición o la va a hacer ya.

DEYANIRA. ¿Sabes entonces, hijo, que me dejó unos vaticinios dignos de crédito con respecto a esa ciudad?

HILO. ¿Cuáles, madre? Desconozco el relato.

DEYANIRA. Que o bien al término de su vida había de dar cumplimiento, o bien, si superaba esta prueba, para el futuro el resto ya de su existencia había de vivirla feliz. Pues bien, hijo, puesto que en trance tan decisivo se encuentra, ¿no irás en su ayuda, cuando o quedamos a salvo si él salva su vida, o perecemos a la vez?

HILO. Está bien, madre, iré. Si yo hubiera conocido el contenido de estos oráculos, hace ya tiempo que esta-

---

2. Un año.

ría a su lado. Además, hasta ahora el destino habitual de mi padre no nos permitía estar acongojados ni sentir miedo en demasía. Pero ahora que me entero, nada pasaré por alto en lo tocante a averiguar toda la verdad a este respecto.

DEYANIRA. Ve, pues, hijo. Incluso para el rezagado el éxito, una vez que se entera, le proporciona ventaja.

> (*Salen* HILO *y la* NODRIZA. *Entra el* CORO DE DONCELLAS TRAQUINIAS.)

CORO.

Estrofa 1

Al que la radiante noche despojada
engendra y acuna ardiente,
al Sol, al Sol suplico
que esto anuncie del vástago de Alcmena:
dónde, dónde me habita,
¡tú que con brillante fulgor resplandeces!
¿Acaso por los pónticos estrechos,
o en los dobles continentes apoyado[3]*?*
Habla, tú que el primero eres en mirada.

---

3. El coro se refiere a los dos extremos del mundo para ellos. De un lado el Este, «los pónticos estrechos», es decir, el Bósforo. De otro el Oeste, «los dobles continentes», o sea, Europa y África, donde estarían las columnas de Hércules.

Antístrofa 1

*En su angustiado corazón escucho
que la disputada Deyanira sin cesar,
cual infeliz pájaro,
nunca adormece de los ya sin lágrimas
párpados la angustia, sino que
de constante recuerdo el temor
por el vagar de su marido alimentando*
110 *en ansioso lecho sin esposo se consume,
fatal destino esperando desdichada.*

Estrofa 2

*Al igual que muchas son
las olas que del incansable
noto o del bóreas en el ancho mar
ir y venir verse podría,
así también al descendiente de Cadmo*[4]
*ya hace volver, ya levanta de vida
ola de muchas fatigas
cual piélago cretense*[5].
Mas sin duda que alguno de los dioses
120 *una y otra vez sin derrota
de las moradas de Hades le aparta.*

---

4. Heracles. Se le considera descendiente de Cadmo en cuanto que era de origen tebano.
5. El mar de la isla de Creta era temido de manera especial por los marinos griegos, debido a que en él confluían vientos contrarios.

Antístrofa 2

A estas tus quejas amable,
mas contrarios consejos te daré.
Pienso que no consumir
la esperanza favorable
te es preciso. Pues destinos sin dolor nunca
el rey que todo lo domina,
el Crónida, lanza sobre los mortales.
Más bien, por turno pena y gozo
para todos dan vueltas 130
cual las sendas circulares de la Osa[6].

Epodo

No dura ni la radiante noche
para los mortales ni las Ceres ni la riqueza,
sino que al punto pasan, y sobre otro avanzan
alegría y privación.
Esto a ti, soberana, en la esperanza exhorto
a retenerlo siempre. Pues, ¿quien así
para con sus hijos a Zeus vio tan sin corazón? 140

DEYANIRA. Enterada, según parece, vienes de mi sufrimiento. Y cómo me consumo el alma, ojalá tú no lo aprendas con tu experiencia, ahora que eres todavía

---

6. Para comprender mejor esta comparación con la ruta celeste de la Osa es útil mencionar lo que Homero dice al respecto en *Ilíada*, 18, 487 ss. Al describir el escudo que Hefesto ha hecho para Aquiles, Homero nos dice que en el tal escudo está representada también la Osa, que es el único astro que no se baña en el océano. Es decir, la Osa, al llegar al polo, da la vuelta y no se hunde en el océano.

inexperta. La juventud crece en sus propios lugares, y ni el calor ardiente del dios[7] ni la lluvia ni viento alguno la perturban, sino que en medio de deleites lleva una vida sin fatigas hasta el día en que mujer y no doncella es llamada y adquiere su porción de desvelos en la noche en constante preocupación temerosa por su marido o por sus hijos. De esta forma cualquiera podría ver, si considera su propia situación, de qué desgracias estoy agobiada. Sufrimientos muchos son en verdad los que yo deploré, pero uno en especial, cual ninguno antes de ahora, al punto te voy a detallar. Cuando el último viaje hacía el soberano Heracles fuera de casa, en esa ocasión deja en palacio una vieja tablilla que contenía escrito un texto que antes de ahora no se atrevió nunca a comunicármelo, aunque salía camino de abundantes combates, sino que se marchaba con la idea de llevar alguna cosa a cabo y no de morir. Pero ahora, como si ya no fuese a seguir con vida, indicó lo que yo debía tomar como parte correspondiente a la esposa, indicó también qué porción del patrimonio estipulaba que había de ser distribuida entre los hijos, fijando por adelantado un tiempo y diciendo que, después de estar ausente tres meses y un año desde el instante en que partía del país, era preciso que él en ese momento o muriera o, tras escapar a este límite del tiempo, el resto lo viviera con una existencia libre de sufrimientos. Tales cosas decía que estaba decretado por los dioses que pondrían fin a los trabajos de Heracles, según contaba que la vieja encina que hay en Do-

7. El Sol.

dona había anunciado un día por boca de sus palomas[8]. Y la infalibilidad de esto llega en el tiempo presente, así que es preciso que sea llevado a cumplimiento. En consecuencia, mientras dormía apaciblemente, salté fuera del lecho presa de temor, amigas, espantada ante la idea de que sea necesario que me quede privada del mejor hombre de todos.

CORIFEO. Guarda ahora silencio, pues veo venir a un hombre coronado, lo que hace suponer buenas noticias[9].

(Entra un traquinio.)

MENSAJERO. Soberana Deyanira, el primer mensajero soy que te librará del miedo. El hijo de Alcmena, sábetelo, está vivo, ha salido triunfante y de la batalla trae primicias para los dioses patrios.   180

DEYANIRA. ¿Qué noticia es esa, anciano, que me acabas de decir?

MENSAJERO. Que pronto a tu casa llegará tu muy envidiado esposo, mostrándose con el poderío que supone la victoria.

DEYANIRA. ¿Y dices esto por habérselo oído a algún ciudadano o algún extranjero?

MENSAJERO. En el prado que en el verano sirve de pasto a los bueyes un criado, el heraldo Licas, lo está proclamando; y yo, al oírlo, me precipité hacia aquí, a fin de   190

---

8. Nombre ritual de las sacerdotisas del oráculo de Dodona.
9. Era costumbre que los portadores de buenas noticias llegasen coronados. Y generalmente las tales coronas eran de laurel.

que, siendo el primero en anunciar estas cosas, de ti algún beneficio obtenga y alcance agradecimiento.

DEYANIRA. ¿Y él cómo no está aquí presente, si precisamente trae buenas noticias?

MENSAJERO. Porque no le es nada fácil, mujer. En derredor todo el pueblo de Malis a su lado le hace preguntas, y no puede avanzar. Queriendo cada uno escuchar lo que está deseando, no está dispuesto a dejarlo ir hasta oír a su gusto. De esta forma, él no está de grado, pero es víctima de quienes sí lo están. Pero pronto lo verás manifiesto.

DEYANIRA. Zeus, tú que señor eres de la no segada pradera del Eta, nos diste sin embargo al fin un motivo de alegría. Elevad vuestras voces, mujeres, unas en el interior de la casa, otras fuera: de un rayo de luz para mí inesperado que ha brotado de esta noticia ahora gozamos.

CORO.

Que resuene la casa,
la que espera al esposo,
con hogareños gritos de alalai[10]*,*
y también común canto
de hombres llegue por el de hermosa aljaba,
Apolo protector. Y a la par que
peán, peán[11] *clamáis, muchachas,*
invocad a la de igual semilla,
a Ártemis Ortigia[12]*,*
la cazadora de ciervos, la de doble antorcha,

---

10. Exclamación de alegría.
11. Grito ritual en honor de Apolo. En este caso en acción de gracias.
12. Epíteto de Ártemis por haber nacido en Ortigia, antiguo nombre de Delos.

*y a las vecinas ninfas.
Exaltada estoy y no rehusaré
la flauta, señor de mi corazón*[13]*.
Mira, me pone en confusión,
¡evohé!, ¡evohé!*[14]*,
la yedra que ahora al báquico* 220
*vértigo me hace volver.
¡Io, io, peán! Ea, amiga,
esto cara a cara, en efecto, tú
ver puedes claramente.*

(Entra LICAS *con un grupo de cautivas, entre las que se encuentra* YOLA.)

DEYANIRA. Lo veo, amigas, y a la vigilancia de mi mirada no pasó desapercibido, de forma que no divisara esta comitiva. Mis saludos al heraldo proclamo, tras mucho tiempo aparecido, si es que realmente trae algo grato.

LICAS. Con oportuno paso aquí llegamos, y oportuno saludo nos diriges, mujer, conforme al éxito de la empresa. Por lo tanto, el hombre que tiene éxito fuerza es que obtenga en beneficio palabras propicias. 230

DEYANIRA. Tú, el más querido de los hombres, hazme saber en primer lugar lo que primero deseo, si vivo habré de acoger a Heracles.

LICAS. Yo al menos en verdad lo dejé lleno de fuerza y de vida, en plenitud de vigor y no agobiado por enfermedad alguna.

---

13. Dioniso.
14. Grito ritual propio del culto dionisíaco.

DEYANIRA. ¿En qué lugar de la tierra patria o de la bárbara? Di.

LICAS. Hay un promontorio en Eubea, donde está acotando altares a Zeus Ceneo y las ofrendas de frutos correspondientes.

DEYANIRA. ¿Dando a entender alguna promesa o de resultas de algún oráculo?

240 LICAS. Por los votos que hizo cuando trataba de apoderarse de la tierra destruida por la lanza y de la que son estas mujeres que ves ante tus ojos.

DEYANIRA. ¿Y éstas, por los dioses, a quién pertenecen, quiénes son? Pues dignas son de compasión, si no me engañan las circunstancias.

LICAS. A éstas él, tras destruir la ciudad de Eurito, se las apropió como botín escogido para sí y para los dioses.

DEYANIRA. ¿Acaso en el asedio a esa ciudad estuvo el tiempo incalculable de días sin fin?

LICAS. No. La mayor parte del tiempo estuvo retenido entre los lidios, según dice él, no en calidad de hombre
250 libre, sino adquirido en compra. Pero a esta palabra no es preciso que se una, mujer, la ofensa, cuando Zeus aparece como causante. Él fue vendido a Ónfale la bárbara y un año completó a su servicio, según dice él, y fue tal la mordedura de sufrir esta afrenta, que se ató a un juramento comprometiéndose firmemente a esclavizar algún día al causante inmediato de este padecimiento junto con su mujer e hijo. Y no dejó en vano lo dicho, sino que una vez que estuvo purificado, toma
260 un ejército aliado y marcha contra la ciudad de Eurito, pues éste, decía, fue de entre los mortales el único cómplice de este sufrimiento. Éste, cuando él llegó a

su palacio en calidad de amigo, siendo ya de antiguo huésped suyo, gran número de improperios le dirigió con duras palabras, gran número, con ofuscada mente, diciéndole que, aunque en sus dos manos tenía flechas infalibles, era inferior a sus hijos en la prueba del arco[15], y a voz en grito le dice que es objeto de agravio como esclavo que es de un hombre libre. Y en un banquete, cuando llegó a estar ebrio, lo arrojó fuera. Por esta razón se llenó de rencor, y cuando luego Ifito se encaminó a la ladera de Tirinto siguiendo las huellas de una yeguada que por allí pacía errante, en esa ocasión, en un momento en que éste tenía la mirada en una dirección pero la mente en otra, lo arrojó desde lo alto de la terraza de una torre. Por esta acción se encolerizó el soberano, el padre de todos, Zeus Olímpico, y en venta lo envió fuera, y no soportó que sólo a este hombre matara con engaño. Si se hubiera vengado abiertamente, Zeus sin duda habría tenido comprensión al vencer con justicia: la insolencia no la estiman ni siquiera los dioses. Aquéllos, arrogantes en su lengua malévola, moradores son todos ellos del Hades, y la ciudad esclava; y estas que precisamente estás viendo, tras haber encontrado una vida no envidiable lejos de sus antiguas alegrías, a tu lado avanzan. Esto tu esposo me encomendó, y yo, que le soy fiel, ahora lo llevo a cumplimiento. En cuanto a él mismo, una vez que haya llevado a cabo los sacrificios purificatorios en honor de su padre Zeus en acción de gracias por la conquista, ten por seguro que vendrá. Así, pues, el oír esto

---

15. Puesto que el mérito residía en las flechas y no en él.

290 ha sido lo más agradable de este largo discurso de feliz augurio.

CORIFEO. Señora, ahora gozo manifiesto hay en ti, puesto que éstas *(Señala a las cautivas.)* están presentes, y de todo ello tú estás informada de palabra.

DEYANIRA. ¿Cómo no iría yo a rebosar de alegría con justo corazón al oír esta afortunada empresa de mi esposo? Fuerza es que aquello coincida con ésta. Sin embargo, dentro de los que reflexionan con sensatez siempre hay un temor por el que tiene éxito, no vaya a ser que alguna vez se derrumbe. A mí fuerte compasión me ha entrado, amigas, al contemplar a éstas con un destino infausto, por tierra extranjera, sin casa, sin padre vagando, las que antes eran probablemente nacidas de hombres libres, mas ahora vida llevan de esclavas. ¡Zeus que pone en fuga, ojalá que nunca te vea avanzar así contra lo que yo he sembrado, y si algo vas a llevar a cabo, que no sea mientras ésta al menos viva! Hasta este punto yo me estremezco al contemplar a éstas. *(A* YOLA.*)* Desdichada, ¿quién eres de entre todas estas doncellas? ¿No has conocido aún varón, o tienes ya hijos? Por el aspecto eres desconocedora de todas estas cosas, y de alto linaje en alguna medida. Licas, ¿de qué mortal es hija la extranjera?, ¿quién es la que la parió, quién el padre que la engendró? Habla, porque por ella me compadecí mucho más que por éstas al verla, cuanto que también es la única que sabe dominarse.

LICAS. ¿Yo qué sé? ¿Por qué habrías de preguntarme a mí? Tal vez sea un retoño de quienes allí no estaban en los últimos puestos.

DEYANIRA. ¿Acaso descendiente de los reyes? ¿Era tal vez fruto de Eurito?
LICAS. No lo sé, porque no investigué mucho.
DEYANIRA. ¿Ni siquiera el nombre sabes de boca de alguna de las compañeras de viaje?
LICAS. En absoluto. En silencio cumplí mi cometido.
DEYANIRA. Háblanos entonces tú misma, desdichada, 320
porque incluso es sin duda una desgracia el que no sepamos de ti al menos quién eres.

(YOLA *no contesta.*)

LICAS. Sin duda que, al igual que antes, para nada abrirá la boca, puesto que nada ni grande ni pequeño antes pronunció, sino que soportando en todo momento el peso de su destino, lágrimas sin cesar derrama infortunada, desde que abandonó su patria dispersada a los vientos. Verdad es que el destino es funesto al menos para ella, sin embargo admite comprensión.
DEYANIRA. Ea entonces, quede ella tranquila, y marche bajo techado de la manera que más agradable le sea, y 330 a las desgracias presentes no añada de mi parte un segundo pesar. Suficiente es el que tiene. Y todos marchemos ya a casa, a fin de que tú te encamines con apremio a donde quieres, y yo disponga lo de dentro de forma adecuada.

(LICAS *y las cautivas penetran en la casa.*
DEYANIRA *hace ademán de seguirlas.*)

MENSAJERO. Primero espera aquí un momento, para que, sin éstos delante, te enteres de a quiénes llevas dentro, y de lo que nada oíste te informes al menos de lo que es necesario. Yo lo sé por entero.

DEYANIRA. ¿Qué hay? ¿Por qué me detienes en mi camino?

340 MENSAJERO. Quédate y escucha, porque al igual que no en vano escuchaste mi anterior relato, así tampoco ahora, pienso.

DEYANIRA. ¿Entonces, volvemos a llamar a ésos otra vez aquí, o es a mí y a éstas *(Señalando al* CORO.*)* a quienes quieres hablar?

MENSAJERO. A ti y a éstas nada lo impide, pero a ésos déjalos que se vayan.

DEYANIRA. Bien, ya se han ido, ahora hable claro tu discurso.

MENSAJERO. Este hombre nada de lo que ahora dijo lo proclama en la línea recta de la justicia, sino que o ahora es deshonesto, o antes se presentó como mensajero infractor de lo justo.

DEYANIRA. ¿Qué dices? Exponme con claridad todo
350 cuanto estás pensando. La verdad es que no comprendo lo que acabas de decir.

MENSAJERO. A este hombre yo le oí decir –y muchos testigos estaban presentes– que fue por causa de esta muchacha por lo que Heracles se apoderó de Eurito y de Ecalia la de altas torres, y que fue Eros el único de los dioses que le sedujo a emprender esta lucha, no la fatigosa servidumbre entre los lidios y bajo Ónfale, ni la muerte por despeñamiento de Ifito, sino Eros, al que éste ahora deja a un lado y habla de forma totalmente diferente. Por el contrario, al no poder convencer al padre de que le entregase a la hija, de manera que la tuviera como lecho secreto, pretextando una querella y una acusación insignificantes, lleva a cabo una expedición militar contra la patria de ésta, en cuyo trono dijo que estaba sentado como monarca Eurito, y mata al soberano padre de ésta, y destruyó la ciudad. Y a ella, como ves, en su venida la envía a esta casa no irreflexivamente, mujer, ni tampoco consiguientemente en calidad de esclava. No esperes eso. Ni es lo natural, si precisamente está inflamado de deseo. Me pareció, pues, oportuno revelarte, señora, todo lo que sé por boca de éste. Y esto muchos en medio de la plaza de los traquinios lo oyeron también igual que yo, de tal manera que pueden probar su culpabilidad. Si no digo cosas gratas, lo siento, pero he expuesto a pesar de todo lo que es la verdad.

DEYANIRA. ¡Ay de mí, desdichada! ¿En qué situación me encuentro? ¿Qué calamidad oculta acabo de acoger bajo mi techo? ¡Ah, infortunada! ¿No es acaso una desconocida, como juró el que la trajo?

MENSAJERO. Sin duda que notable es en gran medida tanto por su nombre como por su origen, pues hija fue en su nacimiento de Eurito y tenía por nombre Yola, de cuya ascendencia aquél nada podía decir, porque realmente nada había investigado[16].

CORIFEO. ¡Ojalá perezcan si no todos los malvados, sí al menos aquel que maquina secretas vilezas que no le distinguen!

---

16. Irónico. Licas no ha investigado nada realmente porque sabe de sobra quién es Yola.

DEYANIRA. ¿Qué hay que hacer, amigas?, porque yo abatida me encuentro por las palabras de ahora.

CORIFEO. Ve a informarte por ese hombre, pues tal vez hable claramente si estás dispuesta a interrogarle por el camino de la violencia.

DEYANIRA. Está bien, iré. En realidad no hablas fuera de razón.

MENSAJERO. ¿Yo me quedo, o qué hay que hacer?

DEYANIRA. Quédate, porque aquí sale de casa el hombre y no por un recado mío, sino por propia iniciativa.

(Sale LICAS *de la casa y se dirige a* DEYANIRA.*)*

LICAS. ¿Qué debo, mujer, ir a decir a Heracles? Instrúyeme, porque ya estoy, ves, en camino.

DEYANIRA. ¡Después de venir con gran tardanza, qué rápidamente te pones en marcha, antes que nosotros incluso hayamos reanudado la conversación!

LICAS. Está bien, si quieres enterarte de algo, aquí estoy.

DEYANIRA. ¿Acaso también concederás la seguridad de la verdad?

LICAS. ¡Sépalo el gran Zeus![17], al menos de aquello que yo sepa bien.

DEYANIRA. ¿Quién es, entonces, esa mujer que has venido a traer?

---

17. Fórmula ritual de juramentos: se hace conocedor al dios de los términos del juramento, y automáticamente éste queda erigido en juez en caso de perjurio.

Licas. Una de Eubea, pero de quiénes nació no sé decirte.

Mensajero. *(Interrumpiendo bruscamente.)* ¡Eh, tú, mira aquí! ¿A quién crees que estás hablando?

Licas. ¿Y tú por qué me preguntas esto?

Mensajero. Atrévete, si eres honrado, a decir lo que te pregunto.

Licas. Estoy hablando a la soberana Deyanira, hija de Eneo y esposa de Heracles, a no ser que esté viendo fantasmas, y señora mía.

Mensajero. Eso precisamente, eso es lo que quería oír de ti. ¿Dices que ésta es tu señora?

Licas. Sí, porque es lo justo.

Mensajero. ¿Entonces, qué castigo consideras oportuno pagar, si se descubre que no eres justo para con ella? 410

Licas. ¿Cómo que no soy justo? ¿Qué sutilezas maquinas?

Mensajero. Ninguna. Tú sí que actúas de esa manera.

Licas. Me voy. He sido un necio al estar prestándote oídos desde hace tiempo.

Mensajero. No, antes al menos de que contestes a una breve pregunta.

Licas. Habla, si algo quieres. La verdad es que no eres taciturno.

Mensajero. ¿A la cautiva que trajiste a casa, la conoces sin duda?

Licas. Sí. ¿Por qué lo preguntas?

Mensajero. ¿No es verdad acaso que tú de ésta, a la que miras pretendiendo no conocerla, andabas diciendo que traías a Yola, retoño de Eurito? 420

Licas. — ¿En medio de qué hombres? ¿Quién y de dónde vendrá el que a tu favor dé testimonio de haberme estado oyendo en persona estas cosas?

Mensajero. — En medio de muchos ciudadanos. En medio de la plaza de los traquinios mucha gente te oyó al menos.

Licas. — Sí, dije haberlo oído, pero no es lo mismo exponer una opinión personal que hacer una manifestación con exactitud.

Mensajero. — ¿Qué clase de opinión personal? ¿No dijiste acaso, afirmándolo bajo juramento, que en calidad de esposa de Heracles traías a ésta?

Licas. — ¿Yo... en calidad de esposa? *(Dirigiéndose a* De-
430 yanira.*)* Por los dioses, dime, señora, este extranjero, ¿quién es?

Mensajero. — El que en persona te oyó contar que por el deseo de ésta fue por lo que fue arrasada la ciudad entera, y que no la destruyó la mujer lidia sino la pasión surgida por ésta.

Licas. — Este hombre, señora, que se vaya. El desvariar hablando a un loco no es propio de hombre que está en su sano juicio.

Deyanira. — No, te lo suplico por el que en lo alto de la selvosa cima del Eta fulmina rayos, por Zeus, no encubras el asunto, porque no es a una mujer perversa a quien vas a dirigir tus palabras, ni tal que no sepa que la naturale-
440 za de los hombres está constituida de forma que no se complacen por siempre con las mismas cosas[18]. En efec-

---

18. Con estas palabras Deyanira está aludiendo a la infidelidad de Heracles, reflexión esta comprensible en este momento de la obra y, por

to, el que a Eros se enfrente como un púgil con los puños no está en su sano juicio. Éste es el que manda sobre los dioses como quiere, y sobre mí al menos, y cómo no también sobre cualquier otra igual que yo. De tal manera que, si algo reprocho a mi marido poseído de esta enfermedad, muy loca estoy, o igual si lo hago contra esta mujer, la cómplice de lo que de ningún modo es vergonzoso ni de desgracia alguna para mí. No es esto. Sino que, si mientes por haberlo aprendido de él, una no muy buena lección aprendiste; pero si tú a ti mismo así te educas, cuando quieras ser honrado, serás considerado miserable. Por el contrario, di toda la verdad: para un hombre libre tener fama de mentiroso es un deshonor en modo alguno hermoso. El que llegues a pasar desapercibido no es posible: muchos son a los que has hablado y que a mí me advertirán. Y si es que sientes temor, tu miedo es sin sentido, puesto que el no enterarme, eso es lo que me dolería. ¿Qué de terrible hay en saberlo? ¿Acaso no llevó al matrimonio ya Heracles también a muchas otras él solo? Y nunca hasta ahora cualquiera de ellas recibió de mí palabra ofensiva ni denuesto alguno, y ésta tam- 450

460

lo tanto, interpretación adoptada por un gran número de comentaristas y traductores. Pero no es menos cierto que el texto griego admite perfectamente otro sentido, en este caso referido a la propia Deyanira: «...ni tal que no sepa respecto a las cosas de los mortales que la alegría no pertenece por naturaleza siempre a las mismas personas», interpretación por la que se han inclinado otros filólogos (Campbell, Schiassi, Kamerbeek). Ahora bien, sea cual sea la opción que cada uno adopte, lo que queda del todo evidente, a la luz de esta doble interpretación del original griego, es la grandeza literaria del pasaje.

poco probablemente, aunque se consumiese de amor, puesto que, cuando la contemplé ante mis ojos, ya entonces me dolí por ella en gran medida, ya que la belleza le había arruinado su vida, y su tierra patria no de grado, desdichada, había destruido y sometido a esclavitud. Sin embargo, que esto siga su curso; mas a ti te digo: deshonesto sé para cualquier otro, pero para conmigo sé sincero siempre.

470 CORIFEO. Déjate persuadir de quien te da buenos consejos, y con el tiempo no estarás descontento con esta mujer, y por mi parte tendrás mi agradecimiento.

LICAS. Está bien, señora mía, puesto que veo que como mortal conoces la condición de los mortales y no eres insensible, toda la verdad te mostraré y no te la ocultaré. Es tal como éste dice. La violenta pasión por ésta un día invadió a Heracles, y por causa de ella la asolada tierra patria, Ecalia, fue arrasada por la lanza. Y estas cosas –es preciso también decir lo que está a su favor– 480 nunca mandó ocultarlo ni lo negó. Sino que fui yo el que, señora, sintiendo temor por tu corazón, no fuera a ser que lo apenase con estas palabras, se equivocó, si es que en alguna medida consideras esto una equivocación. Una vez que, en efecto, ya conoces toda la historia, por él y por ti también acepta a la muchacha, consiente en que las palabras que dijiste de ella las dijiste de forma inmutable. Piensa que en todo lo demás prevaleció con su poder, pero que ante el amor por ésta fue inferior por completo.

490 DEYANIRA. Está bien, también de esa opinión somos nosotras, de manera que así actuaremos, y de ningún modo haremos surgir un mal buscado voluntariamen-

te al enfrentarnos en vano a los dioses. Ea, entremos en la casa para que le lleves un mensaje verbal, y, puesto que es preciso frente a regalos disponer regalos, para que también le lleves éstos. No es justo que tú te marches vacío habiendo venido con un séquito tan numeroso.

(DEYANIRA y LICAS *entran en la casa.*)

CORO.

Estrofa

Gran supremacía en la victoria la Cipris obtiene
La esfera de los dioses   [*siempre.*
omito, y de cuando al Cronida engañó no hablo,   500
ni a Hades de noche constante,
o a Posidón que temblar hace la tierra;
sino ¿por esta esposa
quiénes esforzados bajaron[19] *antes de las bodas?,*
¿quiénes a las batientes y polvorientas luchas
del certamen salieron?

Antístrofa

El uno era un poderoso río, con aspecto de toro
de altos cuernos y cuatro patas,
Aqueloo procedente de Eníadas, el otro de la báquica   510
Tebas llegó flexible

---

19. Se entiende, a la arena de la palestra.

*arco, lanzas y maza agitando,
el hijo de Zeus. Ellos entonces apiñados
se lanzaron al medio ansiosos del lecho.
Y sola en medio la Cipris, propicia al amor,
asistía y el cetro de árbitro tenía en sus manos.*

Epodo

*Entonces hubo estrépito de manos y de arcos,
y de cuernos de toro en mezcolanza;*
520 *hubo vapuleadores asaltos,
hubo mortales golpes de testuz,
y gemido de ambos.
La de hermoso y delicado rostro
en la altura que lejanías divisa
sentada estaba, aguardando al que habría de ser su
Yo como espectadora así hablo:* [*esposo.*
*el semblante de la disputada doncella
digno de compasión aguarda;
y del lado de su madre al punto queda separada*
530 *como novilla solitaria.*

(*Sale de la casa* DEYANIRA *llevando en sus manos un cofre.*)

DEYANIRA. Amigas, mientras el huésped dentro de casa habla a las jóvenes cautivas anunciándoles que está para partir, entretanto a la puerta me vine junto a vosotras a ocultas, para de un lado comunicaros lo que con mis manos dispuse, y de otro lamentar en compañía lo que sufro. A una doncella –creo que ya no, más bien a una ya uncida al lecho– tengo acogida en casa, como el marino una carga, ignominiosa mercancía para mi corazón. Y ahora dos somos, dos debemos esperar bajo una sola colcha el abrazo. Así Heracles, el que tiene fama de fiel y bueno para conmigo, tal retribución por la guarda de la casa me envió en pago de este largo tiempo. Pero yo no sé si he de permanecer en mi indignación con él, puesto que sufre a menudo de este padecimiento; aunque por otra parte, ¿qué mujer podría convivir a la vez con ésta, haciéndola partícipe del mismo esposo? Veo la juventud la una florecer, la otra consumirse: de aquélla suele el ojo arrancar la flor, de ésta aparta el pie con disimulo. De esto es de lo que siento miedo, no vaya a resultar que por esposo mío Heracles sea tenido, pero de la más joven sea el hombre. Sin embargo, como he dicho, no es decoroso que persista en su irritación la mujer que tiene cabeza. Pero de qué manera pretendo, amigas, alcanzar una recuperación liberadora, os lo voy a exponer. Recibí un día hace ya mucho tiempo un regalo de un antiguo monstruo, y oculto lo he tenido en una urna de bronce. Siendo yo todavía joven, lo obtuve de las heridas de Neso el de velludo pecho al morir, el cual por un salario transportaba a los hombres al otro lado del río Eveno de profunda corriente sirviéndose de sus brazos, y no remando con remos conductores ni con velas de navío. Éste también a mí, cuando en compañía de Heracles por primera vez en calidad de esposa suya seguí la ruta marcada por mi padre, sobre sus hombros me transportaba, y cuando estaba a la mitad del trayecto, trata de tocarme con sus lujuriosas manos. Yo lancé un grito, y el hijo de Zeus, volviéndose al punto, con sus manos lanzó un alado dardo. En dirección a sus entrañas atravesó el pecho, y el monstruo al expirar me dijo esto sólo: «Hija del anciano Eneo, esto, 570 si en mí confías, sacarás de beneficio por mi transporte, puesto que eres la última a la que yo llevé: si coges con tus manos la sangre de mi herida que ha cuajado en ese punto donde la hidra de Lerna tiñó la flecha de sombrío veneno[20], eso será un sortilegio a tu disposición sobre el corazón de Heracles, de tal manera que él a ninguna mujer verá que ame más en lugar tuyo». Acordándome de esto, amigas, porque, después de muerto aquél, estaba bien escondido en casa, empapé este vestido 580 aplicando cuanto aquél me dijo mientras aún vivía, y ya está terminado el asunto. Ojalá que viles ensayos yo no sepa ni aprenda, y a las que se atreven las odio. Pero por si con filtros y hechizos sobre Heracles logramos superar a esa joven, está tramada la empresa, si a vuestro juicio no estoy llevando a cabo algo imprudente. En caso contrario desistiré.

CORIFEO. Si hay alguna seguridad en lo que estás haciendo, no parece a nuestro juicio que hayas deliberado mal.

590 DEYANIRA. La seguridad es tal que el opinar es posible, pero con la práctica nunca hasta ahora estuve en contacto.

---

20. El dardo de Heracles al atravesar el pecho del centauro hace que se mezclen la sangre de éste y el veneno de la hidra de Lerna, del cual estaban impregnadas las flechas de Heracles. Esa mezcla resultante es la que ahora Neso aconseja a Deyanira recoger para posibles utilizaciones posteriores en caso de un enfriamiento amoroso.

CORIFEO. Sin embargo, para llegar a saber preciso es actuar, puesto que aunque pienses que tienes una certeza, en realidad no la tendrás si no la confirmas por la experiencia.

DEYANIRA. Pues bien, pronto lo sabremos. En la puerta ya lo veo, y rápidamente se irá. Sólo pido de vosotras que mantengáis en secreto mi proyecto: cuando en la oscuridad llevas a cabo incluso acciones vergonzosas, nunca con oprobio te derrumbarás.

(Sale LICAS *de casa.)*

LICAS. ¿Qué hay que hacer? Indícamelo, retoño de Eneo, porque ya nos estamos retrasando mucho tiempo.

DEYANIRA. Pues precisamente eso te he estado preparando, Licas, mientras hablabas con las extranjeras de dentro, a fin de que me lleves este bien tejido vestido como presente para ese hombre de mi mano. Al dárselo comunícale que ningún mortal antes que él deberá ceñírselo al cuerpo, y que no deberá contemplarlo ni la luz del sol ni recinto sagrado alguno ni el fuego del hogar, antes de que él presentándose manifiesto públicamente lo muestre a los dioses un día en que inmole un toro. Pues así tenía yo prometido que, si algún día le veía entrar en casa sano y salvo o lo sabía con toda certeza, le habría de adornar con este vestido y le mostraría a los dioses como nuevo sacerdote de sacrificios con nueva vestidura. Y de todo esto llevarás de aquí una prueba, que él fácilmente conocerá puesto que reside en este cerco del sello. Ea, ve, y observa primeramente un precepto: no ansiar hacer cosas extraordinarias siendo como eres un mensajero, a fin de que luego el agradecimiento de él y mío para contigo se una y de simple aparezca doble.

620 LICAS. Pero, si precisamente este arte de mensajero propio de Hermes lo vengo ejercitando de forma segura, en modo alguno hay que temer que vaya a fracasar en tu caso no entregando este cofre como está y no añadiendo la fe de las palabras que has dicho.

DEYANIRA. Puedes irte ya. Sabes perfectamente cómo están las cosas en casa.

LICAS. Lo sé, y le diré que están a salvo.

DEYANIRA. Pero sabes también por tus propios ojos el tipo de acogida que dispensé a la extranjera, cómo la he recibido amistosamente.

LICAS. De tal manera que fue sacudido de gozo mi corazón.

630 DEYANIRA. ¿Qué otra cosa podrías anunciar? Temo que demasiado pronto tal vez le hables del deseo que brota de mí, antes de saber si allí soy deseada.

(Vase LICAS. DEYANIRA *penetra en la casa.)*

CORO[21].

Estrofa 1

Los que entre el puerto y la montaña
por las termales fuentes[22] y roquedas

---

21. Canto coral «en falso», como el comentado en la nota 20 de *Áyax*, y de los que hemos hablado en la introducción.
22. La región de las Termópilas.

del Eta habitáis,
y junto al fondo del golfo de Malis
y la costa de la virgen de áureas flechas[23]*,*
donde de los griegos la asamblea
de las Puertas[24] *se convoca,*

Antístrofa 1

pronto a vosotros la de hermosos sones 640
la flauta volverá
no áspero estrépito resonando,
sino cual son de lira de música divina.
El hijo de Zeus, retoño de Alcmena,
el paso aprieta para casa
con botines de su total grandeza.

Estrofa 2

Lejos de la ciudad le teníamos
por entero, doce meses esperando,
marino errante, sin saber nada.
Y esa su amante esposa 650
en su infeliz corazón desdichada
de llanto a rebosar sin fin se consumía.
Mas ahora Ares enfurecido dio suelta
a los días de fatigas.

---

23. Ártemis.
24. La de la anfictionía de Delfos, que se celebraba en Antela.

Antístrofa 2

*Que llegue, que llegue, no se detenga
la nave de muchos remos que lo trae,
antes que a esta ciudad arribe,
tras dejar la insular morada,
donde se le anuncia como sacrificador.*
660 *De allí venga todo amor,
del bálsamo de Persuasión[25] impregnado
según la predicción de la fiera.*

(*Entra* DEYANIRA.)

DEYANIRA. Amigas, ¡cómo temo haber ido demasiado lejos en todo cuanto ha poco hice!
CORIFEO. ¿De qué se trata, Deyanira, retoño de Eneo?
DEYANIRA. No sé, pero siento angustia al pensar si habré de aparecer pronto autora de una gran desgracia a partir de una hermosa esperanza.
CORIFEO. ¿No te estás refiriendo acaso a tus regalos a Heracles?
DEYANIRA. En efecto, hasta el punto de que a nadie
670 aconsejaría nunca adquirir un celo a ciegas por una empresa.
CORIFEO. Enséñame, si es enseñable, a partir de qué te nació el temor.
DEYANIRA. Tal cosa sucedió que, si os lo dijera, amigas,

---

25. Como personaje divinizado es una de las divinidades secundarias que acompañan a Afrodita. Normalmente se la considera hija de Prometeo y hermana de Casualidad y de Buen Gobierno.

como maravilla inesperada lo tomaríais, pues eso con lo que ha poco impregnaba el resplandeciente manto con que había de vestirse, un copo de hermosa lana de oveja, ha desaparecido no destruido por ninguno de los de dentro, sino que se consume devorado por sí mismo, y se pulveriza esparciéndose por el suelo. Una vez que sabes en líneas generales de qué manera se produjo esto, desplegaré una más amplia explicación. Yo de las normas que el salvaje centauro me indicó mientras sufría en su pecho a causa de la aguda flecha, ninguna de ellas dejé a un lado, sino que las mantuve a salvo como escrito imborrable de broncínea tablilla. Esto fue lo que se me indicó y así lo hice: que este fármaco lo conservase yo siempre lejos del fuego y sin contacto con el cálido rayo de sol en algún rincón hasta que se lo aplicase recién impregnado. Y tal hice, y ahora, cuando era preciso ponerlo en práctica, realicé la impregnación dentro de casa en mi aposento a escondidas con un copo de lana tras haber arrancado la lana de una oveja de la casa, y dispuse el regalo en un cóncavo cofre tras doblarlo lejos de la luz del sol, como sabéis. Pero al entrar contemplo un espectáculo indecible, incomprensible para el hombre de entender: el copo de lana de oveja con que antes había estado realizando la impregnación, lo cojo y lo arrojo casualmente al medio del fuego, a la luz del sol; al irse calentando se consume por entero invisible y queda desmenuzado por el suelo, semejante en gran medida en su forma a como si vieras las serraduras al cortar madera. Así permanece consumido, y de la tierra donde se encuentra borbotan grumosos espumarajos, como cuando se derrama por tierra el abundante jugo del resplandeciente fruto de la báquica vid. De esta forma, no sé desdichada a qué opinión inclinarme, y me veo autora de una acción horrible. ¿Cómo, por qué la bestia al morir habría de mostrar benevolencia para conmigo, por quien moría? No es posible; por el contrario, queriendo arruinar al que le había alcanzado, me engañaba. De esto saco yo la lección demasiado tarde, cuando ya no es útil. Yo sola seré la que le arruine por entero, infortunada, a no ser que en alguna medida yerre en mi razonamiento, pues sé que la flecha que alcanzó a Neso había causado infortunio incluso a un dios, a Quirón, y a todas las fieras salvajes que toca las destruye. Y este negro veneno de sangre que ha atravesado las heridas de aquél, ¿cómo no habrá de matarle también a él?, en mi opinión al menos. Sea como fuere, pienso que, si él se derrumba, con el mismo golpe también yo moriré a la par, porque el vivir teniendo mala reputación no es llevadero para quien ante todo estima no ser de naturaleza mal nacida.

CORIFEO. Sentir miedo ante acciones terribles es forzoso, pero a la suposición no hay que tenerla en más que al hecho.

DEYANIRA. En los planes no honestos no hay ni siquiera una suposición optimista, que al menos procure un cierto ánimo.

CORIFEO. Sin embargo, para con los que yerran de forma involuntaria es más templada la indignación, que ahora es natural que tú alcances.

DEYANIRA. Cosas tales diría no el que es cómplice del daño, sino aquel para el que nada penoso hay en su casa.

CORIFEO. En silencio convendría que mantuvieras el resto de la conversación, a no ser que quieras decir algo a tu propio hijo, puesto que aquí está el que antes se fue como indagador de su padre.

(Entra HILO.*)*

HILO. ¡Madre, con qué agrado una sola cosa escogería con respecto a ti de estas tres, o bien que ya no estuvieses viva, o de estar a salvo que fueses llamada madre de otro, o que hubieses alcanzado a cambio sentimientos mejores que estos de ahora!
DEYANIRA. ¿Qué hay, hijo, en mí que sea motivo de odio?
HILO. A tu marido, a mi padre me estoy refiriendo, sábete que lo has matado en este día. 740
DEYANIRA. ¡Ay de mí! ¿Qué noticia me has traído, hijo?
HILO. La que no es posible que no se cumpla, puesto que ¿lo manifiesto quién podría hacerlo increado?
DEYANIRA. ¿Cómo has dicho, hijo? ¿De boca de qué hombre dices que te has enterado de que yo he llevado a cabo acción tan poco envidiable?
HILO. Yo mismo contemplé con mis ojos el duro destino de mi padre, y no lo oí de boca alguna.
DEYANIRA. ¿Dónde te acercaste a él, dónde llegaste a su lado?
HILO. Si es necesario que te enteres, necesidad hay de decirlo todo. Cuando marchaba tras destruir la famosa 750 ciudad de Eurito, llevando trofeos y primicias de la victoria..., hay un promontorio de Eubea batido en derredor por el mar, el cabo Ceneo, donde en honor del

patrio Zeus acota altares y un bosque sagrado. Allí le vi por primera vez feliz por el ansia de volver a encontrarlo. Y cuando él iba a dar paso a sacrificios de muchas víctimas, llegó de casa su propio mensajero Licas llevando tu regalo, el mortal vestido. Él se lo pone y, como tú con anterioridad habías mandado, sacrifica doce bueyes sin mancha que tenía como primicia de botín, y a la par arrima al altar todas las restantes víctimas hasta la centena mezcladas de diferentes tipos. Y en primer lugar el infeliz con el corazón gozoso y el ornamento del vestido en acción de gracias elevaba una súplica; pero cuando la llama sanguinolenta y de resinosa madera de los venerables ritos comenzaba a arder, un sudor le subía por la piel y el manto por todo el cuerpo se le abrazaba bien adherido a sus costados como obra de escultor, hasta los huesos le llegó un escozor espasmódico, luego le devoraba algo como el veneno de una sanguinaria y hostil víbora. En ese momento llamó a grandes voces al desdichado Licas, en nada culpable de tu maldad, preguntándole con qué clase de maquinaciones había traído este vestido, pero el infeliz, que nada sabía, dijo que había traído el regalo de parte exclusivamente tuya, y tal y como le había sido preparado. Y él cuando lo oyó y una convulsión de dolor penetrante se agarró a sus entrañas, le coge por el pie donde la articulación se dobla y lo arroja contra una roca que sale del mar y por él es batida en derredor, fuera de los cabellos hace brotar su blanca sesera diseminados alrededor el cráneo y la sangre. Toda la multitud en pleno levantó un grito de dolor: el uno presa de mal, el otro acabado, y nadie se atrevía a ponerse frente a él. Se tiraba por la tierra y daba saltos al aire mientras lanzaba gritos y alaridos, y a su alrededor resonaban las rocas, los promontorios elevados de los locrios y los cabos de Eubea. Y una vez que se cansó de arrojarse desdichado cien veces contra el suelo y de otras tantas explotar en gritos de dolor maldiciendo 790 el lecho de infausta compañera, el tuyo desgraciada, y el matrimonio acordado con Eneo –¡cuán destructor de su vida lo había convenido!–, en ese momento, levantando su mirada extraviada de la nube que le cubría, me divisó derramando lágrimas en medio de una numerosa muchedumbre, y dirigiéndome su mirada me llama: «Hijo, acércate, no huyas de mi desventura, ni aunque te sea preciso morir uniéndote a mi muerte. Por el contrario, levántame y sácame de aquí, y sobre todo colócame allí donde ninguno de los mortales 800 pueda verme en el futuro; y si tienes compasión, al menos trasládame fuera de esta tierra lo más pronto posible, que no muera yo aquí». Sólo estas recomendaciones nos hizo, luego tras ponerlo en medio de un barco a esta tierra arribamos a duras penas, pues continuamente bramaba presa de convulsiones, y al punto lo podréis contemplar o vivo o muerto recientemente. Tales cosas, madre, fuiste planeando y ejecutando contra mi padre, de lo cual ojalá te den la recompensa Justicia vengadora y la Erinis. Y si es lícito, pido por ello. 810 Y es lícito, porque tú me despreciaste con anterioridad lo lícito matando al mejor hombre de los que hay sobre la tierra, cual otro no verás nunca.

(Deyanira *en silencio se retira al interior de la casa.*)

Corifeo. —¿Por qué te vas en silencio? ¿No ves que callando asientes con el que te acusa?

Hilo. —Dejad que se vaya. ¡Ojalá en una buena hora surja para ella un viento favorable cuando parta lejos de mi vista! Pues, ¿por qué es preciso alimentar sin razón el orgullo por el nombre materno, toda vez que ésta no actúe como verdadera madre? Ea, que se vaya a paseo. ¡Ojalá que el placer que da a mi padre, ese mismo ella reciba!

(*Sale* Hilo.)

Coro.

Estrofa 1

Ved cómo, muchachas, cayó al punto
sobre nosotros la profética palabra
de la de antiguo manifiesta presciencia,
que anunció que, cuando con meses cumplidos termi-
[nase
la duodécima cosecha, a la carga pondría fin de trabajos
para el propio hijo de Zeus.
Y esto en derecho con paso firme
llega a su fin. ¿Cómo el que ya no ve
aún un día fatigosa servidumbre tendría ya muerto?

Las Traquinias

Antístrofa 1

Si con la sangrante nube del centauro
le traspasa dolosa fuerza
los costados, adherido un veneno
que engendró la Muerte y alimentaba tornasolada
¿cómo éste otro sol que el de ahora vería,   [serpiente[26],
al terrorífico espectro
de la hidra adherido,
y a la vez[27] le atormentaban los del de negros cabellos[28]
sangrientos y pérfidos aguijones ardientes?   840

Estrofa 2

De estas cosas ella, la infeliz, sin tardanza
grave daño observando para casa
de nuevas bodas que se precipitan,
en parte nada entendió, de otras que de extraña
razón partieron con mortales resultados
seguro que doliente se lamenta,
seguro que de espesas lágrimas
derrama abundante rocío.
El destino que avanza de manifiesto pone   850
una falaz y gran ceguera.

---

26. La hidra de Lerna.
27. Es decir, mezclados con el veneno de la hidra.
28. El centauro Neso.

Antístrofa 2

*Manó ya la fuente de mis lágrimas,
vertida está la enfermedad, ¡ah!, cual
de adversarios nunca hasta ahora a este hombre ilustre
sobrevino mal de lamentar.
¡Ay, sombría pica de esforzada lanza,
que en aquel día veloz desposada
te llevaste a ésta
de la escarpada Ecalia con la lanza!
La solícita Cipris sin palabra
clara autora se manifestó de esto.*

(*Se oyen lamentos dentro de la casa.*)

Corifeo del semicoro A. ¿Soy un necio, o estoy escuchando ahora mismo un lamento que sale a través de la casa? ¿Qué digo?

Corifeo del semicoro B. Alguien dentro profiere no un algo ininteligible, sino un lamento desafortunado, y alguna novedad contiene la casa.

(*Sale de casa la* Nodriza.)

Corifeo. Fíjate en ésa, qué rara y con el ceño fruncido se dirige hacia nosotros la anciana dando muestras de algo.

Nodriza. Hijas, ¡hasta qué punto el regalo enviado a Heracles nos ha dado comienzo a no pequeñas desgracias!

Corifeo. ¿Qué nuevo suceso, anciana, anuncias?

NODRIZA. Ha recorrido Deyanira el último de todos los caminos sin mover un pie.
CORIFEO. ¿No será entonces tal vez que ha muerto?
NODRIZA. Ya todo lo has oído.
CORIFEO. ¿Está muerta la desdichada?
NODRIZA. Por segunda vez lo escuchas.
CORO.
Desdichada, funestos hechos son.
¿De qué forma dices que ha muerto?
NODRIZA.
Del modo más cruel
al menos en el actuar.
CORO.
Di a qué destino, 880
mujer, corrió al encuentro.
NODRIZA.
A sí misma se llevó a la ruina.
CORO.
¿Qué arrebato o qué pesares
a ésta con punta de fatal dardo
se la llevó? ¿Cómo anhelando
al lado de un muerto la muerte
alcanzarla pudo por sí sola?
NODRIZA.
De la que gemidos levanta
de la espada con el filo.
CORO.
¿Viste, insensata, esta desmesura?
NODRIZA. La vi, porque mi posición era realmente próxima.
CORO.
¿Cuál fue? ¿Cómo? Ea, habla. 890

NODRIZA. Ella por su propia mano lleva a cabo la empresa.
CORO.
¿Qué dices?
NODRIZA.
La verdad.
CORO.
Engendró, engendró
la ha poco aquí aparecida doncella
para este palacio una gran Erinis.
NODRIZA. En demasía, en efecto. Pero más aún, si hubieses estado cerca y hubieses contemplado qué clase de cosas hizo, sin duda te habrías compadecido.
CORIFEO. ¿Y esto se atrevió a hacerlo una mano de mujer?
NODRIZA. De manera terrible, en efecto; y te vas a enterar de forma que puedas dar testimonio a mi favor. Una vez que se marchó al interior del palacio en solitario, y después de ver a su hijo extendiendo en el patio un cóncavo camastro a fin de ir de nuevo al encuentro de su padre, escondiéndose donde nadie la viera se debatía en gritos de dolor, a la vez que se echaba al pie de los altares, en la idea de que había quedado abandonada, y lamentos profería cada vez que tocaba alguno de los utensilios de los que antes se servía, la desdichada. Y mientras deambulaba por un lado y otro de la casa, si divisaba la presencia de alguno de sus queridos criados, lloraba la infortunada al contemplarlo, al tiempo que en voz alta lamentaba su propio destino y su existencia para el futuro privada de hijos. Una vez que cesó en esto, al punto la veo dirigirse a la cámara nup-

cial de Heracles. Yo entre tanto vigilaba oculta en mi furtiva guardia y veo a la mujer que extiende cobertores sobre el lecho de Heracles. Cuando hubo concluido esto, y tras subirse encima, se sentaba en medio del lecho, y derramando cálidos arroyos de lágrimas dijo: «Lecho y cámara nupciales míos, adiós ya para siempre, porque nunca ya me acogeréis como esposa en esta cama». Tras pronunciar esto, desata con mano vehemente su vestido que lleva un broche labrado en oro por encima de los senos, y deja al descubierto todo el costado y brazo izquierdos. Yo eché a correr cuanto las fuerzas me lo permitían, y al hijo le informo de la que estas cosas maquina. Y en el tiempo en que yo he ido allí y luego hemos vuelto los dos aquí, herida vemos que ha quedado en el costado debajo del hígado y del diafragma[29] por espada de doble filo. Al verlo el hijo prorrumpió en sollozos, pues comprendió el desdichado que con su cólera había dado lugar a esto, al enterarse demasiado tarde por los de la casa de que ella había realizado todo esto contra su voluntad, siguiendo los consejos del centauro. Y entonces el hijo ni en lamentos cesaba en modo alguno el desdichado gimiendo por ella, ni de abrazarla y cubrirla de besos, sino que recostándose a su lado permanecía tendido mientras una y otra vez se lamentaba de que equivocadamente la había inculpado con una acusación miserable, al tiempo que deploraba que por los dos a la vez, por su padre y por ella, había sido hecho huérfano en

---

29. Probablemente no haya que buscar aquí una rigurosa precisión anatómica.

su vida. Así están ahí las cosas. En consecuencia, si alguien cuenta con dos o incluso más días, es un insensato, porque no existe mañana hasta que se concluye con fortuna el hoy.

(La NODRIZA *entra en la casa.*)

CORO.

Estrofa 1

*Cuál de las dos penas llorar debo primero,
cuál de las dos penas está aún más acabada,
de difícil juicio me es, desventurada.*

Antístrofa 1

950 *La una verla podemos en casa,
de la otra estamos en espera.
Común es el tener y el esperar.*

Estrofa 2

*¡Ojalá que ventosa aura
llegue próspera soplando sobre la casa,
y me arranque de estos lugares,
para que al de Zeus ilustre vástago
con sólo ver no muera
aterrada de inmediato!
En medio de irremediables dolores
que viene delante de palacio dicen,*
960 *espectáculo inefable.*

Antístrofa 2

*Cerca realmente y no lejos estando
antes yo gemía, cual agudo ruiseñor[30].
De extranjeros aquí una extraña comitiva,
Como de un amigo cuidando
pesado paso en silencio llevan.
¡Ay! Éste sin habla es traído.
¿Qué es preciso pensar: ha muerto
o es que entre sueños está?* 970

(Entra una comitiva trayendo a HERACLES *en unas parihuelas.* HILO *y un* ANCIANO *abren la marcha.)*

HILO. *(Anapestos.)*
¡Ay de mí, yo por causa tuya, padre,
ay, yo por causa tuya desgraciado!
¿Qué será de mí? ¿Qué pensar? ¡Ay de mí!
ANCIANO. *(Anapestos.)*
Calla, hijo, no remuevas dolor
salvaje de un padre desesperado,
porque en vida sigue aunque abatido.
Más bien contén mordiéndote los labios.
HILO. *(Anapestos.)*
¿Cómo dices, anciano? ¿Vive?
ANCIANO. *(Anapestos.)*
No despiertes al que es presa del sueño,

---

30. Es un lugar común en la poesía griega la comparación del llanto del hombre con el del ruiseñor.

no hagas sufrir, no resucites
dolencia terrible
980 de extravío, hijo.
HILO. *(Anapestos.)*
Pero es que sobre mí desdichado
peso inmenso recae.
Fuera de sí está mi corazón.
HERACLES. *(Anapestos.)*
Zeus,
¿a qué lugar de la tierra he llegado,
en medio de qué hombres me encuentro
abatido por dolores que no cesan?
¡Ay de mí, ay, infortunado!
Y otra vez la infame roe. ¡Ay!
ANCIANO. *(A* HILO.) *(Anapestos.)*
¿Viste, pues, cuánto era el provecho
de quedar en silencio, y no dispersar
990 de su cabeza y sus párpados
el sueño?
HILO. *(Anapestos.)*
No sé cómo podría
llegar a resignarme
cuando contemplo este infortunio.
HERACLES. *(Anapestos.)*
¡Suelo ceneo, base de mis altares,
de qué sacrificios qué recompensa
sobre mí, desdichado, atrajiste, Zeus!
¡Cómo me hiciste objeto de afrenta, cómo!
¡Ésta nunca yo desdichado hubiera visto
ojalá con mis ojos, esta inconjurable
flor de desvarío no hubiera contemplado!

¿Quién es el hechicero, quién el hábil 1000
cirujano, que esta ruina
fuera de Zeus conjurará?
Maravilla tal distante yo la vería.

Estrofa

¡Ay, ay!
Dejadme, dejadme, desdichado,
que el último sueño duerma, dejadme, desgraciado.

(*Al* ANCIANO.)

¿Dónde me tocas? ¿En dónde, en dónde me acuestas?
Me vas a matar, me vas a matar.
Volver hiciste lo que incluso estaba en calma.
Cogido me tiene, ¡ay!, de nuevo ésta llega. ¿Dónde 1010
 [*estáis,*
de todos los griegos los hombres más injustos, a quienes
de muchos peligros en el mar o por las selvas todas
 [*librando*
matábame yo desdichado, y ahora sobre éste cuando
ni fuego ni espada salvadora nadie volverá? [*sufre*
¡Ay, ay!
¿Y nadie a segarme aquí viene[31]
la cabeza de grado y librar
de odiosa vida al que es odioso?
¡Ay, ay!

---

31. El texto de estas tres líneas últimas está corrupto. Sigo la conjetura de Kamerbeek.

Anciano.
Hijo de este hombre, la empresa esta más grande se
                                              [extiende
de lo que da mi fuerza. Colabora también tú, pues
                                              [a ti, pienso,
te es posible, y no a mí, salvarlo.
Hilo.
1020   *Ya lo cojo,*
mas remedio a sus dolores ni dentro ni fuera
en mi mano está alcanzar. En la vida cosas tales las
                                              [distribuye Zeus.
Heracles.

Antístrofa

¡Ay, ay!
Hijo, ¿dónde estás? Aquí, por aquí
coge y levántame. ¡Ay, ay, destino!
Al asalto, al asalto miserable
vuelve para aniquilarnos
1030 *inaccesible enfermedad salvaje.*
¡Palas, Palas, esto de nuevo me afrenta! ¡Ay, hijo,
del que te engendró compadeciéndote saca sin re-
                                              [proche tu espada,
golpéame bajo la clavícula, remedia el pesar con que
                                              [en ira me encendió
tu madre sin dios, a la que ojalá así viera cayendo
1040 *de esta manera, así de esta manera, como a mí me*
¡Ay, ay!   *[arruinó!*
Consanguíneo de Zeus, dulce Hades,
el descanso, el descanso tráeme

*con destino de raudo vuelo
consumiendo a este desgraciado.*

CORIFEO. Al oír estos infortunios, amigas, de nuestro soberano me he estremecido. ¡Cómo es acosado siendo cual es!

HERACLES. ¡Ah, yo, que en verdad numerosas y ardientes fatigas difíciles incluso de contar sobrellevé con mis manos y mis espaldas! Nunca hasta ahora una tal ni la esposa de Zeus ni el odioso Euristeo me impusieron, cual esta que la pérfida hija de Eneo ciñó a mis 1050
hombros, tejida red de las Erinis por la cual perezco. Adherida a mis costados por entero devoradas tiene mis carnes más profundas, y las venas de mis entrañas consume a ellas unida. Por entero mi fresca sangre tiene ya bebida, y perdido estoy en todo mi cuerpo vencido por esta malla indecible. Y esto ni lanza de la llanura[32], ni el ejército de los gigantes[33], nacidos de la tierra, ni la violencia de las fieras[34], ni Grecia, ni el bárbaro, ni cuanto lugar liberé en mi camino, nunca hasta 1060
ahora lo llevó a cabo. Sin embargo, una mujer, que hembra es y no de naturaleza de varón, ella sola me derribó sin espada. Hijo, sé para mí un hijo auténtico, y no estimes en más el nombre de tu madre. Pon en mi mano, tras sacarla tú mismo de la casa con tus dos ma-

---

32. Es decir, los combates sostenidos en campo abierto. Alude tal vez a su lucha con Laomedonte en Troya, o con Augías en Élide.
33. Los gigantes en la mitología son hijos de la Tierra y el Cielo. En un momento dado se enfrentan a los dioses, y en esta lucha Heracles actúa de ayuda del lado de los dioses.
34. Se está refiriendo a los centauros, seres monstruosos mitad hombre mitad caballo. Heracles se enfrentó a ellos cuando pretendieron disputarle una jarra de vino.

nos, a la que te engendró, para que pueda yo ver con toda evidencia si de mi ultrajada figura te dueles más o
1070 de la de ella, cuando la contemples maltratada en medio de justicia. Ve, hijo, ten valor, y compadécete de mí, digno para muchos de compasión, que como una doncella doy gritos de dolor en mi llanto; y esto nadie podría nunca decir que vio a este hombre haberlo hecho antes, sino que lejos de todo lamento me sometí siempre a las desgracias, pero ahora lejos del que era me encuentro como una mujer, desgraciado. Y ahora acércate, ponte al lado de tu padre, y observa bajo qué clase de infortunio sufro esto; te lo mostraré sin tapujos. Mirad, contemplad todos este miserable cuerpo,
1080 ved al desdichado, cuán digno de compasión estoy. ¡Ay, ay, desventurado, ay, ay! Otra vez esta convulsión de dolor se inflamó ahora mismo, atravesó mis costados, y no parece que vaya a dejarme sin hostigar la desdichada y devoradora enfermedad. ¡Soberano Hades, acógeme! ¡Rayo de Zeus, golpéame! Agita, señor, arroja, padre, el dardo de tu rayo. Otra vez nuevamente me devora, ha florecido, está en movimiento.
1090 ¡Ah, manos, manos, ah, espalda y pecho, ah, queridos brazos míos, en esto os habéis quedado quienes en otro tiempo al habitante de Nemea, tormento de vaqueros, al león, inabordable ser e inaccesible, por la fuerza lo domeñasteis, y a la hidra de Lerna, y al insociable ejército de fieras de doble naturaleza de pies de caballo[35], insolente, sin ley, superior en fuerza, y a la fiera del Erimanto, y al subterráneo cachorro de tres

---

35. Los centauros.

cabezas del Hades[36], prodigio invencible, retoño de la terrorífica Equidna, y a la serpiente guardiana de las manzanas de oro en el país más lejano![37] Y otras mil fatigas gusté, y nadie erigió trofeos de una victoria sobre mis manos. Mas ahora así, sin fuerza y desgarrado, por obra de una ciega locura abatido me encuentro, desgraciado, el llamado hijo de la más noble madre, el proclamado bajo las estrellas retoño de Zeus. Sin embargo, esto al menos tened bien presente: aunque yo ya no sea nada, aunque ni un paso pueda dar, al menos a la que hizo esto la domeñaré incluso en estas circunstancias. Sólo pido que llegue cerca, a fin de que aprenda a anunciar a todos que tanto mientras vivía como ahora ya muerto a los malvados en efecto di su pago.

CORIFEO. ¡Ah, desventurada Grecia, qué dolor veo que tendrá, si de este hombre realmente va a ser privada!

HILO. Puesto que me has dado la oportunidad de contestar, padre, con tu silencio, escúchame aunque presa estés siendo de la enfermedad, puesto que voy a pedirte lo que es justo que alcance. Entrégate a mí, de forma que no estés en tu corazón de tan negra cólera como te corroes, porque no sabrías hasta qué punto ansías en vano estar gozoso y hasta qué punto te dueles sin sentido.

HERACLES. Di lo que quieras y termina, porque yo en mi dolencia nada entiendo de lo que tratas de adornar desde hace rato.

36. Cerbero.
37. El jardín de las Hespérides.

HILO. De mi madre he venido a decirte en qué situación se encuentra ahora y cómo se equivocó contra su voluntad.

HERACLES. Malvado, ¿has aludido nuevamente incluso a la madre asesina de tu padre, con la intención de que yo preste oídos?

HILO. Su situación es tal que no es oportuno callar.

HERACLES. No, por supuesto, sobre todo por los errores antes cometidos.

HILO. Pues tampoco lo dirás por los cometidos en este día.

HERACLES. Habla, pero cuídate de no hacer ver que te has convertido en un malvado.

1130 HILO. Ya hablo. Está muerta en aún reciente sacrificio.

HERACLES. ¿A manos de quién? Un prodigio en efecto me has anunciado cual oráculo a través de esas funestas palabras.

HILO. Ella a manos de sí misma, y no a manos de ningún otro.

HERACLES. ¡Ay de mí! ¿Antes de que, como era preciso, muriera ella por mi mano?

HILO. Y tal vez tu cólera se cambiaría si lo supieras todo.

HERACLES. A extraño relato diste comienzo. Habla, no obstante, como piensas.

HILO. Toda la cuestión es ésta: se equivocó al tratar de buscar un plan provechoso.

HERACLES. ¿Un plan provechoso, malvado, llevó a cabo con matar a tu padre?

HILO. Creyendo aplicarte un filtro amoroso se equivocó por completo, cuando se dio cuenta de la nueva esposa que había dentro de casa.

HERACLES. ¿Y quién fue tal encantador de entre los tra- 1140
quinios?
HILO. El centauro Neso hace mucho tiempo la convenció de que con tal filtro inflamaría tu deseo.
HERACLES. ¡Ay, ay desventurado, ya me voy infeliz!
¡Perdido, perdido estoy, ya no existe para mí la luz!
¡Ay de mí! Me doy cuenta verdadera de hasta qué punto de infortunio hemos llegado. Ve, hijo, puesto que ya
tu padre no existe, llama a toda mi descendencia de los
de tu misma sangre, llama a la infortunada Alcmena, de
Zeus en vano compañera de lecho, a fin de que de mí
oigáis el relato postrero de cuantos oráculos yo sé. 1150
HILO. Pero ni tu madre está aquí, sino que en la costera
Tirinto consiguió establecer su asentamiento, y de tus
hijos a unos ella se los llevó y ahora los cuida, otros tal
vez sepas que habitan la ciudad de Tebas, pero todos
nosotros cuantos estamos aquí, si es preciso, padre,
hacer algo, te obedeceremos y estaremos por entero
bajo tus órdenes.
HERACLES. Escucha tú, entonces, el asunto. Has llegado
a un punto en que deberás mostrar qué clase de hombre eres, si has de seguir siendo llamado hijo mío. Tuve
yo hace ya tiempo una predicción de boca de mi padre
sobre que no caería muerto a manos de ninguno de los 1160
que aún respiran, sino que sería cualquier habitante ya
desvanecido del Hades. Pues bien, éste fue, la fiera del
centauro, según rezaba la predicción divina, el que de
esta manera a mí aún vivo me mató él ya muerto. Y te
diré que semejantes a éstos sobrevinieron unos nuevos
oráculos, concordes con los de antaño, los cuales, al
entrar yo en el bosque sagrado de los montaraces Selos

que duermen en el suelo, me hice escribir de boca de la paterna encina de muchas lenguas[38], la cual me comunicó que en el tiempo que ahora vive y está presente sería llevada a cumplimiento la liberación de las fatigas que me estaban impuestas. Y yo creía que en el futuro viviría feliz. Pero eso no era otra cosa que el que yo muriera, pues a los muertos no se le añade fatiga alguna. Pues bien, puesto que esto sobreviene de forma manifiesta, hijo, es preciso que una vez más te resuelvas en aliado de este hombre, y no esperes a que mi lengua se exacerbe, sino que cedas y le ayudes, reconociendo que la mejor norma de vida es obedecer al padre.

Hilo. Pero, padre, siento miedo al llegar a tal punto del relato. Sin embargo, obedeceré en lo que te parezca bien.

Heracles. Dame tu mano derecha antes de nada.

Hilo. ¿Por qué vuelves así sobre esta fidelidad?

Heracles. ¿No la tomarás al punto? ¿Desconfiarás de mí?

Hilo. Aquí la tiendo, y nada será objeto de disputa frente a ti.

Heracles. Jura, entonces, por la cabeza de Zeus que me engendró que...

Hilo. Que... pero ¿qué he de hacer? ¿Y esto, me será dicho?

Heracles. Que la empresa que te diga cumplirás.

---

38. La encina oracular del santuario de Zeus en Dodona. En este caso los presagios se obtenían del murmullo de las hojas. Heracles la llama paterna porque estaba bajo la protección de Zeus, padre de Heracles.

Hilo. Yo lo juro con Zeus por testigo del juramento.

Heracles. Y si lo transgredieses, suplica obtener calamidades.

Hilo. No hay que temer que las alcance, porque lo 1190
cumpliré. No obstante, elevo la súplica.

Heracles. Pues bien, ¿conoces la elevada colina del Eta consagrada a Zeus?

Hilo. La conozco, porque como sacrificador muchas veces en efecto estuve allí arriba.

Heracles. Pues allí es preciso que lleves este cuerpo mío por tu propia mano y con aquellos que necesites de entre los amigos, y que, tras cortar abundante madera de encina de profunda raíz y arrancar también abundante olivo macho silvestre, arrojes mi cuerpo dentro y prendas fuego utilizando la llama de una antorcha de pino. Y no se derrame lágrima alguna de lamento, sino que sin sollozos ni lágrimas actúa, si realmente 1200
eres hijo de este hombre. Si no, de continuo seré para ti yo, incluso cuando esté allí abajo, una maldición por siempre pesada.

Hilo. ¡Ay de mí, padre!, ¿qué has dicho? ¡Qué clase de empresa me acabas de encomendar!

Heracles. Cual es la que debe ser hecha. Si no, hazte hijo de otro padre y no te llames ya mío.

Hilo. ¡Ay de mí una vez más! ¡A qué cosas me incitas, padre! ¡A convertirme en asesino e impuro matador tuyo!

Heracles. De ningún modo por mi parte, sino en remediador de lo que tengo y único médico de mis males.

Hilo. ¿Y cómo podría curar tu cuerpo prendiendo fue- 1210
go a la pira de debajo?

HERACLES. Bien, si sientes miedo ante eso, pon en práctica al menos lo demás.

HILO. Al traslado al menos, tenlo por cierto, no habrá negativa.

HERACLES. ¿Y el levantamiento de la pira mencionada?

HILO. En la medida en que yo pueda, con tal de no tocarla con mis manos. Pero lo demás lo haré y no tendrás quejas por mi parte.

HERACLES. Bien, bastará eso incluso. Pero concédeme un pequeño favor más, añadiéndolo a los otros grandes.

HILO. Aunque sea más grande, será cumplido.

HERACLES. ¿Conoces sin duda a la joven hija de Eurito?

1220 HILO. Yola has dicho, según sospecho.

HERACLES. Entendiste bien. En consecuencia, esto te encomiendo, hijo: a ésta, cuando yo muera, si realmente quieres obrar piadosamente, teniendo presentes los juramentos de tu padre, tómala por esposa y no desobedezcas a tu padre. ¡Ojalá que ningún otro de los mortales en lugar tuyo alcance a esta que recostada estuvo junto a mis costados, sino que sé tú precisamente, hijo, el que despose esta boda! Créeme: el que tras obedecerme en las cosas grandes me desobedezcas en las pequeñas hace derramar el anterior agradecimiento.

1230 HILO. ¡Ay de mí! Encolerizarse con el que sufre es cosa miserable, pero verle que tiene estos pensamientos, ¿quién podría sobrellevarlo?

HERACLES. Hablas como si no quisieras hacer nada de lo que estoy diciendo.

HILO. ¿Quién podría, puesto que ella es la única cómplice de que mi madre haya muerto y de que tú a tu vez estés como estás, quién, que no esté demente por obra de espíritus vengadores, podría elegir todo esto? Mejor es incluso que yo mismo, padre, muera que convivir al lado de los más enemigos.

HERACLES. Este hombre, según parece, no va a concederme, cuando me estoy acabando, el respeto debido. Pero ten por seguro que la maldición de los dioses te aguardará si no obedeces mis palabras. 1240

HILO. ¡Ay de mí! Pronto, según parece, vas a hablar como presa de tu dolencia.

HERACLES. Porque tú me sacas de un mal adormecido.

HILO. ¡Desdichado de mí, en cuán gran medida me encuentro indeciso!

HERACLES. Porque no tienes por justo escuchar al que te engendró.

HILO. Pero ¿he de aprender, entonces, a ser impío, padre?

HERACLES. No hay impiedad, si das gusto a mi corazón.

HILO. ¿Me ordenas, entonces, con toda seguridad que haga esto?

HERACLES. Sí. Como testigos de ello invoco a los dioses.

HILO. Pues bien, lo haré, y no me echaré atrás, haciendo 1250 ver a los dioses que el plan es tuyo. Nunca aparecería yo como un malvado por obedecerte, padre.

HERACLES. Bien concluyes, y después de esto concede, hijo, rápido el favor, a fin de que, antes de que sobrevenga una convulsión o algún ataque de locura, me coloques en la pira. Ea, daos prisa, levantadme. El fin en verdad de los sufrimientos es éste, la consumación última de este hombre.

HILO. Ea, nada impide que esto te sea cumplido, puesto que nos exhortas y fuerzas, padre.
HERACLES. *(Anapestos.)*
Ea, pues, antes de que se remueva
1260 este dolor, recia alma, de acero
en piedra engastado un freno disponiendo,
pon fin a todo grito, para con agrado
cumplimiento dar a una empresa no gustosa.
HILO. *(Anapestos.)*
Levantadle, compañeros, gran comprensión
otorgándome por ello,
y la gran indiferencia de los dioses
conociendo por lo que ahora se cumple,
que aunque hijos procrean y el nombre reciben
de padres, sufrimientos tales consienten.
1270 El futuro nadie penetrarlo puede,
mas lo de ahora motivo de duelo es para nosotros,
y de vergüenza para aquéllos,
pero lo más terrible de todos los hombres
para el que está bajo esta ruina.
CORIFEO. *(Al* CORO.*) (Anapestos.)*
No te quedes, muchacha, lejos de casa,
una vez que terribles muertes has visto recientes,
y numerosos infortunios por primera vez sufridos.
Y nada de esto hay que no sea Zeus.

Antígona

Personajes

ANTÍGONA, hija de Edipo
ISMENA, hermana de Antígona
CORO DE ANCIANOS TEBANOS
CREONTE, tirano de Tebas, tío de Antígona e Ismena
GUARDIÁN
HEMÓN, hijo de Creonte y prometido de Antígona
TIRESIAS, adivino ciego
MENSAJERO
EURÍDICE, mujer de Creonte y madre de Hemón
MENSAJERO DE PALACIO

Entre los tradicionales figurantes, con papel de personajes mudos, hay que destacar el SÉQUITO de Creonte y el LAZARILLO que guía a Tiresias.

Escena: Tebas, delante del palacio real. Está amaneciendo. Sale ANTÍGONA *trayendo consigo a su hermana* ISMENA.

ANTÍGONA. Hermana de una misma y común progenie, Ismena, ¿sabes cuál puede ser de las desgracias resultantes de Edipo la que Zeus dejará sin cumplir sobre nosotras dos mientras aún vivimos? Nada ni doloroso ni carente de locura[1] ni vergonzoso ni indigno hay que yo no haya visto entre tus desgracias y las mías. Y aho-

---

1. Es evidentemente ilógica a primera vista la inclusión de esta expresión positiva dentro de una serie negativa como la presente. Ya hasta los mismos eruditos de la Antigüedad –por ejemplo, Dídimo en el siglo I a.C.– la encontraban difícil de entender. Entre los filólogos modernos ha dado lugar a múltiples conjeturas del texto. Tal vez pueda entenderse más sencillamente como un caso de contaminación contextual.

ra, ¿qué proclama es esa a su vez que dicen que el general ha dispuesto hace poco para la ciudad en pleno? ¿Sabes algo, ha llegado algún rumor a tus oídos? ¿O es que te pasa desapercibido que contra los nuestros avanzan ataques enemigos?

ISMENA. A mí ninguna noticia de los nuestros, Antígona, ni agradable ni dolorosa, me ha llegado, desde que de nuestros dos hermanos las dos nos vimos privadas al morir en un solo día por doble mano. Desde que se ha ido el ejército de los argivos en esta misma noche, nada más sé, y por ello no me siento ni más feliz ni más desgraciada.

ANTÍGONA. Estaba en lo cierto, y por ello fuera de las puertas de la casa te he hecho salir, para que a solas escuches.

ISMENA. ¿Qué sucede? Dejas ver que estás al rojo vivo en relación con alguna noticia.

ANTÍGONA. ¿No es cierto acaso que de las honras fúnebres Creonte a nuestros dos hermanos a uno lo considera digno y al otro indigno? A Eteocles, según dicen, teniendo por justo servirse a la vez de la justicia y de la ley, bajo tierra lo ha enterrado de manera que sea honrado por los muertos de allá abajo; sin embargo, el cadáver de Polinices, que ha muerto tan esforzadamente, a los ciudadanos, dicen, ha ordenado mediante proclama que nadie le dé sepultura ni lo llore, sino que se le deje privado de lamentos, de sepultura, como dulce tesoro para las aves de rapiña que están ojo avizor en busca del deleite del alimento. Tales cosas dicen que el buen[2]

---

2. Ironía.

Creonte ha promulgado para ti y para mí –a mí también me cuento–, y que hacia aquí viene a fin de anunciarlo públicamente ante quienes no lo saben con claridad, y que lleva el asunto no como cosa de nada, sino que para el que haga algo de esto está prescrita muerte por lapidación pública en la ciudad. Así están para ti las cosas, y mostrarás al punto si eres bien nacida o miserable de padres nobles.

ISMENA. ¿Y qué más podría conseguir yo, desdichada, desatando o atando, si estas cosas están así? 40

ANTÍGONA. Considera si vas a unirte en el empeño y a colaborar en la empresa.

ISMENA. ¿En qué clase de peligro? ¿A qué proyecto dirigirás tus pasos?

ANTÍGONA. Si el cadáver vas a levantar colaborando con esta mano.

ISMENA. ¿Piensas, entonces, enterrarlo, prohibido como está a la ciudad?

ANTÍGONA. En efecto, a mi hermano, y tuyo aunque no lo quieras, porque en verdad que no seré cogida en delito de traición.

ISMENA. ¡Temeraria! ¿A pesar de que Creonte se ha pronunciado en contra?

ANTÍGONA. Pero de ningún modo tiene él derecho a separarme de los míos.

ISMENA. ¡Ay de mí! Piensa, hermana, cuán odioso y des- 50
honrado murió nuestro padre, hiriéndose los dos ojos él mismo con su propia mano a resultas de faltas que él mismo descubrió. Luego su madre y mujer, doble palabra, con trenzados nudos corredizos pone fin afrentosamente a su vida. En tercer lugar nuestros dos herma-

nos en un solo día muerte recíproca se dieron los dos desdichados y un común destino ambos alcanzaron a manos uno de otro. Y ahora a su vez, cuando realmente quedamos nosotras dos solas, considera cuánto más miserablemente moriremos, si contra la ley transgredimos el decreto de los tiranos o su poder. Además es preciso tener presente, de un lado, que nacimos mujeres, de manera que no podremos luchar contra hombres; y de otro, que estamos obligadas por los que son más poderosos a obedecer en esto y aun en cosas más dolorosas que éstas. Yo por lo tanto, tras pedir a los muertos que tengan comprensión, ya que soy obligada a esto, a los que están asentados en el poder obedeceré, puesto que el hacer cosas desmesuradas no supone reflexión alguna.

ANTÍGONA. Ni te exhortaría ni tal vez, aunque estuvieses dispuesta en algún momento a intervenir, me ayudarías con agrado por mi parte. Sin embargo, resuelve como te parezca, que a aquél yo le enterraré. Es hermoso para mí morir haciendo esto. Con él iré a yacer querida, con un ser querido, tras llevar a cumplimiento un sagrado delito[3], porque mayor es el tiempo durante el que es preciso que dé satisfacción a los de abajo más que a los de aquí, ya que allí estaré para siempre. Respecto a ti, si te parece, desprecia lo que es objeto de aprecio entre los dioses.

ISMENA. Yo no lo desprecio, pero de obrar contra los ciudadanos soy incapaz.

---

3. Esta expresión es un caso claro de esa figura literaria llamada *oxímoron,* y que consiste en el enfrentamiento de dos palabras de significado contrario como, por ejemplo, en castellano «soledad sonora».

ANTÍGONA. Tú pon delante este pretexto, pero yo encaminaré mis pasos a disponer un enterramiento para mi hermano muy querido. 80
ISMENA. ¡Ay de mí, desdichada, cómo temo por ti!
ANTÍGONA. No sientas miedo por mí. Endereza tu destino.
ISMENA. Bien, pero al menos a nadie des a conocer con antelación esta empresa, sino que trata de ocultarla, y yo también así.
ANTÍGONA. ¡Ay de mí! Decláralo. Mucho más odiosa me serás si te callas, si no lo proclamas a todos.
ISMENA. Caliente tienes el corazón en cosas que hielan.
ANTÍGONA. Pero sé que doy satisfacción a quienes sobremanera es preciso que agrade.
ISMENA. Si es que en efecto pudieses. Pero cosas imposibles ansías. 90
ANTÍGONA. En ese caso, cuando ya no tenga fuerzas, desistiré.
ISMENA. Pero como principio no es oportuno estar a la caza de imposibles.
ANTÍGONA. Si vas a hablar así, serás odiada por mí, y odiosa te harás con justicia para el muerto. Ea, deja que yo y mi insensatez suframos eso terrible, porque no sufriré cosa tal que no pueda morir con decoro.
ISMENA. Está bien, vete, si te parece, pero ten presente esto, que marchas insensata, aunque querida rectamente para tus seres queridos.

(Sale ANTÍGONA *por un lateral.* ISMENA *entra en palacio. Llega el* CORO DE ANCIANOS *de Tebas. Es ya de día.)*

CORO.

Estrofa 1

100 *Rayo de sol, la más bella luz,*
a la de las siete puertas,
a Tebas, jamás aparecida,
apareciste al fin, ojo
del áureo día, viniendo
sobre las corrientes dirceas[4],
tras al ejército de blanco escudo,
que de Argos vino por entero armado,
cual fugitivo a la carrera
agitar con más rápido freno.

CORIFEO. *(Anapestos.)*

110 A éste contra nuestra tierra Polinices
levantado por dudosas rencillas
trajo como enemigo. Y él agudos graznidos dando
cual águila[5] por encima de esta tierra revoloteó,
con ala de blanca nieve cubierto,
sirviéndose de muchas armas
y cascos con crines de caballo.

---

4. De Dirce, corriente de agua por el costado occidental de Tebas. Por el lado oriental fluía el Ismeno, que es el que en realidad debería haber sido mencionado aquí, ya que el sol salía por el lado del Ismeno. Se prefiere aludir a la corriente del Dirce porque es el río representativo de Tebas, a pesar de la imprecisión geográfica.

5. Sófocles utiliza aquí el conocido tema de la lucha del águila contra la serpiente. El águila representa a Polinices y el ejército argivo. La serpiente, a la cual se alude al final de la intervención del coro en la antístrofa 1, representa a los tebanos. En este caso hay una circunstancia coincidente para el empleo de esta imagen, y es el hecho de que los habitantes de Tebas habían nacido de la siembra de los dientes del dragón que en otro tiempo hiciera Cadmo.

CORO.

Antístrofa 1

Y tras cernirse sobre los tejados
con homicidas lanzas en derredor
abriendo su boca en torno al frente de siete puertas,
se fue antes que de nuestra sangre 120
con su pico se saciase
y de la corona de las torres
el resinoso Hefesto se apoderara.
Tal a sus espaldas se extendió
estrépito de Ares, de rival
serpiente dura conquista[6].

CORIFEO. *(Anapestos.)*
Porque Zeus las jactancias de orgullosa lengua
más que a nada odia, y al verles
con gran afluencia acercándose,
con presunciones de áurea resonancia, 130
arroja con su precipitado fuego[7]
al que sobre las elevadas almenas
trata[8] ya de dar el grito victorioso de alalaí[9].

CORO.

---

6. El texto, muy condensado, quiere decir que es dura la conquista de la serpiente enemiga. Sobre la imagen de la lucha del águila y la serpiente, véase nota 5.
7. El rayo de Zeus.
8. Se refiere a Capaneo. Sobre este personaje cf. la intervención del mensajero en la tragedia de Esquilo *Los Siete contra Tebas,* vv. 422 y ss., donde se ponen de manifiesto la reciedumbre y altanería de este héroe.
9. Cf. la nota 10 de *Las Traquinias.*

Estrofa 2

En resonante tierra cayó tambaleándose
el que portador de fuego con alocado intento
agitado de furor báquico resoplaba
con los ímpetus de los más terribles vientos.
Pero eran las cosas de otro modo,
y otras sobre cada cual repartía sacudiendo
140 *el gran Ares cual caballo a la diestra en el tiro*[10].

CORIFEO. *(Anapestos.)*

Porque siete capitanes contra siete puertas
dispuestos iguales contra iguales dejaron
a Zeus el de la victoria ofrendas[11] todo bronce,
excepto dos infortunados, que de un solo padre
y de una sola madre los dos naciendo
uno contra el otro de doble victoria lanzas[12] dispo-
de común muerte tienen ambos parte.   [niendo

CORO.

Antístrofa 2

Mas llegó la victoria de gran nombre
del cambio alegrándose con Tebas la de muchos
150 *Luego, en verdad, a las guerras*   [carros.
de ahora demos olvido,

---

10. El caballo que se colocaba en la parte exterior del tiro era el mejor, porque era el que tenía que hacer un mayor esfuerzo en los giros.
11. Las ofrendas aquí aludidas son sus armaduras, pues había costumbre de ofrecerlas a Zeus Tropaios o de la victoria.
12. Se las llama lanzas de doble victoria porque cada una por su parte causa la muerte al otro.

y a los templos todos de los dioses
con nocturnos coros vayamos, y el que a Tebas
conmueve, el soberano Baco, esté en cabeza.
CORIFEO. (*Anapestos.*)
Mas he aquí al soberano del país,
Creonte el de Meneceo, que como nuevo jefe
tras los recientes sucesos venidos de los dioses
llega. ¿Qué proyecto agita,
pues esta asamblea de ancianos
decidió convocar
haciéndolo con común proclama?

(*Entra* CREONTE.)

CREONTE. Señores, la situación de la ciudad con firmeza los dioses la han enderezado de nuevo tras haberla agitado con gran sacudida. Y a vosotros yo os he mandado venir aparte de todos mediante mensajeros, porque sé bien en primer lugar que reverenciasteis en todo momento la autoridad de la realeza de Layo, y también cuando Edipo enderezó la ciudad, y después que pereció, al lado de los hijos de aquéllos permanecisteis todavía con resolución inamovible. Pues bien, puesto que ellos a manos de un doble destino en un solo día han perecido golpeando y golpeados con mancha de propia mano, yo la totalidad de los poderes y autoridad tengo por la proximidad de parentesco con los muertos. Imposible es llegar a conocer por entero el alma, el sentimiento y la intención de todo hombre, antes de que aparezca metido en los cargos y en las leyes. A mi modo de ver aquel que al gobernar toda una ciudad no se ata a las mejores decisiones, sino que por causa de algún temor mantiene su boca cerrada, es el más miserable en mi opinión de hoy y de ayer. Y aquel que tiene en más a un amigo que a su propia patria, a ése no lo considero de valor alguno. Porque yo, ¡sépalo Zeus[13], que siempre lo ve todo!, ni guardaría silencio si viera que la ruina avanza contra los ciudadanos en vez de la salvación, ni tomaría como amigo mío a un hombre hostil al país, porque sé que es éste el que salva y que, cuando navegamos sobre él viento en popa, es cuando hacemos los verdaderos amigos. Con tales principios engrandeceré a la ciudad. Y ahora, en concordancia con ellos, he proclamado a los ciudadanos un edicto referente a los hijos nacidos de Edipo: que a Eteocles, que en defensa de esta ciudad murió luchando tras sobresalir por entero en la lanza, se le dé sepultura y allí se le ofrenden todas las libaciones que son debidas a los más notables muertos allá abajo; pero, de otro lado, al de su misma sangre, a Polinices digo, que a la tierra patria y a los dioses de la estirpe volviendo del destierro quiso prender fuego de arriba abajo, y quiso alimentarse de la sangre de los suyos, y llevarse esclavos a los demás, a ése prescrito queda a esta ciudad que ni se le tributen los honores fúnebres ni nadie lo llore, sino que se le abandone sin enterrar y que su cuerpo sea pasto de las aves rapaces y de los perros y ultrajado a la vista. Tal es mi criterio, y nunca de mi parte al menos obtendrán una estimación mayor los malvados que los justos. Sino que todo aquel que sea

---

13. Cf. nota 17 de *Las Traquinias*.

bienintencionado para con esta ciudad, tanto de muerto como de vivo, gozará de una estimación igual por mi parte. 210
CORIFEO. Es decisión tuya, hijo de Meneceo, sentir de esta manera respecto al malintencionado y al de buenos sentimientos para con esta ciudad; y servirte de todo tipo de leyes te es sin duda posible tanto por lo que se refiere a los muertos como a cuantos aún vivimos.
CREONTE. Que seáis ahora vigilantes de lo dicho...
CORIFEO. A alguien más joven imponle que sobrelleve esto.
CREONTE. Dispuestos hay ya en efecto guardianes del cadáver.
CORIFEO. ¿Qué otra cosa, entonces, además de ésta podrías mandar aún?
CREONTE. No ceder ante quienes desobedezcan esto.
CORIFEO. No hay loco tal que desee morir. 220
CREONTE. Y, en efecto, ése será el pago. Pero bajo el efecto de la esperanza muchas veces la avaricia arruinó a los hombres.

(*Entra un* GUARDIÁN.)

GUARDIÁN. Señor, no diré que por causa de la rapidez sin aliento llego tras levantar ligero pie, porque muchas paradas hice para pensar, dándome la vuelta de regreso en mi camino, ya que el alma al tiempo que me hacía muchas reflexiones me decía: «Desdichado, ¿por qué marchas a donde nada más llegar pagarás una pena? Desgraciado, ¿vas a pararte otra vez? Y si Creonte llega a saber esto por boca de otro hombre, ¿cómo no vas tú a sufrir tormento?». Dando vueltas a tales pensamientos avanzaba con paso lento, y de esta manera un camino corto se hace largo. Al final, no obstante, triunfó el venir aquí a tu lado, y aunque vaya a decir lo que nada valga, sin embargo hablaré de todas formas, porque vengo aferrado a la esperanza de no sufrir otra cosa que no sea lo determinado por el destino.

CREONTE. ¿Qué es eso ante lo que tienes este desánimo?

GUARDIÁN. Quiero decirte primero lo concerniente a mi persona: el asunto ni lo hice ni vi al que lo hizo, y en justicia no debería yo caer en desgracia alguna.

CREONTE. Bien conjeturas efectivamente, y encierras el asunto con una barrera en derredor. Dejas ver que tratas de anunciar algo singular.

GUARDIÁN. Las cosas terribles, bien lo sabes, producen mucha vacilación.

CREONTE. ¿No hablarás alguna vez, y luego te irás?

GUARDIÁN. Sea, ya hablo. Al cadáver alguien ha poco se ha ido tras enterrarlo y extender por encima de su cuerpo seco polvo y verter las libaciones que son precisas.

CREONTE. ¿Qué dices? ¿Quién de los hombres fue el que se atrevió a esto?

GUARDIÁN. No lo sé, porque allí no había ni golpe de pico ni cavadura de azadón, sino que la tierra es dura y seca, sin rotura y no hollada por ruedas de carro, de forma que irreconocible era el tal autor. Y cuando el vigilante del primer turno de día nos lo enseña, a todos nos sobrevino una penosa sorpresa, porque aquél había desaparecido, no enterrado, sino que un fino polvo estaba extendido por encima rehuyendo de este modo la impureza[14]. Y no aparecían huellas de que una fiera o algún perro hubiese venido ni de que lo hubiera desgarrado. Palabras malévolas resonaban en unos contra otros, poniendo a prueba un guardián a otro guardián, y se habría producido una pelea al final, y no había quien lo hubiera impedido, puesto que cada uno era para los otros el causante, y nadie quedaba al descubierto, sino que cada uno alegaba no saberlo. Dispuestos estábamos a levantar con las dos manos un hierro ardiendo, a atravesar por el fuego, a jurar por los dioses ni haberlo hecho ni haber estado en connivencia con el que planeó el asunto ni con el que lo ejecutó. Pero al final, puesto que ningún provecho sacábamos con nuestras pesquisas, habla uno que a todos nos movió a inclinar la cabeza hacia el suelo por miedo, puesto que no sabíamos ni replicarle ni de qué forma obraríamos oportunamente al llevarlo a la práctica. El plan era que el asunto este había que traértelo y no ocultarlo. Y esto fue lo que triunfó, y la suerte me condena a mí, desdichado, a hacerme cargo de este bien[15]. Y aquí estoy contra mi voluntad ante quienes no me acogen de grado, lo sé, pues nadie ama a un mensajero de malas nuevas.

CORIFEO. Señor, a mí la reflexión me viene diciendo desde hace rato no sea este asunto algo incluso movido por los dioses.

---

14. Se refiere a la impureza que supone para un cadáver el quedar insepulto.
15. Irónico.

280 CREONTE. Déjalo, antes de que me llenes también de ira con tus palabras, no vaya a ser que te descubras insensato y anciano a la vez, puesto que dices cosas no soportables, cuando dices que los dioses están mostrando solicitud por este cadáver. ¿Acaso por estimarlo sobremanera como bienhechor le han dado sepultura a éste, que a prender fuego a los anfipróstilos templos y a los exvotos vino, y a destruir la tierra y las leyes de aquéllos? ¿O es que consideras que los dioses estiman a los malvados? No es eso, sino que desde hace rato 290 unos hombres de la ciudad, sobrellevando a duras penas esta orden mía, murmuraban contra mí sacudiendo la cabeza a escondidas, y no disponían su cuello bajo el yugo como es de justicia en la idea de aceptarme. Sé bien que éstos *(Señala al* GUARDIÁN.) atraídos por aquéllos con recompensas han llevado a cabo esto, porque ninguna mala institución germinó entre los hombres como el dinero: éste destruye las ciudades, éste hace salir a los hombres de sus casas, éste trastoca las mentes honestas de los mortales y las ense- 300 ña a dedicarse a asuntos vergonzantes, y a los hombres descubrió el obrar con maldad y el saber hacer toda clase de acciones impías. Y cuantos movidos por la recompensa llevan a cabo cosas tales con el tiempo terminan por pagar su castigo. *(Al* GUARDIÁN.) Ea, si es que Zeus todavía recibe veneración de parte mía, entérate bien de esto, y te hablo bajo juramento: si no encontráis al autor de este enterramiento y no me lo mostráis ante mis ojos, no os será bastante sólo el Hades, 310 sino que antes, colgados vivos dejaréis patente esta insolencia vuestra, a fin de que, una vez que sabéis de

dónde debe sacarse la ganancia, en el futuro hagáis en consecuencia vuestros saqueos y aprendáis que no hay que ansiar obtener ganancias de todo. De las adquisiciones vergonzosas tal vez veas que la mayoría saca la ruina más que la salvación.

GUARDIÁN. ¿Me permitirás que hable, o dándome la vuelta debo irme así sin decir nada?

CREONTE. ¿No sabes que también ahora estás hablando de forma molesta?

GUARDIÁN. ¿Es en tus oídos o en tu alma donde se te clavan mis dientes?

CREONTE. ¿Por qué tratas de precisar dónde está mi dolor?

GUARDIÁN. El que lo hizo te atormenta el corazón, yo los oídos.

CREONTE. ¡Ah, cuán charlatán a todas luces eres de nacimiento! 320

GUARDIÁN. Pero el asunto este al menos no lo he realizado en modo alguno.

CREONTE. Y encima eso, cuando has vendido tu alma por dinero.

GUARDIÁN. ¡Ah! Verdaderamente es cosa terrible que aquel que se forma un criterio se lo forme efectivamente equivocado.

CREONTE. Hazte el sutil con eso del criterio, pero si no me mostráis a los autores de esto, seréis portavoces de que las ganancias despreciables disgustos causan.

(CREONTE *entra en palacio.*)

GUARDIÁN. Pues bien, ¡ojalá se le encuentre!, es lo mejor. Pero, tenlo por cierto, si se le coge como si no –esto

lo decidirá la suerte–, de ningún modo me verás tú
330   venir aquí. Y ahora, sano y salvo contra lo que yo esperaba y suponía, debo a los dioses un gran agradecimiento.

(Sale el Guardián.*)*

Coro.

Estrofa 1

Muchas son las cosas admirables,
mas ninguna que el hombre hay más admirable.
Éste, del mar canoso al otro lado
con invernal noto avanza, bajo olas
que en derredor abismos abren a su paso,
y de los dioses a la más potente,
a la Tierra indestructible, infatigable,
la agota con el ir y venir
340   *año tras año de los arados,*
con la raza caballar labrando.

Antístrofa 1

Y de las de corazón ligero la tribu
de las aves rodeando domeña,
y de las fieras salvajes la estirpe
y del ponto la marina especie
con lazos tejidos en red
el hombre hábil. Y domina
con artilugios a la agreste fiera

que por los montes deambula, y al de espesa crin 350
al caballo conducirá bajo el yugo que la cerviz rodea
y al montaraz e infatigable toro.

Estrofa 2

También el lenguaje y el alado
pensamiento y los cívicos afanes
aprendió por sí mismo, y de molestas heladas
a la intemperie y de molestas lluvias
los dardos supo evitar, todo recursos.
Sin recursos en modo alguno 360
hacia el futuro marcha.
Sólo de Hades escape no conseguirá,
mas de dolencias irremediables
escapatorias ha discurrido.

Antístrofa 2

Como algo sabio la destreza
en el arte teniendo más allá de la esperanza,
ya al mal ya al bien tiende:
si las leyes de la tierra entrelaza
y de los dioses la justicia jurada,
será un alto ciudadano; privado de ciudad si 370
lo que no es bueno le va unido
en gracia a su osadía.
¡Ojalá que a mi lado en el hogar no se siente
ni tenga mis mismos sentimientos
quien esto haga!

(Entra el Guardián *trayendo detenida a* Antígona.)

Corifeo. *(Anapestos.)*
Ante un sobrenatural prodigio como éste
vacilo. ¿Cómo si lo veo a negar voy
que ésta es la joven Antígona?
¡Ah, infeliz y nacida de infeliz
padre, de Edipo!
¿Qué pasa? ¿No es cierto, entonces, que como re-
a los mandatos reales te traen   [belde
tras sorprenderte también en falta de cordura?
Guardián. Ésta es aquella que llevó a cabo la empresa. La hemos cogido mientras lo enterraba. Pero, ¿dónde está Creonte?
Corifeo. Ahí sale de casa de nuevo oportunamente.

(Sale de palacio Creonte.)

Creonte. ¿Qué sucede? ¿Con qué clase de suerte he venido aquí delante a propósito?
Guardián. Señor, para los mortales nada hay que pueda ser negado bajo juramento, puesto que la reflexión desmiente el juicio ya formado, dado que debido a tus amenazas, por las que en aquella ocasión fui sacudido, difícilmente en otro tiempo habría yo creído que vendría aquí. Sin embargo, ya que la alegría fuera de y contra toda esperanza no se asemeja en amplitud a ningún otro deleite, vengo, aunque bajo juramento me había negado a hacerlo, trayendo a esta muchacha, que fue sorprendida mientras disponía los ritos fúne-

bres. En esta ocasión no hubo decisión a sorteo, sino que fue mío y no de otro este feliz hallazgo. Y ahora, señor, a ésta tómala tú mismo, como es tu deseo, interrógala, sométela a prueba, que yo es justo que libre me vea de estas desgracias.

CREONTE. ¿Cómo, de dónde cogiste a esta que aquí traes?

GUARDIÁN. Ésta estaba tratando de darle a aquél sepultura. Ya lo sabes todo.

CREONTE. ¿Acaso comprendes y quieres realmente decir lo que estás diciendo?

GUARDIÁN. A ésta, en efecto, vi dando enterramiento al cadáver que tú prohibiste. ¿Hablo claro y evidente?

CREONTE. ¿Y cómo fue vista y cogida in fraganti?

GUARDIÁN. Así fue el asunto. Cuando estuvimos de vuelta tras haber recibido de boca tuya aquellas terribles amenazas, y una vez que barrimos toda la tierra que cubría el cadáver, y desnudamos bien el cuerpo que ya se estaba pudriendo, nos sentamos en lo alto de las rocas protegidos del viento huyendo del olor que de él salía, no fuera a ser que nos alcanzara, y vivamente agitaba cada uno al otro con palabras injuriosas, si alguno se despreocupaba de esta tarea. Así estaban las cosas durante todo el tiempo que transcurrió hasta que en medio del cielo se detuvo el brillante disco del sol y un calor ardiente abrasaba. Y en ese momento, de repente, un torbellino de viento levanta del suelo un remolino de polvo, calamidad del cielo, y llena la llanura desfigurando por entero la cabellera de los árboles del llano, y el ancho cielo se pobló de ello; nosotros, cerrando los ojos, firmes nos mantuvimos ante el dolor que los dioses enviaban. Y tras alejarse esto al cabo de un buen rato, la muchacha aparece a la vista y hace subir un agudo y doliente grito de amargado pájaro, como cuando contempla el lecho de su vacío nido huérfano de crías. Así también ella. Cuando ve al descubierto el cadáver, prorrumpió en dolorosos lamentos, y funestas maldiciones lanzaba contra los autores del hecho. Y al punto con sus manos acarrea seco polvo, y sirviéndose de un broncíneo aguamanil bien forjado al cadáver honras tributa vertiendo desde arriba una triple libación[16]. Nosotros al verlo nos precipitamos, y entre todos la cazamos al punto sin experimentar ella ninguna turbación, y acerca de las anteriores acciones y de las de ahora le interrogábamos, y a nada decía que no, motivo a la vez de gozo y dolor a un tiempo para mí al menos, porque el que uno esté fuera ya del alcance de las desgracias es motivo de un gran gozo, pero el conducir a los amigos a una desgracia lo es de dolor, sin embargo, todo esto yo lo tengo en menos que mi propia salvación.

CREONTE. A ti, sí, a ti, a la que bajas la cabeza hacia el suelo, ¿afirmas o niegas ser la autora de esto?

ANTÍGONA. Afirmo que lo he hecho y no lo niego.

CREONTE. *(Al* GUARDIÁN.) Tú puedes retirarte a donde quieras libre de una pesada acusación. *(A* ANTÍGONA.) Y tú dime no por extenso, sino brevemente, ¿sabías que había sido decretado no hacer eso?

ANTÍGONA. Lo sabía. ¿Cómo no había de saberlo, cuando era cosa pública?

---

16. La primera de miel mezclada con leche, la segunda de vino, y la tercera de agua.

CREONTE. Entonces, ¿te atreviste a transgredir estas leyes?

ANTÍGONA. No fue Zeus en modo alguno el que decretó esto, ni la Justicia, que cohabita con las divinidades de allá abajo; de ningún modo fijaron estas leyes entre los hombres. Y no pensaba yo que tus proclamas tuvieran una fuerza tal que siendo mortal se pudiera pasar por encima de las leyes no escritas y firmes de los dioses. No son de hoy ni de ayer sino de siempre estas cosas, y nadie sabe a partir de cuándo pudieron aparecer. No había yo de, por temer el parecer de hombre alguno, pagar ante los dioses el castigo por esto, puesto que el que había de morir lo sabía perfectamente –¿cómo no?–, aunque tú no lo hubieses decretado con anterioridad. Y si voy a morir antes de tiempo, por beneficio lo tengo, pues el que como yo vive en medio de numerosos males, ¿cómo ése no saca beneficio con morir? De esta forma, para mí al menos el alcanzar este destino en modo alguno es un pesar; más bien, si el cadáver del nacido de mi madre consintiera yo en dejarlo muerto insepulto, de eso sentiría pesar, pero de esto de ahora no me duelo. Y si a ti te parece que ahora estoy llevando a cabo una empresa loca, quizá en cierto modo para un loco es para quien estoy siendo culpable de locura. 460

470

CORIFEO. Es evidente que la naturaleza recia de su recio padre le viene a la muchacha. Y no sabe ceder a las desgracias.

CREONTE. Sin embargo, ten por cosa cierta que las mentes en exceso rígidas caen las que más, y el más fuerte hierro forjado al fuego de forma muy dura puedes ver que se rompe y se parte las más de las veces. Con pequeño freno sé que los más animosos caballos son domados, puesto que no es posible ser orgulloso a quien es esclavo de los que están a su lado. Ésta ha sabido perfectamente en esta ocasión mostrarse insolente al trangredir las leyes establecidas, pero la insolencia, una vez que ha hecho eso, ahora es otra: ufanarse de ello y jactarse aun a pesar de haberlo hecho. En verdad que ahora yo no soy hombre, y ésta en cambio lo es, si estas atribuciones se van a mantener sin daño para ésta. Sin embargo, aunque es hija de mi hermana o de más parentesco que todos los que están bajo la protección del Zeus de mi hogar, ella y la de su misma sangre[17] no lograrán evitar un destino en extremo funesto, puesto que desde luego también a aquélla en igual medida la acuso de planear este enterramiento. Llamadla también, pues hace un momento la he visto dentro irritada y sin control de su corazón. Suele el ánimo de quienes nada recto en la sombra maquinan ser cogido antes tratando de ocultarlo. Odio en verdad también cuando alguien es cogido en medio del daño y luego quiere volverlo hermoso.

ANTÍGONA. ¿Quieres algo más que matarme, una vez que me has cogido?

CREONTE. Yo no. Teniendo esto lo tengo todo.

ANTÍGONA. ¿A qué esperas, entonces? Porque para mí de tus palabras nada me es grato, y ojalá que no lo sea nunca, de igual forma que también a ti lo mío te es desagradable. Sin embargo, ¿dónde podría haber conseguido una fama más gloriosa que dando enterramiento

---

17. Ismena.

a mi hermano? A todos estos podría decirse que esto les agrada, si no fuera que les cierra la boca el miedo. Pero la tiranía, entre otras muchas ventajas, tiene la de poder hacer y decir lo que quiere.

CREONTE. Tú eres la única de entre los cadmeos que lo ves así.

ANTÍGONA. También éstos lo ven, pero delante de ti cierran la boca.

CREONTE. ¿Y tú no sientes vergüenza de pensar de manera diferente a éstos? 510

ANTÍGONA. En modo alguno es vergonzoso honrar a los que son de las mismas entrañas que uno.

CREONTE. ¿No es cierto acaso que también era de tu misma sangre el que ha muerto enfrente?

ANTÍGONA. De mi misma sangre, nacido de la única madre y del mismo padre.

CREONTE. ¿Cómo, entonces, tributas un reconocimiento impío para él?

ANTÍGONA. No atestiguará eso el cadáver[18].

CREONTE. Tenlo por cierto, si a él lo honras por igual que al impío.

ANTÍGONA. No es un esclavo, sino un hermano el que ha muerto.

CREONTE. Tratando de asolar esta tierra, mientras que el oponente en defensa de ella.

ANTÍGONA. De todas formas el Hades al menos requiere estas leyes.

---

18. Era opinión común que los muertos podían dar testimonio a pesar de estar muertos, y para ello se servían de los sueños de los aún vivos.

520 CREONTE. Sin embargo, no es igual el bueno que el malo en lo tocante a recibir.

ANTÍGONA. ¿Quién sabe si allá abajo esto es piadoso?

CREONTE. Nunca, tenlo por cierto, el enemigo, ni cuando ha muerto, es amigo.

ANTÍGONA. No nací para corresponder con odio sino para corresponder con amor.

CREONTE. Entonces, si tienes el deber de amar, ve allá abajo y ama a aquéllos. A mí mientras viva no me impondrá su mandato una mujer.

(Sale ISMENA *de palacio traída por unos esclavos.)*

CORIFEO. *(Anapestos.)*
Por cierto que ante las puertas aquí está Ismena,
de amor por su hermana lágrimas derramando;
y una nube por cima de sus cejas
el rojo semblante desfigura
530 empañando sus mejillas de hermoso aspecto.

CREONTE. Y tú, que a mi casa entraste subrepticiamente como una víbora y a ocultas me chupabas la sangre[19], y yo no me daba cuenta de que estaba alimentando dos calamidades e insurrecciones contra mi poder, ea, dime, entonces, ¿también tú vas a afirmar haber participado en este enterramiento o vas a jurar no saber nada?

---

19. Comenta A. Tovar (Sófocles, *Antígona,* Madrid, C.S.I.C., 1972, 2.ª ed., p. 104) a este pasaje: «La comparación con una víbora se relaciona con la conocida superstición de la culebra que acude a calentarse al cuerpo humano en el sueño, y chupa sangre o leche a las mujeres».

ISMENA. Llevé a cabo la empresa, si es que ésta *(Señalando a* ANTÍGONA.*)* consiente, y soy partícipe de la acusación y en ella estoy inculpada.

ANTÍGONA. Pero no te lo permitirá al menos la Justicia, puesto que ni quisiste ni yo te asocié.

ISMENA. Sin embargo, en medio de tus desgracias no siento reparo en hacerme compañera de navegación en tu pesar. 540

ANTÍGONA. El Hades y los de allá abajo son testigos de los que pusieron en práctica la obra. Yo no amo a la persona querida que quiere de palabra.

ISMENA. No, hermana, no me niegues el honor de morir contigo y purificar al muerto.

ANTÍGONA. Tú no debes morir a la par que yo, ni hagas cosa tuya aquello en lo que no participaste. Será suficiente con que yo muera.

ISMENA. ¿Y qué vida habrá para mí grata una vez que quede privada de ti?

ANTÍGONA. Pregúntaselo a Creonte, puesto que de él te preocupas.

ISMENA. ¿Por qué así me atormentas, sin que saques utilidad alguna? 550

ANTÍGONA. Con dolor en verdad lo hago, si me estoy riendo de ti.

ISMENA. ¿En qué, pues, al menos ahora te podría aún ser yo útil?

ANTÍGONA. Sálvate, no veo mal que escapes.

ISMENA. ¡Ay de mí, desdichada! ¿No debo alcanzar tu destino?

ANTÍGONA. Tú escogiste vivir, yo morir.

ISMENA. Pero no sin habértelo dicho mi boca.

ANTÍGONA. Tú a unos, yo a los otros les parecimos pensar sensatamente.

ISMENA. Y en verdad que igual es el pecado de ambas.

ANTÍGONA. Ten ánimo. Tú sigues con vida, pero mi alma hace ya tiempo que está muerta, de forma que fuera útil a los muertos.

CREONTE. De estas dos muchachas digo que la una ahora mismo acaba de revelarse insensata, la otra desde el momento primero en que nació.

ISMENA. Nunca, señor, la sensatez, ni siquiera la que se tiene al nacer, se mantiene en aquellos a los que le va mal, sino que desaparece.

CREONTE. En ti, en efecto, ha desaparecido desde el momento en que elegiste obrar mal en compañía de malvados[20].

ISMENA. ¿Qué hay para mí digno de ser vivido sola lejos de ésta?

CREONTE. Pero «ésta» realmente no digas, porque ya no existe.

ISMENA. ¿Pero vas a matar a la prometida de tu propio hijo?

CREONTE. Arables también son los campos de otras.

ISMENA. No así están convenidas las cosas por aquél y ésta.

CREONTE. A las mujeres miserables yo las aborrezco para mis hijos.

---

20. En el texto griego hay un intenso y malicioso juego de palabras en una expresión, casi idéntica repetida en la intervención de Ismena y en la de Creonte, sólo que con un significado contrapuesto, y que aquí he tratado de reproducir con los giros «irle a uno mal» y «obrar mal», aunque no consigue toda la fuerza del original.

ANTÍGONA. ¡Ah, queridísimo Hemón, cómo te deshonra tu padre!
CREONTE. En demasía estáis molestando tú y tu matrimonio.
CORIFEO. ¿Vas a privar a tu propio vástago de ésta?
CREONTE. Hades será el que me ponga fin a estas bodas.
CORIFEO. Es cosa decidida, según parece, el que ésta muera.
CREONTE. Tanto por tu parte como por la mía. No más dilación. Ea, llevadlas dentro, esclavos. Es preciso que estas mujeres estén atadas y que no anden sueltas, porque también los envalentonados, tenlo por cierto, huyen cuando ven la muerte cerca ya de su vida. 580

(Son llevadas dentro de palacio las dos muchachas. CREONTE permanece en escena.)

CORO.

Estrofa 1

Felices quienes de las desgracias
el sabor no han gustado en sus vidas.
Porque a los que una mano divina sacude la casa
azote ninguno queda por sobrevenir
a lo largo y ancho de su estirpe,
de igual forma que del mar la ola,
cuando por los desairados vientos
tracios se yergue sobre la oscuridad submarina,
remueve desde el fondo 590
la negra arena y azotados por los vientos
con gemido braman bajo su golpe los acantilados.

Antístrofa 1

De antiguo veo que de la casa de Lábdaco
los pesares a los pesares de los ya muertos se aúnan,
y no se libra de la ascendencia la estirpe,
sino que abajo la echa algún dios
y no alcanza solución.
Pues ahora la luz
600 *que las últimas raíces había extendido en la casa de*
de nuevo un polvo de sangre   [*Edipo,*
de los dioses infernales la cubre,
la insensatez de la lengua
y de la mente el extravío.

Estrofa 2

¿Tu poder, Zeus, qué arrogancia
de los hombres podría domeñar?
A éste ni el sueño que todo seduce jamás le aprisiona,
ni de los dioses los incansables meses,
y lejos de vejez soberano en el tiempo
dominas el Olimpo
610 *con su centelleante resplandor.*
Sobre el próximo y el lejano futuro
y también sobre el pasado prevalecerá
esta ley: nada avanza importante
para la vida de los mortales fuera de desgracia.

Antístrofa 2

Porque la esperanza de mucho vagar
para muchos es provecho entre los hombres,

mas para otros muchos engaño de ansias de reflexión
Y sin percatarse uno de nada se le desliza   [ligera.
antes que con fuego ardiente su pie cualquiera prenda.
Con sabiduría por obra de alguno
un conocido dicho hay manifiesto: 620
el mal parece en alguna ocasión bien
a aquel al que la mente
un dios conduce a la locura,
y actúa muy poco tiempo fuera de desgracia.

CORIFEO. (*Anapestos.*)
Aquí está Hemón, de tus hijos
el brote más reciente.
¿Acaso afligido viene
por el destino de Antígona, su prometida,
por el fracaso de las bodas doliéndose en demasía?   630

(*Entra* HEMÓN.)

CREONTE. Pronto lo sabremos mejor que los adivinos. Hijo, ¿has oído la sentencia irrevocable concerniente a la que había de ser tu esposa y vienes aquí furioso acaso contra tu padre? ¿O para ti sigo siendo amigo haga lo que haga?

HEMÓN. Padre, tuyo soy, y tú con consejos para mí provechosos me diriges, y a ellos yo al menos pienso seguir, puesto que para mí ningún matrimonio será digno de ser tenido en más que el que tú me dirijas convenientemente.

CREONTE. Sin duda que así, hijo, es preciso estar dispuesto en el corazón, de forma que todo esté pospuesto al consejo paterno, pues por esto es por lo que los   640 hombres piden engendrar y tener en casa descendientes obedientes, de forma que del enemigo a su vez se venguen con ataques y al amigo honren, igual que el padre. Mientras que el que cría hijos inútiles, ¿qué otra cosa dirías que engendra éste sino trabajos para sí mismo, y de otro lado una gran risa para sus enemigos? Nunca, pues, hijo, el sentido pierdas por el placer de una mujer, pues ten presente que frío abrazo se vuelve eso, una mala mujer compañera de lecho en tu casa. Pues, ¿qué mayor llaga habría que un mal ser querido? Ea, con desprecio y como a persona hostil deja que la muchacha esta en el Hades celebre sus bodas con alguno. Pues, ya que fui yo quien la cogí en flagrante desobediencia a ella sola de toda la ciudad, no voy a presentarme yo como embustero ante la ciudad, sino que le he de dar muerte. En estas circunstancias, que invoque a Zeus Protector de la familia. Si a los que por naturaleza pertenecen a mi mismo linaje los voy a tolerar sin sentido del orden, con mucha más razón a los que caen fuera de mi estirpe. El que entre los familiares es hombre honrado se mostrará también en la ciudad justo. Mientras que el que extralimitándose o viola las leyes, o planea en su interior imponerse a los que mandan, es imposible que ése alcance alabanza por mi parte. Sin embargo, al que la ciudad coloque al frente, a ése es necesario escuchar tanto en lo pequeño como en lo justo y en lo contrario. Y ese hombre yo tendría confianza en que gobernaría con decoro, y en que estaría bien dispuesto a ser gobernado, y que, si era colocado en la tempestad de la guerra, aguantaría a pie firme como compañero justo y honrado. Mayor que la anarquía no hay mal alguno. Ésta es la que destruye las ciudades, ésta es la que pone las casas en rebelión, ésta es la que da lugar a la desbandada de la lanza aliada; mientras que la mayor parte de las vidas de los vencedores las salva la disciplina. Por ello, hay que proteger las disposiciones dadas, y de ningún modo, tenlo por cierto, se debe ser inferior a una mujer, porque es mejor, si es necesario, caer a manos de un hombre, y no el que seamos tal vez llamados inferiores a las mujeres. 680

CORIFEO. A nosotros, a no ser que por nuestra vejez estemos engañados, nos parece que hablas sensatamente en lo que hablas.

HEMÓN. Padre, los dioses hacen germinar en los hombres pensamientos, la mayor de todas cuantas posesiones existen. Yo no podría ni sabría decir de qué forma tú no estás diciendo rectamente estas cosas; tal vez, sin embargo, se le ocurriese a otro algo bueno. Pero, sea como sea, me corresponde por naturaleza en favor tuyo prestar atención a todo cuanto se dice, se hace o se puede censurar, puesto que tu rostro es temido para 690 el hombre del pueblo con palabras tales que tú no disfrutarías si las oyeras. Pero a mí me es posible en la sombra escuchar estas cosas, como lo que respecto a esta muchacha lamenta la ciudad: que en calidad de la más indigna de todas las mujeres perece de la peor manera por unos hechos en extremo notables, la que a su propio hermano, caído en sangriento combate, no consintió en que insepulto fuera aniquilado ni a manos de los perros carniceros ni de ninguna de las aves. ¿No es ésta digna de obtener una estimación áurea? Tal rumor en tenebroso silencio avanza. Para mí, padre, ninguna 700

cosa hay más preciada que el que tú actúes con fortuna, porque ¿qué honor hay más grande para los hijos que un padre floreciente en prestigio, y qué para un padre con respecto a sus hijos? No lleves, pues, dentro de ti una única forma de pensar, la de que lo que tú dices, y ninguna otra cosa, eso es lo correcto; pues el que piensa que él es el único que es sensato o que tiene una lengua o un alma que no tiene ningún otro, ésos al ser
710 descubiertos se manifiestan vacíos. Por el contrario, el hombre, aunque se trate de uno que sea sabio, no es vergonzoso que aprenda muchas cosas y que no se mantenga inflexible en demasía. Ves que en las riberas de las corrientes torrenciales del invierno cuantos árboles ceden, ésos salvan sus ramas, mientras que los que resisten de raíz perecen. De igual forma, el que al frente de una nave mantiene tensa la escota y en nada cede, la vuelca y en el futuro navega con la cubierta boca abajo. Ea, cede, y da un cambio a tu arrebato, porque, si algún consejo es posible incluso de parte
720 mía que soy más joven, yo al menos digo que es preferible con mucho que el hombre esté por entero lleno de ciencia; y si en efecto no es así, dado que esto no suele suceder de esta forma, también de los que hablan con acierto es hermoso aprender.

CORIFEO. Señor, es natural que tú, si dice algo oportuno, lo aprendas (*A* HEMÓN.) Y tú a tu vez de éste, porque se ha hablado con acierto por ambas partes.

CREONTE. ¿Los de tal edad también tenemos que aprender, entonces, a tener sensatez bajo la enseñanza de un hombre por su naturaleza de tal edad?

HEMÓN. De ningún modo lo que no sea justo. Y si yo

soy joven, no la edad más que los hechos es lo que debe considerarse.

CREONTE. ¿Es obligación respetar a los que actúan sin sentido del orden?　730

HEMÓN. No sería yo el que te exhortara a tratar con respeto a los malvados.

CREONTE. ¿No está ésta acaso atacada de una dolencia tal?

HEMÓN. No lo dice la masa de sus conciudadanos de Tebas.

CREONTE. ¿La ciudad nos va a decir lo que hay que ordenar?

HEMÓN. ¿Lo ves? ¿Ves como acabas de hablar como uno muy joven?

CREONTE. ¿De conformidad con otro o de conformidad conmigo mismo es como debo yo gobernar esta tierra?

HEMÓN. Una ciudad no es algo que sea propiedad de un solo hombre.

CREONTE. ¿No se considera acaso que la ciudad es del gobernante?

HEMÓN. Una tierra desierta es en verdad lo que tú gobernarías sólo con acierto.

CREONTE. Éste, según parece, lucha del lado de la mujer.　740

HEMÓN. En el caso de que seas tú una mujer. De ti es en verdad de quien me estoy cuidando.

CREONTE. Maldito, ¿viniendo en pleito contra tu padre?

HEMÓN. Porque veo que estás errando contra lo que es justo.

CREONTE. ¿Estoy errando al hacer respetar mis atribuciones?

HEMÓN. No las haces respetar al pisotear las prerrogativas de los dioses.

CREONTE. ¡Ah, carácter infame e inferior a una mujer!

HEMÓN. No me podrías coger dominado al menos por pasiones vergonzosas.

CREONTE. Todo este alegato tuyo al menos es en defensa de aquélla.

HEMÓN. En defensa tuya y mía y de los dioses infernales.

750 CREONTE. A ésta no es posible que la desposes ya en vida.

HEMÓN. Pues bien, ésta morirá y al morir matará a algún otro.

CREONTE. ¿Acaso a acusarme incluso llegas en esta tu audacia?

HEMÓN. ¿Qué amenazas hay en hablar contra resoluciones vacías?

CREONTE. Con lágrimas me traerás a la razón, porque tú sí que estás vacío de razón.

HEMÓN. Si no fueras mi padre, yo diría que no estás en tu sano juicio.

CREONTE. Esclavo de mujer, deja ya de parlotearme.

HEMÓN. ¿Quieres hablar y después de hablar no escuchar nada?

CREONTE. ¿De veras? Sin embargo, no, por el Olimpo —ten esto bien presente—, no me injuriarás con reproches 760 impunemente. *(A un servidor.)* Trae a la que es objeto de mi odio, para que a la vista muera al punto próxima a su novio aquí presente.

HEMÓN. De ningún modo junto a mí, no lo pienses, no morirá ésta a mi lado, y tú en ningún otro sitio volverás a contemplar mi persona con tus ojos, de forma que en compañía de los amigos que quieran puedes seguir en tu locura.

(Sale HEMÓN.)

CORIFEO. Este hombre, señor, se ha marchado rápido en un momento de ira, y un corazón de tal edad que sufre es cosa grave.
CREONTE. Que haga, que piense más de lo que corresponde a un hombre. Pero a estas dos muchachas ten por cierto que no las librará de la muerte.
CORIFEO. ¿A las dos incluso piensas matar? 770
CREONTE. No, a la que no puso su mano no. Tienes razón.
CORIFEO. ¿Y con qué clase de muerte piensas matarla?
CREONTE. La conduciré allí donde haya una senda desierta de vida humana, y la encerraré viva dentro de una caverna pétrea, disponiendo delante tanta cantidad de comida cuanta exige la expiación solamente, a fin de que la ciudad entera escape a la mancha[21]. Y allí, tras hacer súplicas al Hades, al único de los dioses que reverencia, tal vez consiga no morir o, por el contrario, entonces se dé efectiva cuenta de que es una fatiga inútil reverenciar lo del Hades. 780

(CREONTE *entra en palacio.*)

---

21. En casos de penas de muerte por inanición se pensaba que la mancha se eludía dejándole un poco de comida, pues de esa manera la muerte sería obra de la naturaleza, y no por mano del hombre.

CORO.

Estrofa

Amor invencible en la batalla,
Amor que en las riquezas te precipitas,
que en las tiernas mejillas
de la doncella nocturno te recuestas,
y vas y vienes por el mar,
y en las guaridas dispersas por el campo,
tampoco a ti ni de los inmortales
ninguno escapa
ni entre los efímeros hombres
y el que te tiene enloquece.

Antístrofa

Tú también de los justos en injustos
los sentimientos desvías para su ruina.
Tú también la rencilla esta
entre hombres de común sangre has provocado
y vence manifiesto de los ojos
el deseo por la novia de hermoso lecho,
de las grandes leyes divinas
compañero en el gobierno.
Porque irresistible juguetea
la diosa Afrodita.

(Viene ANTÍGONA *traída por unos esclavos.*)

CORIFEO. *(Anapestos.)*
Ahora ya también yo de las leyes
fuera me precipito al contemplar esto,
y contener ya no puedo las fuentes de las lágrimas,
cuando el tálamo que todo lo adormece[22] veo
que aquí Antígona está alcanzando.
ANTÍGONA.

Estrofa 1

Vedme, de la tierra patria ciudadanos,
el postrer camino
recorrer, y la postrera luz
contemplar del sol,
y nunca otra vez, sino que a mí 810
el Hades que todo lo adormece
en vida me conduce
a la orilla del Aqueronte,
sin ser partícipe de himeneo,
sin que en mis desposorios
jamás algún canto se cantase,
sino que con el Aqueronte habré de desposarme.
CORIFEO. *(Anapestos.)*
En verdad que notable y de alabanza portadora
a esa cueva de muerte te encaminas,
y no por enfermedades que consumen azotada,
y no por obtener el salario de la espada, 820

---

22. La muerte. Nótese el amargo contraste entre este tálamo y el nupcial, a lo cual se está haciendo referencia constante en este pasaje de la tragedia.

sino que por propia voluntad en vida la única
de los mortales serás que al Hades baje.
ANTÍGONA.

Antístrofa 1

*Oí que muy penosa pereció
la extranjera frigia hija de Tántalo*[23]
*del Sípilo en la cumbre,
a la que extendida cual yedra
una vegetación de piedra subyugó,
y ella fundida es por la lluvia,
según el dicho de los hombres,*
830 *y nieve nunca la abandona,
e inunda bajo sus cejas de muchos lloros
las laderas*[24]*. A ésta muy parecida
un dios a mí me acuesta.*
CORIFEO. *(Anapestos.)*
Pero diosa era y de dioses nacida,
y nosotros mortales y de mortales nacidos.
Mas en verdad que para la que perece
gran cosa es también escuchar
que designios parejos a los iguales a los dioses
obtuvo en el sorteo
en vida y luego al morir.

---

23. Níobe (cf. Glosario de nombres propios).
24. El término griego utilizado aquí significa tanto «ladera» como «mejilla», lo cual da lugar a un claro juego de palabras, difícil de reproducir en castellano.

Antígona.

Estrofa 2

¡Ay de mí, objeto de burla soy!
¡Por los dioses de mis padres! ¿Por qué
me afrentas no de muerta, 840
sino aún visible?
¡Ah, ciudad! ¡Ah, de la ciudad
hombres opulentos!
¡Ay, fuentes dirceas[25] y de Tebas
la de hermosos carros sagrado recinto,
a pesar de todo por testigos a mí os uno,
cómo de lágrimas amigas me veo así privada,
por qué leyes a un encierro bajo túmulo funerario
de una muerte inaudita me encamino!
¡Ay, desdichada, 850
ni entre los vivos ni entre los muertos
compartiré mi existencia,
ni en compañía de los vivos ni en compañía de los muertos!

Coro.

Avanzando hasta el extremo de la audacia
contra el alto sitial de la Justicia
a estrellarte, hija, fuiste.
A una paterna calamidad pago estás dando.

Antígona.

Antístrofa 2

El dedo pusiste sobre la más dolorosa
para mí de las preocupaciones:

---

25. Cf. nota 4 de esta misma tragedia.

> *el tres veces arado[26] lamento por mi padre,*
> 860 *y sobre sin exclusión*
> *nuestro fatal destino,*
> *el de los ilustres labdácidas.*
> *¡Ay, maternas calamidades del lecho conyugal,*
> *y relaciones autoengendradoras*
> *de mi desventurada madre con mi padre!*
> *¡De quiénes yo un día, desdichada, nací!*
> *¡Con quiénes maldita, sin bodas, yo*
> *a compartir la morada voy!*
> *¡Ay, desafortunadas bodas,*
> 870 *hermano[27], consiguiendo,*
> *muriendo a mí aún en vida me mataste!*

CORO.
> *Ser piadoso es piadoso,*
> *mas el poder al que el poder interesa*
> *transgredible de ninguna forma lo es.*
> *Y a ti un afán consejero de sí mismo te destruyó.*

ANTÍGONA.

Epodo

> *Sin ser llorada, sin amigos, sin himeneo*
> *infortunada recorro este dispuesto camino.*
> *Ya a mí el sagrado rostro del sol*

---

26. Tal vez hay que pensar que este lamento es triple porque Edipo había dado muerte a su propio padre, se había casado con su madre y había tenido de ella hijos que, lógicamente, eran a la vez hermanos suyos. Lo que sigue nos lleva a dar esta interpretación.
27. Polinices: su boda con la hija del rey de Argos ha sido lo que ha provocado la catástrofe. Pensar que aquí Antígona está haciendo referencia a su padre Edipo, como hermano que es a la vez, creo que es una alusión excesivamente amarga.

permitido no me es ver, desdichada. 880
Y de este mi destino de lágrimas privado
ninguno de mis amigos se lamenta.

        (Llega CREONTE.*)*

CREONTE. ¿Acaso no sabéis que a cantos y lamentos antes de morir nadie habría que pusiera fin, si posible le fuera hablar? Lleváosla al punto, y tras encerrarla en una abovedada tumba, como yo tengo dicho, abandonadla en soledad desierta, de forma que, si lo desea, que muera, o si no, que en el interior de tal morada en vida viva enterrada. Nosotros limpios quedamos en lo referente a esta muchacha. Y, de cualquier forma, privada quedará de la convivencia con los de arriba. 890
ANTÍGONA. ¡Ah, tumba, cámara nupcial, subterráneo habitáculo por siempre vigilante, adonde me encamino al lado de los míos, de quienes, ya perecidos, un número muy crecido tiene acogidos Perséfona entre los muertos, de quienes yo la última y la peor con mucho ahora bajo, antes de que se me haya cumplido el cupo de vida! En verdad que al partir en gran medida alimento la esperanza de que querida habré de llegar para mi padre, y querida para ti, madre, y querida para ti, hermano, puesto que, cuando perecisteis, yo con mis propias manos fui la que 900 os proporcionó el baño purificatorio, y os arregló y las libaciones funerarias os tributó. Y ahora, Polinices, por recubrir tu cuerpo tal pago recibo. La verdad[28] es que yo

---

28. Las reflexiones a que se entrega Antígona en este pasaje (vv. 904-920) han desconcertado siempre a la crítica: su planteamiento teórico

con razón te honré a juicio de quienes piensan con sensatez, porque de ningún modo, ni aunque madre de hijos hubiese sido, ni aunque un esposo se me estuviese corrompiendo muerto, no habría yo dado lugar a esta fatiga en contra de los ciudadanos. ¿En apoyo de qué ley digo esto? Esposo, muerto uno, otro para mí habría, e hijo nacido de otro hombre, si a éste lo perdía. Pero si mi madre y mi padre ocultos están ya ambos en el Hades, no es posible un hermano que pueda brotar un día. Al honrarte yo por delante de todo a causa de tal ley, a Creonte le pareció que en esto yo erraba y que a cosas peligrosas me atrevía, hermano. Y ahora, tras cogerme entre sus manos, me lleva así sin lecho nupcial, sin himeneo, sin haber alcanzado una porción ni de matrimonio ni de cría de hijos, sino que con esta soledad de amigos voy desdichada en vida camino de las fosas de los muertos. ¿Qué derecho de los dioses he transgredido? ¿Por qué tengo yo, desventurada, que seguir dirigiendo aún la mirada a los dioses? ¿A quién hablar entre los aliados, cuando en verdad que la impiedad a cambio de la piedad recibí? Pues bien, si esto

---

de acatamiento a las leyes divinas, que debería tener un ámbito de aplicacion general, aquí se ve reducido a la esfera de la familia, más aún, a los miembros de la familia de sus padres, puesto que quedan excluidos el posible esposo y los potenciales hijos habidos con éste. Tal consideración disminuye considerablemente el peso específico de la postura ética de la heroína. En consecuencia, los estudiosos han recurrido a diversas soluciones: interpolación posterior en la transmisión de la obra; explicación psicológica; y otras. En el trabajo mío que menciono en la Introducción, al hablar de esta tragedia, puede verse un estado de la cuestión, así como mi propuesta al respecto, que se orienta dentro de mi interpretación general de ver en Creonte al protagonista de la obra.

en efecto es dado por bueno entre los dioses, tras sufrirlo aceptaríamos haber errado. Pero si son éstos[29] los que yerran, que sufran males no superiores a los que me causan fuera de toda justicia.

CORIFEO. *(Anapestos.)*
Aún de estos vientos de su alma
los bríos estos la tienen poseída. 930

CREONTE. *(Anapestos.)*
Pues por esto para los que la llevan
llantos habrá por su tardanza.

ANTÍGONA. *(Anapestos.)*
¡Ay de mí, de la muerte está muy cerca
lo que acabas de decir!

CREONTE. *(Anapestos.)*
A tener confianza alguna yo no te animo
en que esto de esta forma no se cumpla.

ANTÍGONA. *(Anapestos.)*
¡Ah, de la tierra tebana ciudad paterna
y dioses antepasados,
llevada soy y ya no hay demora!
¡Contemplad, de Tebas los príncipes, 940
a la que de la realeza sola queda,
cómo y a manos de qué hombres sufro
por haber la piedad piadosamente practicado!

(ANTÍGONA *sale conducida por unos esclavos.* CREONTE *permanece en escena.*)

---

29. Creonte y los suyos.

CORO.

Estrofa 1

*Soportó también de Dánae la figura
la celeste luz tener que abandonar
en broncíneo recinto encerrada;
y escondida en sepulcral tálamo
al yugo fue sometida.
Mas también de linaje era noble, hija, hija,*
950 *y administradora del germen de Zeus
en una lluvia de oro vertido.
Pero la del destino es una fuerza terrible:
a él ni la riqueza ni Ares
ni la torre ni las por el mar batidas
negras naves podrían evitar.*

Antístrofa 1

*Uncido al yugo también lo fue
el de punzante cólera hijo de Driante[30],
de los Edones rey, por injuriosos afanes,
a manos de Dioniso
en pétrea atadura encerrado.
Así de locura gota a gota se destila*
960 *un terrible furor en plenitud.
Aquél aprendió a conocer en sus locuras
al dios, al tocarlo con lengua injuriosa.
De detener trataba a las mujeres
que en sus adentros al dios llevan*

---

30. Licurgo (cf. Glosario de nombres propios).

y el fuego compañero del ¡evohé![31]
y a las Musas amantes de la flauta provocaba.

Estrofa 2

Junto al piélago de doble mar de las rocas Ciáneas
los acantilados del Bósforo están y la costa tracia,
Salmideso, donde vecino de la ciudad Ares 970
ver pudo una herida de maldición portadora
que a los dos hijos de Fineo
ciegos dejó a manos de salvaje esposa,
que ceguera produjo en los círculos de los
ojos que venganza provocan,
lejos de la espada, por obra de sangrientas
manos y de punzones de lanzaderas.

Antístrofa 2

Y al consumirse desdichados
su desdichado infortunio deploraban,
de madre nacidos de infausta boda. 980
Ella por su semilla a los primigenios
Erecteidas se remontaba,
y en lejanas cuevas fue criada
en medio de los paternos huracanes, de Bóreas hija,
cual caballo por cima de escarpadas cumbres,
vástago de los dioses. Mas también sobre ella
las Moiras inmortales se impusieron, hija.

---

31. Cf. nota 14 de *Las Traquinias*.

(Llega el adivino ciego Tiresias *guiado por un muchacho.)*

Tiresias. Soberanos de Tebas, por común camino llegamos dos que miramos por ojos de uno solo, porque para los ciegos éste es el camino, el del que los guía por delante.
Creonte. ¿Qué hay de nuevo, anciano Tiresias?
Tiresias. Yo enseñaré, y tú obedecerás al adivino.
Creonte. La verdad es que antes no me apartaba de tu sensatez.
Tiresias. Por ello es por lo que pilotabas en derecho esta ciudad[32].
Creonte. Puedo testificar que he experimentado beneficios.
Tiresias. Percátate de que de nuevo ahora estás en el filo de la suerte.
Creonte. ¿Qué sucede? Me estremezco de terror ante tu boca.
Tiresias. Lo sabrás cuando oigas los signos de mi arte. Al sentarme en mi antiguo asiento de ornitomante, donde yo disponía de un lugar de reunión de toda clase de aves, escucho un canto desconocido de pájaros que resonaba con un frenesí funesto e ininteligible; y me di cuenta de que se estaban despedazando a muerte los unos a los otros con sus garras, puesto que el estrépito de sus alas era inconfundible. Al punto sentí miedo y probaba con víctimas al fuego en altares por entero inflamados. Pero Hefesto no resurgía

---

32. Nueva alusión a la metáfora de la nave del Estado.

brillante de las víctimas[33], sino que la grasa de los muslos se consumía goteando sobre la ceniza y se hacía humo y salpicaba, y la hiel se diseminaba por el aire, y los muslos con su goteo quedaban al aire de la grasa que los recubría. De tales cosas yo me enteraba por boca de este muchacho, presagios consumidos de ritos mudos, puesto que éste es mi guía, como yo lo soy de otros. Y estas cosas está sufriendo la ciudad por causa de tu determinación, pues nuestros altares y la totalidad de nuestras aras domésticas manchadas están del pasto para aves y perros del desdichado vástago caído de Edipo. Y a consecuencia de ello los dioses no aceptan ya de nosotros súplicas sacrificiales ni llama de muslos, y tampoco las aves emiten gritos de buena señal, porque acaban de devorar la grasa de la sangre de un hombre muerto. Por lo tanto, hijo, piensa en esto. Para todos los hombres es cosa común equivocarse; pero, después de que ha cometido la equivocación, aún no es hombre insensato y desgraciado aquel que tras haber caído en el mal pone remedio y no es inflexible. El orgullo, tenlo por cierto, se hace culpable de insensatez. Pero, ea, cede ante el muerto, no aguijonees al que ya ha perecido. ¿Qué fuerza hay en volver a matar al que ya está muerto? Con sentimientos propicios hacia tu persona te estoy hablando de forma adecuada, y aprender de quien habla de forma adecuada es muy agradable, si dice cosas de provecho.

---

33. Se consideraba de mal augurio el que en un sacrificio el fuego no se avivase con la grasa de las víctimas.

CREONTE. Anciano, todos cual arqueros contra el blanco disparáis vuestros dardos contra este hombre, y ni siquiera de vuestra mántica me veo libre, pero por la raza de éstos ya hace tiempo he sido vendido y traficado. Lucraos, comprad el electro[34] de Sardes, si queréis, y el oro de la India, pero sepultura a ése no le daréis. Ni aunque las águilas de Zeus quieran arrebatarlo y llevárselo como alimento hasta el trono de Zeus, ni aun así, ante el temor de que esto se convierta en una mancha, consentiré yo en enterrarle, porque sé bien que nadie entre los hombres es capaz de manchar a los dioses. Y se derrumban con caídas vergonzantes, anciano Tiresias, de entre los mortales también los muy hábiles, cuando pronuncian brillantemente palabras vergonzosas con la mirada puesta en la ganancia.

TIRESIAS. ¡Ay! ¿Acaso sabe hombre alguno, acaso se imagina...

CREONTE. ¿Qué cosa? ¿Qué es eso, de seguro tan manido, a lo que te estás refiriendo?

TIRESIAS. ... en cuánta medida la buena deliberación es la más poderosa de las riquezas?

CREONTE. En cuanta precisamente, pienso, el no ser sensato es el mayor daño.

TIRESIAS. De esta dolencia tú sí que estás lleno.

CREONTE. No quiero contestar a un adivino de malas maneras.

TIRESIAS. Sin embargo, lo haces, cuando dices que profetizo falsedades.

---

34. Aleación de oro y plata, normalmente en una relación de cuatro a uno, respectivamente.

CREONTE. La raza adivinatoria es toda ella amante del dinero.

TIRESIAS. La de los tiranos ama la codicia.

CREONTE. ¿Sabes que son jefes de los que estás diciendo lo que dices?

TIRESIAS. Lo sé, pues por mí has puesto a salvo esta ciudad.

CREONTE. Sabio adivino eres tú, pero amante de actuar contra justicia.

TIRESIAS. Me vas a empujar a decir lo que tengo quieto en mi corazón. 1060

CREONTE. Muévelo, siempre y cuando no hables con la vista puesta sólo en la ganancia.

TIRESIAS. Así ya lo estoy pensando también por lo que a ti se refiere.

CREONTE. Ten bien presente que no podrás comprar mi determinación.

TIRESIAS. Pero sábete bien que del sol no ya muchas vueltas de veloz empeño[35] terminarás, antes de que tú mismo un cadáver salido de tus entrañas lo des a cambio en compensación de otros cadáveres, puesto que de un lado has enviado allá abajo a uno de los de arriba, y has instalado de manera deshonrosa un alma viva en una tumba, y de otro lado retienes un cadáver per- 1070

---

35. El término utilizado en griego es una palabra perteneciente esencialmente al contexto deportivo, y por ello con el matiz de rivalidad. Aquí el carro del sol es presentado interviniendo en una carrera del estadio, efecto que se consigue utilizando el término comentado. Toda la imagen está orientada a dar la sensación de la velocidad del carro del sol. Si traducimos simplemente por «rápidas», se perdería ese matiz agonístico que contiene el texto griego.

teneciente a los dioses de allá abajo, sin sus derechos, sin sus ofrendas, sin sus ritos purificatorios. Sobre éstos ni tú ni los dioses de arriba tenéis derecho, pero por tu mano han sido objeto de violencia en este aspecto. Por todo esto, al acecho tuyo están las destructoras que al final castigan, las Erinis del Hades y de los dioses, a fin de que en medio de estas mismas desgracias seas aprisionado. Y reflexiona si estoy diciendo esto pensando en el dinero, pues una dilación no grande de tiempo dejará ver lamentos de hombres y mujeres en tu casa. Y en hostilidad común se revuelven todas las ciudades cuyos cadáveres[36] despedazados enterraron los perros, o las fieras o algún ave alada llevando un hedor impuro hasta el altar de su ciudad. Tales son los dardos que contra ti, puesto que me irritas, cual arquero disparé certeros con ira de mi corazón, cuya quemadura tú no podrás evitar. Ea, muchacho, retírame tú a casa, para que su cólera éste dispare contra personas más jóvenes, y aprenda a alimentar su lengua de manera más tranquila y la sensatez de su corazón mejor que como ahora la lleva.

(Sale TIRESIAS.*)*

CORIFEO. Este hombre, señor, se ha ido vaticinando cosas terribles, y sabemos, desde que me recubro de es-

---

36. Se refiere a los que, junto con Polinices, habían muerto igualmente ante los muros de Tebas, a los cuales Creonte había también dado orden de abandonarlos sin enterrar como pasto de los animales. El pasaje, no obstante, es un tanto desconcertante, y en ocasiones ha sido considerado interpolado.

tos blancos cabellos que nacieron de otros negros, que nunca hasta ahora él ha anunciado una mentira a la ciudad.

CREONTE. También yo me di cuenta, y temor siento en mi corazón, porque el tener que ceder es terrible, pero el que el ánimo al hacer frente choque con una maldición también está dentro de lo terrible.

CORIFEO. Se necesita de una buena deliberación, Creonte, hijo de Meneceo.

CREONTE. ¿Qué es preciso, entonces, hacer? Habla. Yo obedeceré.

CORIFEO. Ve y a la muchacha saca de la morada subterránea, y dispón también sepultura para el que todavía permanece expuesto sin enterrar. 1100

CREONTE. ¿Esto aconsejas y te parece bien ceder?

CORIFEO. Lo más pronto posible, señor, pues los castigos de los dioses tienen los pies ligeros cuando se trata de atajar a los malvados.

CREONTE. ¡Ay de mí! Aunque de mala gana, sin embargo renuncio a mi resolución. Contra la necesidad no se debe luchar en vano.

CORIFEO. Ve, pues, hazlo y no lo dejes en manos de otros.

CREONTE. Tal como estoy me pongo en camino. Id, id, criados, tanto los presentes como los ausentes, tomad hachas en vuestras manos y dirigíos hacia ese lugar que 1110 a la vista está de todos. Yo, puesto que mi opinión se ha vuelto en este sentido, yo lo lié y yo personalmente lo solucionaré. Me temo que lo mejor sea llegar al fin de la vida manteniendo a salvo las leyes establecidas.

(Sale Creonte *con todos sus criados.)*

Coro[37].

Estrofa 1

*El de muchas advocaciones
gloria de una novia cadmea
y de Zeus baritonante
linaje, que a la ínclita
Italia proteges y reinas*
1120 *por los muy frecuentados valles
de la eleusinia Deo,
Baco,
que de las bacantes madre
la ciudad de Tebas habitas
junto a la húmeda corriente
del Ismeno, y sobre la siembra
de la feroz serpiente*[38].

Antístrofa 1

A ti por encima de la peña de doble cumbre[39]
*brillante cual relámpago te contempla
la humeante llama de las antorchas,
donde las ninfas coricias
avanzan cual bacantes,*

37. Cf. la nota 20 de *Áyax* y la 21 de *Las Traquinias*.
38. Cf. la nota 5 de esta misma tragedia.
39. El Parnaso.

y la fuente Castalia. 1130
Y a ti de los montes de Nisa
las yedrosas lomas y la verde ribera
rica en racimos te envían,
cuando palabras inmortales
lanzan el ¡evohé!,
a que de Tebas
visites las calles.

Estrofa 2

A ésta de todas estimas
la más alta de las ciudades
a la par que tu madre[40] herida por el rayo.
Y ahora que a violenta enfermedad 1140
la ciudad entera está atada,
ven con paso purificador
por encima de la colina del Parnaso
o por el estrecho resonante.

Antístrofa 2

¡Ah, de las que fuego resoplan
jefe del coro de las estrellas,
de los noctívagos cantos caudillo,
hijo, retoño de Zeus, aparécete,
señor, junto con tus compañeras 1150
las tíades[41], que locas en la noche
en tu honor danzan, Yaco el despensero!

---

40. Semele.
41. Ninfas devotas de Dioniso.

(Llega un Mensajero.*)*

Mensajero. Vecinos del palacio de Cadmo y de Anfión, no está de tal forma fijada la vida del hombre que yo pudiera alabarla o censurarla en algún momento, pues la fortuna endereza y la fortuna echa por tierra al afortunado y al desafortunado una y otra vez, y nadie hay para los mortales que sea adivino de lo que está establecido. Creonte era envidiable, a mi juicio, en otro tiempo, cuando salvó de enemigos la tierra cadmea y, tras alcanzar él solo el poder absoluto de la región, gobernaba con rectitud, al tiempo que florecía en siembra próspera de hijos. Y ahora ha desaparecido todo. Cuando los hombres dejan escapar los motivos de su felicidad, no considero yo que ése vive, sino que pienso que es un cadáver animado. Disfruta de una gran opulencia en casa, si quieres, y vive con la pompa de un tirano, pero si de esto está ausente el ser feliz, todo lo demás ni al precio de la sombra del humo se lo compraría yo a un hombre en comparación con la felicidad.

Corifeo. ¿Cuál es ese nuevo olor de la casa real que vienes a traernos?

Mensajero. Están muertos, y los que aún viven son los culpables de que hayan muerto.

Corifeo. ¿Y quién es el homicida? ¿Quién el caído? Habla.

Mensajero. Hemón está muerto, y es mano suya la que le mata.

Corifeo. ¿Por mano paterna o por la suya propia?

Mensajaro. Él mismo por su propia mano, encolerizado contra su padre por causa de su crimen.

CORIFEO. ¡Ah, adivino, cuán recto cumpliste tu vaticinio!
MENSAJERO. Puesto que así están las cosas, se debe tomar una decisión sobre lo demás.

(Sale EURÍDICE *de palacio.)*

CORIFEO. Y precisamente estoy viendo cerca a la infortunada Eurídice, la esposa de Creonte. De palacio sale tal vez por haber oído hablar de su hijo o por simple casualidad. 1180
EURÍDICE. Ciudadanos todos, vuestras palabras oí cuando me encaminaba hacia la salida a fin de llegarme como invocadora de súplicas a la diosa Palas. Y precisamente estoy descorriendo la cerradura de la puerta que se abre hacia atrás, y me alcanza a través de mis oídos el sonido de una desgracia de la casa. De espaldas caigo en brazos de las sirvientas presa del miedo y quedo sin sentido. Pero, ea, decidme de nuevo la noticia sea cual sea; la escucharé como persona que soy no inexperta en las desgracias. 1190
MENSAJERO. Yo, señora mía, también hablaré, como testigo que fui, y ninguna palabra de la verdad omitiré. Pues, ¿por qué habría yo de aliviarte con aquello de lo que luego habíamos de aparecer como falseadores? La verdad siempre es lo recto. Yo como guía acompañé a tu marido hasta el extremo de la llanura, donde aún yacía sin inspirar piedad y desgarrado por los perros el cuerpo de Polinices. A éste, después de pedir a la diosa protectora de los caminos[42] y a Plutón que propicios 1200

---

42. Hécate.

reprimiesen su cólera, le lavamos con una ablución purificadora, y quemamos todo junto en unas ramas recién cortadas lo que quedaba, y tras levantar una tumba de alto túmulo con la tierra patria, nos encaminamos a continuación hacia el pétreo tálamo cóncavo de muerte de la muchacha. Desde lejos alguien oye lamentos agudos de voz humana en derredor de la alcoba privada de los ritos funerarios, y al soberano Creonte viene a indicárselo. A éste señales aún confusas de un grito funesto le rodean cuando llega mucho más cerca, y lanzando un grito de dolor deja escapar unas palabras desgarradoras: «¡Ah, desdichado de mí! ¿Soy acaso un adivino? ¿Estoy siguiendo acaso la senda más desafortunada jamás recorrida? La voz de mi hijo me sale a recibir. Ea, criados, llegaos más rápido y, tras colocaros junto a la tumba, mirad, una vez que hayáis penetrado por la abertura producida al retirar las piedras de acceso al túmulo junto a la entrada misma, a ver si es la de Hemón la voz que escucho, o es que de los dioses estoy siendo objeto de engaño». Siguiendo las indicaciones de nuestro desazonado soberano mirábamos, y en el extremo de la tumba a la una[43] contemplamos colgada del cuello, suspendida por lazo corredizo de lino hecho de su velo, y al otro[44] a su lado y abrazado a ella por la cintura, al tiempo que deploraba la pérdida de una esposa ya en los infiernos y el comportamiento de su padre y su infortunada boda. Él[45], cuando lo ve,

43. Antígona.
44. Hemón.
45. Creonte.

un terrible lamento deja escapar y penetra dentro a su lado y gimiendo se dirige a él: «Desdichado, ¿qué acabas de hacer?, ¿qué intención tuviste?, ¿en qué desgracia has perdido el juicio? Sal, hijo, te lo pido suplicante». Con fieros ojos lo mira el hijo, le escupe a la cara y nada le contesta. Luego saca la espada de doble filo, pero no llegó a alcanzar a su padre, que trataba de salir huyendo. Después el desdichado, irritado consigo mismo, tal como estaba, se precipitó sobre la espada clavándosela en el costado hasta la mitad, y aún consciente se abraza a la muchacha atrayéndola a sus ya desfallecidos brazos, y al respirar vierte sobre su ya blanca mejilla un brusco torrente de sanguinolenta baba. Cadáver yace abrazado a otro cadáver, alcanzando, infortunado, los ritos de las bodas en la mansión del Hades, y poniendo de manifiesto entre los hombres en qué medida la insensatez es el mayor mal asignado al hombre. 1230 1240

(EURÍDICE *se vuelve a palacio sin decir nada.*)

CORIFEO. ¿Cómo interpretarías esto? La mujer de nuevo se ha marchado antes de decir palabra alguna buena o mala.
MENSAJERO. También yo me he quedado extrañado. Alimento la esperanza de que una vez que ha oído las dolorosas noticias de su hijo, no considerará oportunos los lamentos ante la ciudad, sino que dentro bajo los techos de palacio a sus criadas mandará que lloren un duelo íntimo. No es desconocedora de reflexión, como para que cometa un error. 1250

CORIFEO. No sé. Pero a mí el silencio en exceso me parece estar unido a cosa grave lo mismo que el mucho griterío en balde.

MENSAJERO. De todas formas entrando a palacio lo sabremos, no vaya a ser que efectivamente algo reprimido a escondidas oculte en su corazón irritado. Porque en verdad dices bien: también de un silencio en exceso es sin duda propia la gravedad.

(El MENSAJERO *penetra en palacio.)*

CORIFEO. *(Anapestos.)*
Y precisamente aquí llega el soberano,
testimonio señalado en su mano trayendo,
si se puede decir, no como ajena
ceguera, sino él mismo el error cometiendo.

(Llega CREONTE *con el cuerpo de* HEMÓN *en sus brazos.)*

CREONTE.

Estrofa 1

¡Ay, de mentes dementes errores
obstinados y mortales!
¡Ah, quienes a matadores
y a muertos veis de un mismo linaje!
¡Ay, desdichas de mis determinaciones!
¡Ay, hijo, joven con joven muerte,
ay, ay,

has muerto, te has ido,
por desvaríos míos y no tuyos!
CORIFEO. ¡Ay, qué tarde parece que has visto la justicia! 1270
CREONTE.

¡Ay de mí,
he aprendido, desdichado! En mi cabeza
un dios hoy, sí, un dios hoy con gran dureza
me golpeó y por sendas crueles me hizo entrar,
¡ay!, volcando mi alegría pisoteada.
¡Ah, ah, ay, trabajos trabajosos de los mortales!

(*Sale un* MENSAJERO DE PALACIO.)

MENSAJERO DE PALACIO. ¡Señor, cómo parece que has llegado poseyendo y tras adquirir infortunios!: unos a la mano aquí los traes, los otros están dentro de casa y pronto los verás. 1280
CREONTE. ¿Qué hay de nuevo más infortunado tras los infortunios de ahora?
MENSAJERO DE PALACIO. Tu mujer ha muerto, auténtica madre de este cadáver, desdichada, a golpes aún recién infligidos.
CREONTE.

Antístrofa 1

¡Ay, ay, implacable puerto del Hades!
¿Por qué, sí, por qué buscas perderme?
¡Ah, de resultas de tu funesta noticia
pesares me causaste! ¿Qué otra cosa dices?
¡Ay, ay, a hombre muerto a matar volviste!

¿Qué dices, muchacho? ¿Qué nuevo destino
1290 *¡ay, ay! me anuncias*
que fatal en carne de mujer
a otra muerte se ha unido?

(Se abren las puertas de palacio dejando ver el cuerpo de EURÍDICE.)

MENSAJERO DE PALACIO. Posible te es verlo. Ya no está oculto.

CREONTE.
¡Ay de mí,
un segundo infortunio aquí contemplo,
desdichado!
¿Qué destino, sí, qué destino ya me espera?
Apenas tengo en mis manos a mi hijo,
desdichado,
y otro cadáver enfrente contemplo.
1300 *¡Ay, ay, infeliz madre! ¡Ay, hijo!*

MENSAJERO DE PALACIO. Ella con afilada espada junto al altar suelta la rienda de sus ojos precipitándolos en la oscuridad, al tiempo que lamenta el glorioso destino de Megareo muerto antes, y luego el de éste, y al final sobre ti invocó funestas empresas, sobre ti el asesino de tu hijo.

CREONTE.

Estrofa 2

¡Ay, ay,
revuelo experimento de terror!

¿Por que a mí nadie hay que frontero
golpe me propine con espada de doble filo?
¡Desdichado de mí, ay, ay, 1310
a desdichada desgracia estoy unido!

MENSAJERO DE PALACIO. De que tienes la responsabilidad de estos y aquellos destinos eras acusado por ésta en el momento de su muerte.

CREONTE. ¿Y de qué forma se precipitó en su sangriento final?

MENSAJERO DE PALACIO. Golpeándose bajo el hígado a sí misma por su propia mano, cuando se enteró de esta desgracia de agudos lamentos de su hijo.

CREONTE.
¡Ay de mí! Esto a ningún otro de los mortales
se le endose nunca
producto de mi responsabilidad.
Yo, sí, yo fui quien te mató, desgraciado,
yo, lo digo de verdad. ¡Ay, criados, 1320
retiradme pronto, llevadme fuera,
al que no es más que nadie!

CORIFEO. Cosa útil aconsejas, si alguna utilidad puede haber cuando se está en medio de desgracias. Las desgracias que tenemos delante son mejores si son breves.

CREONTE.

Antístrofa 2

¡Que venga, que venga,
que se aparezca de los destinos
el que es el más hermoso,
para mí el postrer día trayendo, 1330

el mejor! ¡Que venga, que venga,
para que ya otro día yo no contemple!
CORIFEO. Eso corresponde al futuro. Del presente es de lo que hay que hacer algo. El cuidado de esas otras cosas corresponde a quienes es preciso que corresponda.
CREONTE. Pero es que he reunido en esa súplica lo que deseo ardientemente.
CORIFEO. No supliques nada, porque, cuando un destino está determinado, no disponen los mortales del poder de rechazarlo.
CREONTE.
Llevad lejos al hombre insensato este,
1340 *que a ti, hijo, sin quererlo te mató,*
y a ti también ahí, ¡ay, de mí, desdichado!
No sé adónde, a cuál de los dos mirar. Por entero
de través está lo que entre mis manos había,
y así sobre mi cabeza
un destino insoportable se precipitó.

(CREONTE *es conducido dentro de palacio.*)

CORIFEO. *(Anapestos.)*
Con mucho el ser sensato
de la felicidad es lo primero.
Y en modo alguno no se puede
1350 el respeto a los dioses no guardar.
Las grandes palabras grandes golpes
dan en pago en quienes se ufanan con exceso
y en la vejez a ser sensatos los enseñan.

Edipo Rey

Personajes

EDIPO, soberano de Tebas
SACERDOTE
CREONTE, hermano de Yocasta
CORO DE ANCIANOS TEBANOS
TIRESIAS, adivino ciego
YOCASTA, mujer de Edipo
MENSAJERO
SERVIDOR, antiguo pastor de la casa de Layo
MENSAJERO DE PALACIO

Como personajes mudos aparecen: ANTÍGONA e ISMENA, hijas de Edipo y Yocasta; el LAZARILLO que guía a Tiresias, y los diversos figurantes que componen el grupo de suplicantes del comienzo de la obra, así como los del séquito de los personajes principales.

Escena: Tebas, delante del palacio real de Edipo. Un grupo de jóvenes y ancianos se encuentra allí sentado en actitud de suplicantes llevando en sus manos ramos de olivo. Al frente de ellos está el SACERDOTE *de Zeus. Sale* EDIPO *de palacio.*

EDIPO. Hijos, descendencia reciente del antiguo Cadmo, ¿qué actitud es esta que hacia mí observáis al estar aquí sentados[1] portando ramos de suplicantes[2]? La

1. Postura ritual del suplicante.
2. El pasaje griego dice textualmente «coronados con ramos de suplicantes». Pero no debe entenderse esta expresión en su sentido estricto, puesto que los suplicantes no llevaban coronas, sino ramos de olivo (o laurel). Más bien hay que entenderlo como la impresión que recibe Edipo que contempla el espectáculo desde arriba, y da la sensación de que los ramos, al sobresalir por encima de las cabezas de los suplicantes, forman una inmensa corona que circunda a todo el grupo.

ciudad a rebosar está de incienso quemado en sus altares, así como también de peanes[3] y de lamentos. Yo mismo he venido aquí en persona porque creo que no es justo, hijos, enteraros de estas cosas por boca de mensajeros, de personas ajenas, yo que de todos soy conocido y el nombre recibo de Edipo. *(Dirigiéndose al* SACERDOTE.) Ea, anciano, habla, puesto que es conveniente que seas tú el que haga uso de la palabra en nombre de éstos. ¿Con qué actitudes habéis llegado hasta aquí?, ¿en un acto de temor o en un acto de deseo?, puesto que yo estoy dispuesto a ayudar en todo. Insensible al dolor, la verdad, yo sería si no me compadeciese ante una tal actitud.

SACERDOTE. Está bien, Edipo, señor de mi tierra. Vernos puedes de qué edad somos quienes estamos sentados junto a tus altares: unos aún no tienen fuerza para levantar el vuelo lejos, otros, sacerdotes cargados con el peso de la vejez, yo de Zeus, y otros aún elegidos de entre los jóvenes. El resto de la población se encuentra sentada con ramos de suplicantes en las plazas y junto a los dos templos de Palas y al lado de la ceniza mántica de Ismeno. La ciudad, como también tú ves, se tambalea ya en exceso, y levantar la cabeza ya no puede de las profundidades de una vorágine sanguinaria, puesto que consumiéndose está en los brotes fructíferos de la tierra, y consumiéndose está en las manadas de bueyes que pacen y por los partos infecundos de las mujeres. Y además la febril divinidad, la odiosa peste, se precipita y arrasa la ciudad, por cuyo motivo se está que-

---

3. Canto ritual en honor a Apolo, en este caso en solicitud de ayuda.

dando vacía la casa de Cadmo⁴, y el sombrío Hades se enriquece de lamentos y lloros.

Aunque a los dioses ciertamente ni yo ni estos muchachos te parangonamos, sin embargo, nos sentamos como suplicantes porque el primero de los hombres te consideramos tanto en los aconteceres de la vida como en los resultados producto de los dioses, a ti que efectivamente fuiste el que libraste a la ciudad cadmea a tu llegada del tributo que pagábamos a la cruel cantora⁵, y eso que por boca nuestra ni sabías ni habías sido instruido más que ningún otro, y sin embargo con asistencia de un dios se dice y piensa que nos enderezaste la existencia.

Ahora, Edipo, para todos el más poderoso, te pedimos todos aquí suplicantes que nos encuentres alguna defensa, en el caso de que conozcas alguna, ya sea porque hayas oído la voz de alguno de los dioses, ya sea por boca de algún hombre. Y ello se debe a que veo que en las personas expertas también los resultados de sus planes se mantienen a salvo en la mayoría de las ocasiones. Ea, el más noble de los mortales, endereza de nuevo la ciudad. Ea, sé precavido. Piensa que esta tierra te celebra como su salvador por tu celo de antaño, y que de ningún modo nos acordemos de tu reinado como de cuando vivimos en prosperidad y luego caímos, sino que con estabilidad endereza de nuevo esta ciudad. Con favorable augurio también entonces

---

4. Tebas, fundada según la mitología por Cadmo.
5. La Esfinge (cf. Glosario de nombres propios). Se la llama repetidamente «cantora» porque exponía sus enigmas en verso.

nos porporcionaste el azar, y así ahora muéstrate igual. Porque, si vas a seguir rigiendo esta tierra como ahora la gobiernas, más hermoso es gobernarla con hombres que vacía. Nada es una torre ni una nave desierta de hombres que convivan dentro.

EDIPO. Hijos merecedores de compasión, cosas conocidas y no desconocidas para mí habéis venido aquí anhelando. Sé bien que todos sufrís, y con todo, aunque sufrís, ninguno hay entre vosotros que sufra lo mismo que yo. El dolor vuestro penetra en cada uno por separado con respecto a sí mismo, y no a ningún otro, mientras que mi alma se lamenta por la ciudad, por mí y por ti a la vez. En consecuencia, no me despertáis acunado por el sueño, sino que sabed que mucho he llorado ya, y muchos caminos he recorrido en los ires y venires de mi mente, y la única curación que encontraba mientras reflexionaba con cuidado, ésa ya la he puesto en práctica. Al hijo de Meneceo, a Creonte, mi propio cuñado, a la mansión pítica de Febo[6] lo he mandado, para que se informe de lo que debo hacer o qué debo decir de manera que salve esta ciudad. Y cuando contabilizo este día con el tiempo del viaje, me preocupa qué puede estar haciendo, porque más allá de lo natural está ausente en una media de tiempo mayor del debido. Cuando llegue, en ese momento yo sería un malvado si no llevase a cumplimiento todo cuanto el dios manifieste.

SACERDOTE. Sin embargo, oportunamente hablaste; és-

---

6. El templo de Apolo en Delfos, el más famoso santuario de Grecia en el arte adivinatoria.

tos ahora mismo me están haciendo señas de que Creonte se aproxima.

EDIPO. Soberano Apolo, ¡ojalá que con auténtica fortuna salvadora venga, radiante como viene en su rostro!

SACERDOTE. De todas formas, a lo que parece viene contento, puesto que de lo contrario no se llegaría así coronado en su cabeza de abundante y florido laurel[7].

EDIPO. Pronto lo sabremos, puesto que está lo suficientemente cerca como para oírnos. Príncipe, cuñado mío, hijo de Meneceo, ¿qué mensaje nos traes del dios con tu llegada?

(Entra CREONTE.*)*

CREONTE. Uno bueno, pues yo digo que incluso las cosas difíciles de llevar, si sucede que concluyen por el recto camino, son todas ellas favorables.

EDIPO. Pero ¿cuál es la respuesta? Porque ni animoso ni prematuramente preocupado estoy realmente ante la afirmación de ahora al menos.

CREONTE. Si quieres escucharla con éstos cerca, dispuesto estoy a hablar, como también si quieres que vayamos dentro.

EDIPO. Dirígete a todos en tus palabras. El sufrimiento por éstos lo llevo en mí mayor que incluso el que envuelve mi propia alma.

---

7. Las coronas las llevaban, entre otros, los portadores de buenas noticias, y en este caso es de laurel porque este árbol estaba dedicado a Apolo.

CREONTE. Está bien. Voy a decir lo que oí de parte del dios. Nos ordena con toda claridad el soberano Febo que una mancha que, según dice él, ha crecido en esta tierra nuestra la expulsemos de la región y no la alimentemos hasta el punto de que se haga incurable.

EDIPO. ¿Con qué clase de purificación? ¿Cuál es el carácter de la desgracia?

CREONTE. Con el destierro, o reparando una muerte con muerte de nuevo, puesto que esta sangre es lo que está sacudiendo la ciudad.

EDIPO. ¿De qué hombre es el destino este que delata?

CREONTE. Tuvimos nosotros, señor, en otro tiempo como caudillo de esta tierra a Layo, antes de que tú con rumbo recto rigieras esta ciudad.

EDIPO. Lo sé de oídas, porque la verdad es que nunca lo vi.

CREONTE. Muerto éste, manda ahora el dios con toda claridad que se le vengue castigando con energía a los autores quienes quiera que sean.

EDIPO. ¿Pero éstos en qué lugar de la tierra pueden estar? ¿Dónde ahora se podrá encontrar esta huella de difícil reconocimiento de una antigua culpa?

CREONTE. En esta tierra, dijo. Lo que se busca es cosa que se puede coger, pero se escapa aquello de lo que uno se despreocupa.

EDIPO. ¿Estaba Layo en casa, o en el campo, o en tierra extranjera cuando se topa con esta muerte?

CREONTE. A consultar los oráculos, según dijo, se había ido fuera del país, y ya no volvió a casa, una vez que se marchó.

EDIPO. ¿Y ningún mensajero ni compañero de viaje lo vio, del cual se hubiera podido sacar alguna enseñanza útil?
CREONTE. No, porque están muertos, excepto uno que tras huir presa del miedo de lo que sabía y con excepción de una sola cosa nada supo decir con seguridad.
EDIPO. ¿Cuál? Una sola cosa podría llevar a aprender muchas, si alcanzáramos un breve inicio de esperanza.
CREONTE. Dijo que unos bandidos se toparon con él y le dieron muerte no por obra de un solo brazo, sino con multitud de manos.
EDIPO. ¿Cómo, entonces, el bandido habría llegado a este punto de osadía, de no ser que algo se hubiera intrigado desde aquí con ayuda de dinero?
CREONTE. Eso era lo que se pensaba. Pero, muerto Layo, ningún defensor surgió en medio de las desgracias.
EDIPO. ¿Qué clase de desgracia se interpuso, cuando así cayó la soberanía, e impedía llegar a saber esto con exactitud?
CREONTE. La esfinge de cantos enigmáticos nos atraía a su lado a fin de reflexionar sobre lo que teníamos a nuestros pies, con lo que tuvimos que cambiar y dejar de lado los asuntos esos oscuros.
EDIPO. Está bien. Desde el principio volviendo hacia atrás yo lo pondré en claro[8], puesto que con todo merecimiento Febo, y tú igualmente, pusisteis esta solicitud en favor del muerto. De esta forma, con justicia

---

[8]. Toda esta tragedia está atravesada del principio al final de una constante ironía trágica. Sófocles hace decir a Edipo cosas que luego habrán de precipitarse sobre su propia cabeza. Este pasaje es un ejemplo más de los muchos que hay. Ahora Edipo se compromete a poner todo el asunto en claro, y no sabe que será a sí mismo a quien descubra.

también a mí me veréis como aliado, puesto que esta tierra trato de vengar a la par que al dios. En defensa no de amigos lejanos, sino yo mismo de mi propia persona es de donde apartaré esta mancha abominable. Quienquiera que sea el que mató a aquél, tal vez quiera
140 también a mí castigarme con tal mano. En ese caso, al ayudar a aquél, a mí mismo me haré el favor. Ea, rápido, muchachos, levantaos de vuestros asientos tras recoger estos ramos de suplicante, y que otro al pueblo de Cadmo aquí reúna, a fin de que yo pueda llevarlo a cabo todo. O afortunados resultaremos con la ayuda del dios o arruinados.

(EDIPO *se va dentro de palacio.*)

SACERDOTE. Muchachos, levantémonos. Por esto precisamente aquí vinimos, por lo que éste nos promete. ¡Ojalá que Febo, el que envió estos oráculos, a la par
150 llegue como salvador y remediador de la enfermedad!

(*Vanse todos. Llega el* CORO DE ANCIANOS *de Tebas.*)

CORO.

Estrofa 1

Nacido de Zeus Oráculo[9] de dulce palabra,
¿qué es lo que desde Pitón, la rica en oro,

---

9. Aquí, pienso, personificado, y sinónimo de Augurio al final de esta misma estrofa.

a la esplendente Tebas a traer viniste?
Tenso estoy con corazón amedrentado,
de temor vibrando,
Peán delio salvador[10],
de ti temeroso qué deber, ya nuevo,
ya en tiempos pasados otra vez,
a mí me impones.
Dime, hijo de la áurea Esperanza[11],
inmortal Augurio.

Antístrofa 1

Tras lo primero a ti invocarte, hija de Zeus,
inmortal Atena,
y a la protectora de mi tierra y hermana tuya, 160
Ártemis, que circular trono de la plaza
famoso ocupas,
y a Febo flechador,
los tres, protectores, a mí apareceos,
y si ya un día en defensa de anteriores calamidades
que para la ciudad surgieron,
apagasteis lejos la llama de un pesar,
llegaos también ahora.

---

10. Apolo. En este caso se le llama con el nombre del canto que recibe: peán. Además se alude a su culto en Delos, donde había nacido, y se le tenía como dios curador. Con «salvador» traduzco el grito ritual que recibía en esta colectividad.
11. También personificado aquí: el sentimiento de esperanza es lo que lleva al pueblo a consultar los oráculos, de donde aquélla puede considerarse como madre de éstos.

Estrofa 2

    ¡Ay, ay,
sin número llevo pesares!
Sufre toda mi gente,
170 *y no hay de reflexión una lanza*
con que uno libre pueda verse.
Porque ni los frutos de la noble tierra
crecen, ni con los partos
de penosas fatigas salen a flote las mujeres.
A uno junto a otro ver podrías
que cual pájaro de hermosas alas
con más fuerza que el irresistible fuego se precipita
hasta la escarpada costa del dios del ocaso[12].

Antístrofa 2

    De ellos la ciudad sin número perece.
180 *Sin piedad las proles por el suelo*
portadoras de muerte yacen sin un lamento.
Y mientras, las esposas y también canosas madres,
al pie del altar cada cual desde un sitio
de las tristes fatigas suplicantes se lamentan.
El peán[13] *resuena con fulgor y una gimiente voz a*
En defensa de ello, áurea hija de Zeus,   [*sus sones.*
de hermoso semblante envía ayuda.

---

12. La arribada al reino de Hades se consideraba que era por occidente, por donde se pone el sol.
13. Cf. nota 3 de esta misma tragedia.

Estrofa 3

Y que Ares el poderoso, que ahora 190
sin el bronce de los escudos
me abrasa todo gritos atacando,
en carrera de retroceso la espalda vuelva
lejos de los límites de la patria,
ya hacia el gran tálamo de Anfitrita,
ya hacia el inhospitalario puerto,
el turbulento mar de la costa tracia.
A terminarlo, si la noche deja algo,
el día se acerca.
A aquél, tú que de los relámpagos que llevan fuego 200
los poderes controlas,
padre Zeus, destrúyelo bajo tu rayo.

Antístrofa 3

Soberano Liceo, tus dardos
de la cuerda de tu arco, trenza de oro,
yo quisiera que indómitos se repartiesen
cual muralla defensora, y de Ártemis
las antorchas que llevan fuego, con las que
por los montes de Licia va corriendo.
Al de áurea mitra yo invoco,
al epónimo de esta tierra[14], 210
al de cara de vino, a Baco el del evohé[15],

---

14. En *Las Traquinias* 510 se ha llamado a Tebas «la báquica, la de Baco».
15. Cf. nota 14 de *Las Traquinias*.

*de las Ménades compañero,
a que cerca se llegue resplandeciendo
con antorcha refulgente...*[16]
frente al dios entre los dioses despreciado[17].

> (EDIPO *ha salido de palacio un momento antes, a tiempo de oír las súplicas del* CORO *a los dioses.*)

EDIPO. Haces súplicas. Pero respecto a lo que suplicas, si quieres, una vez que oigas mis palabras, aceptarlas y prestar tu ayuda en la enfermedad, tal vez alcances socorro y alivio de las desgracias. Lo que voy a decir es en calidad de ignorante de lo dicho a este respecto, e ignorante de lo sucedido, por lo que yo mismo no seguiría por mucho tiempo una pista, de no tener algún indicio.

Y ahora, puesto que soy el último ciudadano en pertenecer a la comunidad ciudadana, ante todos vosotros los cadmeos proclamo esto: «Quienquiera de vosotros que sepa a manos de qué hombre murió Layo el hijo de Lábdaco, a ése yo lo exhorto a que me lo haga saber todo. Si es el propio asesino y siente miedo por sí mismo, que aparte él mismo de forma callada la inculpación que hay contra su persona, porque no tendrá que sufrir ninguna otra cosa amarga, y se irá de esta tierra

---

16. Hay una pequeña laguna en el texto griego, aunque es tan reducida que no impide la perfecta comprensión del pasaje. Siguiendo la edición de Dain faltaría el texto equivalente a una sílaba larga, una breve y otra larga.
17. Ares.

sin experimentar caída alguna. Si, de otro lado, hay al- 230
guien que sabe que es otro o de otra tierra el asesino,
que no se calle, porque la ganancia yo se la proporcionaré, y el agradecimiento le estará unido. Pero si por el
contrario os calláis, y alguien piensa despreciar esta orden ante el temor que siente ya sea por un amigo ya
por sí mismo incluso, lo que en estas circunstancias
pienso hacer es preciso que me lo oigáis. A este hombre prohíbo, quienquiera que sea, que nadie de esta
tierra, cuyos poderes y atribuciones regento, ni lo acoja dentro de su casa ni le dirija la palabra, ni en las plegarias a los dioses ni en los sacrificios le haga partícipe
ni en ablución ritual alguna se le admita, sino que lo
arrojen todos de sus casas, como una mancha que éste
es para nosotros[18], tal como el oráculo del dios pítico
me lo ha puesto de manifiesto recientemente.

»Yo, en consecuencia, tal aliado soy con el dios y
con el hombre muerto, y suplico que el que lo ha hecho,
ya sea uno sólo el tal individuo que nos pasa inadvertido, ya disponga de la compañía de más, como miserable
que es miserablemente él consuma una vida desventurada. Suplico incluso, si sucediera que es compañero
de hogar en mi propia casa con mi consentimiento, su- 250
frir lo que precisamente a éstos ahora mismo he prometido. A vosotros os encargo que deis cumplimiento
a todo esto, en defensa de mí mismo, del dios y de esta
ciudad consumida hasta este punto sin frutos y sin dioses».

---

18. Aunque inocente, la ciudad recibía del muerto contaminación a todos sus niveles, mientras no se encontrase al asesino.

La verdad es que de ningún modo, ni aunque la empresa no hubiera sido movida por los dioses, sin expiación no fue natural que la dejaseis de esta forma, puesto que un hombre realmente muy notable y rey vuestro estaba muerto, sino que debisteis abrir una investigación. Pero ahora que soy yo quien tiene los poderes que aquél tenía antes, y quien tiene el lecho y la mujer de doble esposo, y frutos comunes de comunes hijos habría, si no fuera porque su descendencia se le malogró..., pero ahora sobre su cabeza se precipitó el destino. Por todo ello yo, como si realmente se tratase de mi padre, esta batalla en su defensa voy a entablar, y hasta el final he de llegar, en el intento de coger al autor del asesinato del hijo de Lábdaco y descendencia de Polidoro y de Cadmo más atrás y del antiguo Agenor. Y para quienes estas normas no cumplan, suplico a los dioses que ni fruto alguno dejen que les brote de la tierra, ni tampoco, por supuesto, hijos de sus mujeres, sino que por el infortunio presente sean aniquilados e incluso por alguno peor que éste. A vosotros los restantes cadmeos a cuantos esto os es grato ojalá que Justicia, compañera en la batalla, y los dioses todos sin excepción os sean aliados propicios por siempre.

CORIFEO. Tal y como sujeto a maldición de mí te has apoderado, así, señor, voy a hablar. Ni fui el asesino ni puedo mostrar al que lo fue. La indagación correspondía al que la mandó, a Febo, el decir esto, quién cometió el hecho en su día.

EDIPO. Con justicia hablas. Sin embargo, obligar a los dioses a lo que no quieren de ningún modo hombre alguno podría.

CORIFEO. Lo segundo que a mí me parece yo diría después de esto.

EDIPO. Aunque sean tres, no dejes de hablar.

CORIFEO. Un soberano sé que como el soberano Apolo tiene la misma clarividencia, Tiresias, de cuya mano se podría indagar sobre este asunto, señor, y sacar enseñanzas bien claras.

EDIPO. Sin embargo, tampoco esto lo tuve en olvido. He enviado a instancia de Creonte dos mensajeros, y es extraño hace rato que no esté aquí.

CORIFEO. Y la verdad es que lo demás son rumores insulsos y ya viejos.

EDIPO. ¿Cuáles son ésos? Estoy dispuesto a considerar toda indicación.

CORIFEO. Se dijo que murió a manos de unos caminantes.

EDIPO. También yo lo oí. Pero al que lo vio nadie lo conoce.

CORIFEO. Pero si en efecto alguna porción de temor al menos tiene, al oír tales maldiciones tuyas no esperará.

EDIPO. Para el que no existe temor al actuar, tampoco ante una palabra siente miedo.

CORIFEO. Sin embargo, el que lo va a poner a prueba está presente. Aquí están quienes al adivino augur ya aquí traen, al cual, único entre los hombres, la verdad le es connatural.

(*Entra* TIRESIAS *de la mano de un muchacho.*)

EDIPO. Tiresias que todo lo abarcas, lo enseñable y lo prohibido, lo celeste y lo que pisa sobre la tierra, la ciudad, aunque no ves, sabes muy bien sin embargo a qué enfermedad está unida. Como defensor y salvador de ella, señor, sólo a ti encontramos. Febo, a no ser que algo hayas oído a los mensajeros, a nuestra embajada nos contestó a su vez diciendo que la liberación de esta dolencia sólo vendría si, tras llegar a conocer con acierto a los que mataron a Layo, les diéramos muerte o los expulsásemos de nuestra tierra en calidad de desterrados. Pues bien, tú no nos deniegues la voz que viene de las aves, ni si alguna otra senda de arte adivinatoria posees, y sálvate a ti mismo y a la ciudad, sálvame a mí, sálvanos de toda impureza de este muerto. En tus manos estamos. El que un hombre preste ayuda con lo que tiene y puede es el más hermoso de los afanes.

TIRESIAS. ¡Ah, ah, qué terrible es saber en los casos en que no aprovecha al que sabe! Yo, aunque claramente había visto este asunto, lo olvidé. De lo contrario no habría venido aquí.

EDIPO. ¿Qué sucede? ¡Con cuán gran desaliento has llegado!

TIRESIAS. Déjame que vuelva a mi casa. Del modo más fácil soportaremos tú lo tuyo y yo lo mío, si en mí confías.

EDIPO. Ni dentro de la ley has hablado ni con amor hacia la ciudad esta que te crió, cuando deniegas este augurio.

TIRESIAS. Es que veo que ni tu voz tiende en una dirección para ti ventajosa. Por lo tanto, a fin de que tampoco yo sufra lo mismo...

EDIPO. No, por los dioses, no te retires si sabes, puesto que todos ante ti nos arrodillamos aquí suplicantes.

TIRESIAS. Es que todos sois ignorantes. Pero yo nunca daré a conocer mis infortunios, por no decir los tuyos.

EDIPO. ¿Qué dices? ¿Sabiéndolo no vas a hablar, sino que piensas traicionarnos y destruir la ciudad? 330

TIRESIAS. Yo ni a mí mismo ni a ti causaré dolor. ¿Por qué inquieres esto en vano? No obtendrás información de mí.

EDIPO. ¡Ah, de los malvados el peor, incluso la naturaleza de una piedra podrías irritar! ¿No vas a hablar nunca, sino que así de inflexible e inexorable te vas a mostrar?

TIRESIAS. El afán mío reprochas, pero el tuyo, que en el mismo lugar habita, no lo ves, sino que es a mí a quien censuras.

EDIPO. ¿Quién no se irritaría al oír las palabras tales con que ahora tú deshonras esta ciudad? 340

TIRESIAS. Estas cosas sucederán, aunque yo las cubra con mi silencio.

EDIPO. Está bien. Lo que en efecto va a suceder también es preciso que tú me lo digas.

TIRESIAS. No iré más lejos en mis palabras. Ante esto, si quieres, encolerízate con la furia que sea más salvaje.

EDIPO. Está bien, nada al menos de lo que voy entendiendo dejaré de callar, tal como estoy de furioso. Entérate de que a mi juicio participaste realmente en el planteamiento de la empresa, y la cometiste, sólo que no lo mataste con tus manos. Y si pudieras ver, yo diría incluso que la empresa esta fue cosa de ti solo.

TIRESIAS. ¿De verdad? Te conmino a que perseveres en 350 la proclama que públicamente has expuesto, y que desde el día de hoy no nos dirijas la palabra ni a éstos ni a mí, puesto que eres el mancillador impuro de esta tierra.

EDIPO. ¡Hasta este punto de desvergüenza has llevado estas palabras! ¿Dónde piensas que podrás escapar a ello?

TIRESIAS. Estoy a salvo. En mí llevo la fuerza de la verdad.

EDIPO. ¿De quién recibiste instrucciones? En verdad que no fue a partir precisamente de tu arte.

TIRESIAS. De ti. Tú me empujaste contra mi voluntad a hablar.

EDIPO. ¿El qué? Dilo de nuevo, para que lo aprenda mejor.

TIRESIAS. ¿No lo entendiste antes? ¿O tratas de hacer que hable?

EDIPO. No hasta el punto de que pueda al menos decir que está claro. Ea, dilo de nuevo.

TIRESIAS. Digo que tú eres el asesino de aquel hombre, el asesino al que buscas.

EDIPO. Sin embargo, de ningún modo impunemente dirás dos veces pesares.

TIRESIAS. ¿Digo, entonces, alguna otra cosa también, para que te irrites más?

EDIPO. Cuanto quieras. Será dicho en vano.

TIRESIAS. Digo que no te das cuenta de que con tus seres más queridos tienes el más vergonzoso trato, y no ves en qué punto de desgracia estás.

EDIPO. ¿Acaso ahora crees que impunemente vas a seguir hablando así siempre?

TIRESIAS. Desde luego, si algo realmente significa la fuerza de la verdad.

EDIPO. En efecto, tiene un significado, excepto para ti. 370
Para ti esto no significa nada, porque eres ciego en tus
oídos, en tu mente y en tus ojos.

TIRESIAS. Y tú eres en verdad desdichado, porque reprochas lo que ninguno de los que están aquí dejará pronto de reprocharte a ti.

EDIPO. De una y eterna noche estás envuelto, de forma que ni a mí ni a ningún otro que ve la luz del sol podrías dañar.

TIRESIAS. No te derrumbará el destino por obra mía, puesto que se basta Apolo, al que interesa llevar esto a su total cumplimiento.

EDIPO. ¿Son de Creonte o tuyos estos descubrimientos?

TIRESIAS. Creonte no es ningún daño para ti, sino tú para ti mismo.

EDIPO. ¡Ah, riqueza, poder, sabiduría que a toda sabi- 380
duría sobrepasa, contra la vida objeto de muchos celos
cuánta es la envidia que a vuestro lado se mantiene vigilante, si es que es por este poder, que en mis manos
la ciudad depositó en calidad de regalo, no de súplica,
por lo que fuera de él Creonte el compañero fiel, el
amigo desde el principio, ansía arrojarme deslizándose
a escondidas, lanzando subrepticiamente a un impostor tal amañador de tretas, charlatán falaz, que en las
ganancias solamente tiene puesta su mirada, pero en
su arte es ciego! Porque, ea, di, ¿en qué ocasión has 390
sido tú un adivino veraz? ¿Cómo, cuando la perra cantora[19] aquí estuvo, no dijiste algo liberador en bien de
estos ciudadanos? La verdad es que el enigma no era

---

19. La esfinge. Cf. nota 5 de esta misma tragedia.

propio de un hombre corriente razonarlo, sino que se necesitaba del arte adivinatoria. Y ésta tú no revelaste tenerla como cosa conocida ni proveniente de las aves ni de parte de alguno de los dioses, sino que fui yo, Edipo el que nada sabía, quien a mi llegada le di fin, consiguiéndolo con reflexión y no por aprenderlo de las aves. Y a éste tú ahora intentas arrojarlo fuera con el propósito de ponerte al lado del trono regido por Creonte. Con lágrimas me parece que tanto tú como el urdidor de esto llevaréis a cabo la expulsión purificadora. Y si no pensara que eres un anciano, con tus propios sufrimientos comprenderías qué clase de cosas exactamente estás ideando.

CORIFEO. A nuestro juicio tanto las palabras de éste como las tuyas, Edipo, nos parecen que están dichas bajo el imperio de la cólera. Sin embargo, no se tiene necesidad de cosas tales, sino de cómo daremos solución a los oráculos del dios de la mejor manera posible. Esto es lo que hay que considerar.

TIRESIAS. Aun cuando seas el soberano, se ha de tener el derecho igualitario de responder por igual al menos, pues también yo de esta prerrogativa soy dueño, ya que no llevo una existencia a ti esclava, sino a Loxias, de forma que no estaré inscrito bajo el patronazgo de Creonte. Y te digo, puesto que ahora me ultrajaste de ciego, que tú tienes vista y no ves en qué punto de desgracia estás, ni dónde habitas, ni con quiénes vives. ¿Acaso sabes de quiénes procedes? Tampoco te das cuenta de que eres enemigo de los tuyos allá abajo y aquí arriba sobre la tierra. Y a ti la Maldición de pie terrible con doble filo de tu madre y de tu padre te arrojará un día fuera de esta tierra, a ti que ahora miras recto, mas luego en tinieblas. ¿De tu grito qué lugar no será puerto? ¿Qué Citerón[20] no hará eco de aquél ya pronto, cuando te enteres del tálamo al que en tu casa sin fondeadero arribaste tras una feliz travesía? Y no adviertes la multitud de otros infortunios que te igualarán a ti a tus hijos. Ante esto insulta a Creonte y a mi boca. La verdad es que ninguno hay entre los mortales que vaya a ser aniquilado de raíz alguna vez de forma más infortunada que tú.

EDIPO. ¿Acaso, pues, esto es tolerable oírlo de boca de éste? ¿No guiarás tu pie a la perdición? ¿No lo harás presto? ¿No darás media vuelta de nuevo y te alejarás de este palacio?

TIRESIAS. Yo personalmente no habría venido, si tú no me hubieras llamado.

EDIPO. Es que no sabía que tú fueras a pronunciarte de forma sin sentido, pues en ese caso difícilmente te habría hecho venir a mi palacio.

TIRESIAS. Nosotros así somos, en tu opinión, de sin sentido, mas para los padres que te engendraron, cuerdos.

EDIPO. ¿Para quiénes? Mejor dicho. ¿Quién me engendró de los mortales?

TIRESIAS. El día de hoy te engendrará y te destruirá.

EDIPO. ¡Cuán enigmático y oscuro en demasía es todo lo que dices!

TIRESIAS. ¿No eres acaso tú el más apropiado para descifrar estas cosas?

---

20. Sinécdoque, es decir, alusión a lo general por lo particular. Sófocles, al mencionar el ejemplo concreto del monte Citerón, se está refiriendo en realidad a todos los montes.

Edipo. Injúriame precisamente en estas cosas en las que me encontrarás grande.

Tiresias. Este, sí, este destino fue el que te aniquiló.

Edipo. Pero si puse a salvo esta ciudad, no me preocupa.

Tiresias. Está bien, me voy. Así que tú, muchacho, guíame.

Edipo. Sí, eso, que te guíe. Con tu presencia como obstáculo importunas y, una vez fuera, tal vez no molestarías ya más.

Tiresias. Me voy una vez que he dicho aquello por lo que vine, no porque sienta temor de tu semblante. En ningún caso me podrás destruir. Y te digo: el hombre este que desde hace tiempo vienes buscando con amenazas y proclamas como asesino de Layo, ése está aquí, en calidad de extranjero residente de palabra, pero luego aparecerá de estirpe tebano, y no se alegrará del suceso, porque ciego de vidente que era, y pobre en lugar de rico sobre tierra extranjera caminará tanteando previamente el camino con un bastón. Y se pondrá de manifiesto que de sus propios hijos es él mismo hermano y padre, y de la mujer de la que nació, hijo y esposo, y de su padre, partícipe de la misma mujer y su asesino. Y sobre esto ve dentro y reflexiona. Y si me coges en falsedad, di entonces que yo nada sé en el arte adivinatoria.

(Vase Tiresias. Edipo *entra en palacio.)*

CORO.

Estrofa 1

*¿Quién es el que la de voz oracular
délfica roca dijo
que cosas indecibles entre indecibles cosas
a término ha llevado con manos sanguinarias?
Hora es de que él con más fuerza
que los caballos raudos cual huracán
a la huida el pie dirija.
Armado sobre él se precipita
con fuego y rayos el de Zeus nacido,* 470
*y terribles a la par le acompañan
las Ceres infalibles.*

Antístrofa 1

Brillante desde el nevado Parnaso[21]
*ha poco aparecido
augurio resonó diciendo que al desconocido
todo el mundo rastrease.
Va y viene bajo selva salvaje
y hacia lo alto de las grutas
y de las rocas cual toro,
en vano con pie vano en soledad viviendo,
del ombligo de la tierra*[22] 480

21. Nueva alusión al santuario de Apolo en Delfos, pues estaba situado en el macizo montañoso del Parnaso.
22. El ombligo de la tierra, es decir, su punto central, era para los griegos Delfos.

*los oráculos apartando.
Mas éstos, que siempre viven,
en torno suyo revolotean.*

Estrofa 2

*Turbación terrible, sí, turbación terrible
me causa el sabio augur,
que ni lo creo ni lo rechazo,
y qué voy a decir, estoy confuso,
pues aleteo en la esperanza
sin ver ni delante ni detrás nada.
Qué rencilla en los labdácidas*
490 *o en el hijo de Pólibo[23] había
ni antes un día yo al menos
ni ahora tampoco lo supe,
de donde con pruebas...[24]
contra la fama popular de Edipo
vaya yo en bien de los labdácidas
cual vengador de muertes oscuras.*

Antístrofa 2

*Mas Zeus, sí, y Apolo sabios son
y de las cosas de los mortales sabedores,*

---

23. Edipo. Nótese la fuerza trágica de esta falsa adscripción de paternidad, pues a lo largo de la obra se llegará a saber que Edipo no es tal hijo de Pólibo.
24. Pequeña laguna en el texto griego. Según la edición de Dain faltaría en una cantidad equivalente a una sílaba larga, dos breves y una larga más.

pero el que entre los hombres el adivino
en más que yo sea tenido, 500
no es resolución verdadera.
En sabiduría tal vez sabiduría
sobrepasar un hombre pudiera,
mas nunca yo al menos,
antes que viera confirmada una palabra,
a pesar de los reproches asentiría.
Manifiesta contra él vino
una alada doncella[25] un día,
y sabio fue visto en la prueba
y amante de la ciudad. 510
Por ello desde mi corazón
nunca deudor será de infamia.

(*Llega* CREONTE.)

CREONTE. Ciudadanos, terribles palabras he oído que contra mí lanza el soberano Edipo, y aquí vengo sin poder sufrirlo. Si en las desgracias de ahora piensa que de mi mano ha conseguido, de palabra o de obra, pesares que al daño llevan, la verdad es que no hay en mí deseo de una vida más larga, si llevo esta fama. No a cosa insignificante, a mi juicio, el daño de estas palabras lleva, sino a cosa realmente importante, si malvado en la ciudad y malvado por tu boca y la de los amigos voy a ser llamado. 520

CORIFEO. Pero realmente esta afrenta llegó tal vez forzada por la ira más que por la reflexión de la mente.

25. La esfinge.

CREONTE. ¿Fue clara esta acusación de que, persuadido por mis consejos, el adivino pronunció palabras falsas?

CORIFEO. Eso es lo que decía, pero no sé con qué intención.

CREONTE. ¿Con mirada recta y con recto corazón pronunció tal vez esta acusación contra mí?

530 CORIFEO. No lo sé. Lo que hacen los que están en el poder, no lo veo. Pero él aquí sale de palacio.

(Sale EDIPO *del palacio.)*

EDIPO. ¡Eh, tú! ¿Cómo es que has venido aquí? ¿Acaso tal semblante de osadía tienes que a mi casa has venido, siendo como eres el asesino de este hombre a todas luces y asaltador manifiesto de mi soberanía? Ea, di, por los dioses, ¿has visto en alguna medida temor o necedad en mí para que te hayas decidido a hacer esto?, ¿acaso ante la idea de que no me daría cuenta de que la empresa esta proviene subrepticiamente y con astucia de tu mano y que no habría de rechazarla de mi 540 lado si me enteraba? ¿No es acaso necio el intento tuyo de, sin apoyo popular ni de amigos, tratar de dar caza a la realeza, cosa que con apoyo popular y dinero es como se consigue?

CREONTE. ¿Sabes cómo deberás actuar? A lo que está dicho escucha de igual forma la contestación, y luego juzga tú mismo una vez que te hayas enterado.

EDIPO. En hablar tú eres hábil, pero en aprender de ti yo soy incapaz, puesto que malintencionado y peligroso para conmigo te he encontrado.

CREONTE. Eso mismo ahora en primer lugar escúchalo de mi boca cómo voy a decírtelo.

EDIPO. Eso mismo no me lo des a conocer, que no eres un malvado.

CREONTE. Si realmente crees que es un bien la arrogancia lejos de la razón, no piensas con rectitud. 550

EDIPO. Si realmente crees que haciendo mal a un pariente no vas a someterte al castigo, no piensas con acierto.

CREONTE. Convengo contigo en que eso está dicho con justicia. Pero ¿qué clase de sufrimiento dices sufrir? Enséñamelo.

EDIPO. ¿Me persuadías o no me persuadías de que era preciso que yo enviase a alguien en busca del venerable adivino?

CREONTE. Y todavía ahora soy el mismo respecto a ese plan.

EDIPO. ¿Cuánto tiempo hace ya realmente que Layo...

CREONTE. ¿Qué cosa hizo? No entiendo.

EDIPO. ... sin ser visto murió bajo mortal golpe de mano? 560

CREONTE. Largos y antiguos tiempos podrían contarse.

EDIPO. ¿En aquella época, en ese caso, este adivino ejercía su arte?

CREONTE. Sabio en efecto era igual que ahora y por igual estimado.

EDIPO. ¿Hizo alguna mención, en ese caso, de mí en aquella época?

CREONTE. A decir verdad no, al menos nunca en mi presencia.

EDIPO. ¿Pero no disteis paso a una investigación sobre el muerto?

CREONTE. Lo dimos, ¿cómo no?, y nada obtuvimos.

EDIPO. ¿Cómo, en ese caso, este sabio no dijo en aquella ocasión esto de ahora?

CREONTE. No lo sé. En lo que no puedo opinar, me gusta callar.

EDIPO. Lo concerniente a tu persona al menos sí que lo sabes, y podrías seguramente decir, si estás en tus cabales...

CREONTE. ¿El qué? Si realmente lo sé, no lo negaré.

EDIPO. ... que, de no haberse unido a ti, nunca habría dicho que yo maté a Layo.

CREONTE. Si dice eso, tú lo sabrás. Yo por mi parte considero que lo justo es que yo me informe de ti de igual forma que también tú de mí ahora.

EDIPO. Pregunta. De ningún modo seré cogido como asesino.

CREONTE. Y bien, ¿tienes por esposa a mi hermana?

EDIPO. No hay negación posible de lo que preguntas.

CREONTE. ¿Y gobiernas esta tierra por igual que ella, cuidando de su administración en igual medida?

EDIPO. Todo lo que quiere, de mí lo obtiene.

CREONTE. ¿No es cierto acaso que yo soy igual a vosotros dos en tercer lugar?

EDIPO. En eso precisamente es donde te revelas un mal amigo.

CREONTE. No, si al menos te dieras cuenta de cómo estoy yo. Reflexiona sobre esto primeramente, sobre si crees que hay alguien que prefiera gobernar acompañado de temores mejor que dormitando libre de miedo, si es que realmente va a seguir regentando los mismos poderes. En ese caso, yo no deseo ser soberano más que actuar como tal, ni ningún otro que sepa estar en su sano juicio. Ahora de ti todo lo obtengo sin miedo alguno, pero si fuese yo quien regentase el poder, muchas cosas también tendría que hacer contra mi voluntad. ¿Cómo, entonces, la soberanía puede ser para mí más agradable que un poder y una posición influyente libres de penalidades? Nunca he estado tan ofuscado que prefiera otra cosa que los honores acompañados de provecho. Ahora con todos me saludo, ahora todo el mundo me acoge con aprecio, ahora los que algo quieren de ti a mí recurren, porque el conseguirlo todo en esto está para ellos. ¿Cómo, pues, podría yo tomar aquello dejando esto? No podría una mente volverse malvada si piensa de forma oportuna. En consecuencia, ni estoy enamorado de ese plan, ni en compañía de otro que lo hiciera yo nunca lo intentaría. Y como prueba de ello, de un lado ve a Pitón y entérate de si te he notificado con claridad los oráculos. De otro lado, si me coges habiendo planeado algo en común con el adivino, no por un solo voto me des muerte, sino por dos, por el mío y por el tuyo, una vez que me hayas cogido. Y no me acuses sin más ni más de un plan invisible. No es justo pensar gratuitamente que los malvados son honestos ni que los honestos son malvados. Rechazar a un buen amigo es lo mismo, yo digo, que hacerlo con la propia vida, que es lo que se quiere en mayor medida. Sin embargo, con el tiempo llegarás a conocer esto con toda certeza, puesto que el tiempo es el único que pone de manifiesto al hombre justo, mientras que al malvado en un solo día podrías conocerlo.

Corifeo. Bien ha hablado para quien se guarda de llegar a caer, señor. En reflexión los presurosos no son seguros.

Edipo. Cuando presuroso marcha el que maquina a escondidas, presuroso es preciso que también yo delibere a mi vez. Por el contrario, si decido aguardar tranquilo, los intereses de éste quedarán realizados, mientras que los míos en el fracaso.

Creonte. ¿Qué quieres, entonces? ¿Acaso arrojarme fuera de esta tierra?

Edipo. En absoluto. Que mueras, no que vayas al destierro, es lo que quiero.

Creonte. Cuando al menos pongas de manifiesto primero qué odio es ese que sientes.

Edipo. ¿Hablas como si no fueras a ceder ni a obedecer?

Creonte. Es que veo que no estás en tu sano juicio.

Edipo. Sí al menos en lo referente a lo mío.

Creonte. Pero de igual forma es preciso también en lo referente a lo mío.

Edipo. Pero tú eres un malvado.

Creonte. ¿Y si lo que sucediera es que no comprendes nada?

Edipo. Hay que obedecer, no obstante.

Creonte. No, a decir verdad, si realmente se gobierna torpemente.

Edipo. ¡Ah, ciudad, ciudad!

Creonte. También en mí hay interés por la ciudad, no en ti solo.

Corifeo. Cesad, soberanos. Oportuna para vosotros veo que aquí sale de palacio Yocasta, con cuya intervención es preciso resolver la rencilla ahora surgida.

(Sale Yocasta *de palacio.)*

Yocasta. ¿Por qué esta irreflexiva refriega de la lengua, desdichados, habéis levantado, y no sentís vergüenza de andar agitando rencores particulares, en un momento en que nuestra tierra esta enfermedad sufre? *(A* Edipo.) ¿No entrarás tú en palacio, y tú, Creonte, a tu casa? ¿Y lo que no es nada lo vais a convertir en un gran dolor?

Creonte. Hermana, cosas terribles Edipo, tu esposo, considera justo hacerme, eligiendo entre dos males, o expulsarme de la tierra patria o apresarme y darme muerte. 640

Edipo. En efecto. Porque le he cogido, mujer, actuando sucio en torno a mi persona con sucia arte.

Creonte. Que no sea yo ahora dichoso, sino que maldito perezca, si te he hecho algo de lo que me acusas.

Yocasta. ¡Ah, por los dioses!, créete esto, Edipo, ante todo si sientes respeto ante este juramento por los dioses, y después ante mí y ante estos que están a tu lado.

Coro.

Estrofa

Obedece de corazón y con cabeza, 650
señor, te lo suplico.
Edipo.
¿En qué quieres para ti, pues, que yo ceda?
Coro.
Al que nunca antes fue necio y ahora
grande es por su juramento, respeta.

EDIPO.
¿Sabes, entonces, lo que quieres?
CORO.
Lo sé.
EDIPO.
Explica lo que dices.
CORO.
*Que al amigo sujeto a juramento
nunca dentro de acusación alguna
con palabra no clara sin honor lo arrojes.*
EDIPO. Sábete bien que, al buscar esto, a mí me buscas la muerte o el expatriarme de esta tierra.
CORO.
660 *¡No, por el dios de todos los dioses el primero,
por el Sol! ¡Que sin dioses, sin amigos, la peor muerte
yo muera, si esta intención yo tengo!
Pero es que a mí, infortunado, la tierra que se consume
el alma me aniquila, si estos pesares entre vosotros
a los pesares antiguos se unen.*
EDIPO. Está bien. Que éste se vaya, aunque me sea pre-
670 ciso con toda certeza morir o, privado del honor, lejos de esta tierra ser expulsado por la fuerza. De tu boca digna de compasión, no de la de éste, es de la que me apiado. Éste, allí donde esté, será objeto de mi odio.
CREONTE. Lleno de odio es evidente que cedes, y molesto cuando al furor pongas término. Las tales naturalezas son con justicia para sí mismas las más penosas de llevar.
EDIPO. ¿No es cierto que me vas a dejar en paz y que te vas a ir fuera?
CREONTE. Me iré, sin que tú me comprendas, pero entre éstos el mismo.

(*Sale* CREONTE.)

CORO.

Antístrofa

*Mujer, ¿por qué te retardas
en llevar dentro de palacio a éste?*
YOCASTA.
*Sólo cuando me entere
de qué fue lo sucedido.* 680
CORO.
*Figuración ignorante y de palabras sobrevino,
y devora incluso lo que no está dentro de la justicia.*
YOCASTA.
¿Por ambas partes?
CORO.
Sí.
YOCASTA.
¿Y cuál era el asunto?
CORO.
*Bastante, a mi juicio, bastante me parece
que, cuando la tierra ya sufre desde antes,
allí donde cesó, allí se quede.*
EDIPO. ¿Ves adónde has llegado, a pesar de ser hombre de buena intención, al tratar de aflojar y embotar mi corazón?
CORO.
*Señor, lo he dicho ya no una vez solamente,
sábete que fuera de razón sin recursos para cosas razo-* 690
quedaría yo de manifiesto, si a ti te dejara,   [*nables*

tú, que a mi tierra querida en fatigas sin rumbo
a recta senda con favorable viento la dirigiste.
Y también ahora su buen piloto ojalá seas.

YOCASTA. Por los dioses, explícame también a mí, señor, por qué asunto has podido dar lugar a una cólera tan grande.

EDIPO. Te lo diré –porque realmente a ti, mujer, en mayor medida que a éstos te estimo–. Te diré de Creonte lo que contra mí tenía maquinado.

YOCASTA. Habla, si vas a exponer claramente el motivo de la disputa que a él imputas.

EDIPO. Dice que yo he resultado ser el asesino de Layo.

YOCASTA. ¿Por haberlo visto él o por enterarse de boca de otro?

EDIPO. Más aún. Por haber enviado a buscar a un adivino malhechor, puesto que en lo que a sí mismo atañe deja libre de toda culpa su boca.

YOCASTA. Tú líbrate de lo que estás diciendo, escúchame a mí, y entérate de que no hay mortal alguno que disponga de arte adivinatoria. Te mostraré pruebas concisas de esto. Llegó un día un oráculo a Layo –no diré que proveniente del mismo Febo, sino de sus servidores– consistente en que a él le alcanzaría el destino de morir a manos de un hijo que habría de nacer de mí y de él. Y a éste, según reza al menos el rumor, unos salteadores extranjeros son los que un día le matan en un cruce de dos caminos[26]. De otro lado, el nacimiento de

---

26. El texto griego dice literalmente «en el punto en que se encuentran tres caminos». Pero es preciso tener presente que para ellos eso equivalía a lo que para nosotros es la incidencia de un camino en otro. Ellos pensaban que eran tres caminos que se juntaban en un punto,

un niño no lo había distanciado aún el período de tres días, y a él, tras uncirle aquél en uno los dos pies, lo arrojó por mano de otros a un monte inaccesible. Y, en 720 este caso, Apolo no llevó a cumplimiento el que aquél fuese el asesino de su padre ni el que Layo, que es lo horrible que él temía, muriese a manos de un hijo suyo. Cosas tales voces mánticas determinaron, de lo cual a nada tú hagas caso, porque aquello de lo que un dios pretende su necesidad, fácilmente él mismo lo hará patente.

EDIPO. ¡Qué extravío de mi alma, qué excitación de mis entrañas me domina, mujer, tras escucharte ahora!

YOCASTA. ¿Por qué preocupación te vuelves para decir esto?

EDIPO. ¿Me pareció oírte esto, que Layo fue abatido en 730 un cruce de dos caminos?

YOCASTA. Esto, en efecto, era lo que corría de boca en boca, y nunca se ha detenido.

EDIPO. ¿Y dónde está el sitio ese en el que tuvo lugar este infortunio?

YOCASTA. Fócida se llama la región, y la encrucijada es la confluencia de los caminos que vienen de Delfos y de Daulia.

EDIPO. ¿Y qué tiempo es el que ha transcurrido desde estas cosas?

YOCASTA. Aproximadamente un poco antes de que tú aparecieses como soberano de esta tierra, esto se hizo público a la ciudad.

---

mientras que nosotros lo consideramos un camino único en el que desemboca un segundo.

EDIPO. Zeus, ¿qué tienes planeado hacer en torno a mi persona?

YOCASTA. ¿Qué es esto, Edipo, que te preocupa?

740 EDIPO. No me hagas preguntas ahora. ¿Qué aspecto tenía Layo, dime, y qué edad?

YOCASTA. Alto, comenzando ya a encanecer en su canosa cabeza, y de tu contextura no difería mucho.

EDIPO. ¡Ay de mí, desventurado! Me parece que a mí mismo me he adelantado a precipitarme ahora en manos de terribles maldiciones sin saberlo.

YOCASTA. ¿Cómo dices? Siento miedo, ésa es la verdad, al mirarte, señor.

EDIPO. Terriblemente estoy acongojado, no vaya a ser que sea vidente el adivino. Pero me lo harás más claro, si una sola cosa aún me dices.

YOCASTA. La verdad es que siento miedo, pero tras enterarme de lo que deseas, te lo diré.

750 EDIPO. ¿Marchaba con reducido séquito, o llevando gran cantidad de escolta, como persona detentadora de poder?

YOCASTA. Cinco eran todos los que le acompañaban, y entre ellos había un heraldo, y un solo carro, que llevaba a Layo.

EDIPO. ¡Ah, esto ya está del todo claro! ¿Quién fue, mujer, el que os dio esta información?

YOCASTA. Un criado, que precisamente fue el único que volvió sano y salvo.

EDIPO. ¿Acaso, entonces, en el palacio se encuentra ahora presente?

YOCASTA. No. Desde que volvió de allí y vio que tú ocupabas el poder y que Layo estaba muerto, me suplicó

cogiéndome de la mano que al campo lo enviase, a los 760
rediles de los rebaños, a fin de estar lo más posible lejos de la vista de la ciudad. Y yo lo envié, porque era merecedor, aunque fuera esclavo, de alcanzar un favor mayor incluso que éste.

EDIPO. ¿Cómo podría, entonces, venir de nuevo a nuestro lado, rápidamente?

YOCASTA. Es posible. Pero ¿por qué deseas esto?

EDIPO. Siento temor por mí mismo, mujer, no vaya a ser que demasiado lejos haya ido yo en mis palabras, razón por la cual quiero verle.

YOCASTA. Está bien, vendrá. Pero merecedora, sin duda, también yo soy de enterarme de lo que te trae en ti a maltraer, señor. 770

EDIPO. Y no te verás privada de ello en modo alguno, cuando hasta este punto de expectantes presagios yo he llegado. ¿A quién podría entonces mejor que a ti hablarte, cuando a través de tal clase de azar camino? Mi padre era Pólibo, corintio, y mi madre Mérope, doria. Yo era estimado como el más importante de los ciudadanos aquellos, antes de que sobre mí se cerniese tal destino, digno de causar asombro, pero de mi diligencia no merecedor. En efecto, un hombre en un banquete, sobresaturado de bebida, me llama, mientras bebíamos, como si yo fuese falso hijo de mi padre. 780
Y yo, apesadumbrado, ese mismo día a duras penas logré contenerme, pero al día siguiente acercándome a mi madre y a mi padre los interrogué, y ellos a mal llevaron la injuria contra el que había lanzado el denuesto. Yo por mi parte me alegré de la reacción de ellos dos, pero sin embargo este asunto me aguijoneaba

constantemente, porque muy adentro se me había deslizado. A escondidas de mi madre y de mi padre marcho a Pitón, y Febo me devolvió sin el pago de aquello por lo que fui, pero otras cosas terribles y desgraciadas ante mí, desventurado, me puso de manifiesto al decirme que a mi madre sería preciso que yo me uniese, y que una estirpe insufrible mostraría a los mortales, y que el asesino yo sería del padre que me engendró. Y yo al oír esto, tras calcular por los astros para el futuro la situación de la tierra corintia, huí donde nunca viera cumplirse el oprobio de mis funestos oráculos. En mi marcha llego a esos lugares en los que tú dices que pereció este soberano. Y a ti, mujer, te diré la verdad. Cuando en mi viaje cerca estaba de esta encrucijada, en ese momento un heraldo y un hombre montado en un carro tirado por potros como el que tú dices se toparon conmigo, y fuera del camino el guía y el anciano mismo me arrojaron violentamente. Yo por mi parte al que trata de echarme fuera, al auriga, lo golpeo con ira; y el anciano, cuando me ve, desde el carro, tras esperar a que me acercase, en medio de la cabeza me alcanzó con una pica de doble aguijón. No, por cierto, pagó lo mismo, sino que al punto, golpeado con el bastón por esta mano, de espaldas cae rodando inmediatamente del centro del carro, y mato a todos lo que le acompañan. Si en este extranjero hay alguna relación con Layo, ¿quién hay ahora incluso más desdichado que este hombre? ¿Qué hombre más odiado por los dioses podría haber? A éste ni de entre los extranjeros ni de entre los ciudadanos nadie es posible que lo acoja en su casa, ni que le dirija la palabra hombre alguno, sino

que se le rechace de los hogares. Y esto ningún otro 820
sino yo fui quien contra mí mismo estas maldiciones
dispuse. Y el lecho del muerto mancho con estas dos
manos mías, por las que precisamente él murió. ¿No
soy acaso un malvado? ¿No es cierto que por entero
estoy impuro? Si es preciso que yo huya, también en
ese caso yo en mi huida no debo ni ver a los míos ni pi-
sar el suelo patrio, o de lo contrario es necesario que
yo sea uncido al matrimonio de mi madre, y que a mi
padre dé muerte, a Pólibo, que me crió y antes me engendró. ¿No es cierto que, si estas cosas como procedentes
de una cruel divinidad contra este hombre alguien las
considerase, es como serían rectas sus palabras? No,
no, santa majestad de los dioses, no vea yo ese día, sino 830
que lejos de los mortales yo desaparezca antes que
ver que tal mancha de infortunio está a mi lado.

CORIFEO. A nosotros, señor, esto nos causa temor. Sin
embargo, hasta que te informes del que estuvo presente, ten esperanza.

EDIPO. Y la verdad es que todo esto es cuanto tengo de
esperanza: sólo esperar a ese hombre, a ese pastor.

YOCASTA. Pero ¿por qué el ansia de que aparezca?

EDIPO. Yo te lo explicaré. Si se descubre que dice lo
mismo que tú, yo por mi parte quedaría a salvo de la
desgracia. 840

YOCASTA. ¿Qué palabra especial de mí oíste?

EDIPO. Unos salteadores dijiste que eran quienes él
contaba que a aquél habían dado muerte. Pues bien,
si todavía va a seguir diciendo el mismo número, no
fui yo quien le mató, porque no podría ser uno solo
igual a muchos. Pero si va a aludir a un único cami-

nante en solitario, claramente este asunto se inclina de mi lado.

YOCASTA. Sin embargo, entérate de que así es como fue expuesto el relato. Y no está en su mano el retractarse de ello, porque la ciudad lo oyó, no yo sola. Y aunque sucediera que en algo se volviese atrás de lo dicho antes, realmente, señor, no descubrirá correctamente dentro de la justicia el asesinato de Layo, del cual Loxias dijo que era preciso que muriera a manos de mi hijo. Y lo cierto es que a él no lo mató aquel infortunado, sino que éste murió antes. En consecuencia, por lo que se refiere a los oráculos, no volveré a mirar yo en una dirección y luego en otra.

EDIPO. Bien piensas. Sin embargo, a pesar de todo envía a alguien que haga venir al jornalero, y no lo dejes.

YOCASTA. Lo enviaré en seguida. Ea, entremos en palacio. Nada haré que no te sea a ti grato.

(Entran ambos en el palacio.)

CORO.

Estrofa 1

Ojalá a mí unido esté el destino
de observar la piadosa pureza de palabras
y de obras todas, de las que leyes sublimes
hay establecidas, en el celeste éter
engendradas, de las que Olimpo
es el único padre, y ni a ellas
la mortal naturaleza de los hombres

les dio el ser, ni nunca el olvido
las adormecerá. 870
Grande es el dios que en ellas hay,
y no envejece.

Antístrofa 1

La insolencia engendra al tirano.
La insolencia, si de muchas cosas se llena a lo loco
 que no son ni oportunas ni convenientes,
a los más elevados salientes ascendiendo
al punto siempre se precipita en fatalidad cortante,
donde no puede servirse de pie propicio.
Mas el hermoso certamen en bien de la ciudad
que nunca lo quebrante al dios suplico. 880
A la divinidad no cejaré jamás
de tener por protectora.

Estrofa 2

Y si alguno con mirada altiva
de obra o de palabra se conduce,
sin miedo de Justicia
ni las sedes de los dioses respetando,
ojalá que fatal destino le arrebate,
por causa de su arrogancia desdichada,
si la ganancia no va a ganarla con justicia,
y de acciones impías apartarse no piensa, 890
o a lo intangible va a agarrarse en su locura.
¿Qué hombre aún podrá en estos casos
los dardos de la cólera

jactarse de rechazarlos de su alma?
Si tales acciones son honradas,
¿por qué es preciso que en los coros sagrados yo inter-
[*venga?*

Antístrofa 2

Ya no iré al inviolable
ombligo de la tierra[27] *reverente,*
ni al templo que hay en Abas,
ni a Olimpia,
900 *si estas cosas manifestas a todos los mortales*
no se van a cumplir adecuadamente.
Mas, soberano, si es que el nombre recibes recta-
Zeus, que todo lo gobiernas, que no se oculten [*mente,*
a ti y a tu por siempre inmortal poder.
Consumidos del antiguo Layo
los oráculos ya echan fuera,
910 *y en modo alguno Apolo en honores aparece manifiesto.*
Y a la ruina se desliza lo divino.

(*Sale* YOCASTA *en disposición de hacer unas ofrendas a los dioses.*)

YOCASTA. Nobles de esta tierra, me vino la idea de ir suplicante a los templos de los dioses, tomando en mis manos estos ramos y ofrendas de incienso. Muy arriba levanta su pasión Edipo en demasía con inquietudes de todo tipo. Y no conjetura lo nuevo por lo antiguo

---

27. Cf. nota 22 de esta misma tragedia.

como hombre que esté en su sano juicio, sino que está
a merced del que habla, si de motivos de temor es de
lo que habla. Dado que con mis consejos nada adelanto, a ti, Apolo Liceo, puesto que eres el más cercano,
como suplicante llego con estas ofrendas, a fin de que
una liberación purificadora de nuestra mancha nos 920
procures, puesto que en este momento todos sentimos
miedo al ver a aquél lleno de terror, como lo sentirían
quienes asi viesen al piloto de su nave.

(Llega un MENSAJERO.)

MENSAJERO. ¿Tal vez de vosotros, extranjeros, podría
yo enterarme dónde está el palacio del soberano Edipo? O mejor aún, decidme, si lo sabéis, dónde está él.
CORIFEO. La casa es ésta, y él está dentro, extranjero. Su
esposa y madre[28] de sus hijos es ésta.
MENSAJERO. Pues feliz y acompañada de felices por
siempre sea, puesto que de aquél es esposa completa[29]. 930
YOCASTA. De igual forma también tú, extranjero, ya que
merecedor eres por tus buenas palabras. Pero di qué necesitas y qué es lo que quieres anunciar con tu venida.
MENSAJERO. Cosas buenas para la casa y para tu esposo,
mujer.

---

28. Según las leyes de este tipo de versificación en la poesía griega en este momento del verso había una pausa, y consiguientemente el actor la marcaría con un breve detenimiento en su recitado. En estas circunstancias nótese el efecto trágico que supone el texto desde el punto hasta aquí: «Su esposa y madre...». El corifeo sin saberlo está dejando al descubierto la trágica verdad.
29. En cuanto que también le ha dado hijos a su esposo.

YOCASTA. ¿Cuáles? ¿De parte de quién llegas?

MENSAJERO. De Corinto. Y respecto a la noticia que voy a decir al punto... te alegrarás –¿cómo no?– y te apenarás de igual forma.

YOCASTA. ¿De qué se trata? ¿Cómo puede tener ese doble poder?

MENSAJERO. Soberano piensan erigirlo los habitantes de la región del Istmo[30], según se decía allí.

YOCASTA. ¿Qué? ¿No está ya en el poder el anciano Pólibo?

MENSAJERO. No, puesto que la muerte lo tiene en la tumba.

YOCASTA. ¿Cómo dices? ¿Está muerto Pólibo?

MENSAJERO. Si no digo efectivamente la verdad, sea merecedor de la muerte.

YOCASTA. Criada, ¿no irás al punto a decir esto a tu señor? Oráculos de los dioses, ¿dónde estáis? Antaño ante el temor de matar a este hombre, Edipo huyó, y ahora aquél a manos del destino ha muerto y no bajo el golpe de éste.

(EDIPO *sale del palacio.*)

EDIPO. Mi muy querida esposa Yocasta, ¿por qué me envías recado de que salga aquí fuera de palacio?

YOCASTA. Escucha a este hombre y, tras prestarle oído, considera dónde han llegado los venerables oráculos del dios.

EDIPO. Y éste, ¿quién es y qué tiene que decirme?

---

30. El istmo de Corinto.

YOCASTA. Viene de Corinto para anunciarte que tu padre, Pólibo, ya no existe, sino que está muerto.

EDIPO. ¿Qué dices, extranjero? Sé tú personalmente quien me lo comuniques.

MENSAJERO. Si esto es preciso que sea lo primero que yo anuncie con toda certeza, sábete bien que aquél está ya en el reino de la muerte.

EDIPO. ¿Acaso por obra de engaños, o con intervención de una enfermedad? 960

MENSAJERO. Pequeño es el quebranto necesario para rendir los cuerpos ya viejos.

EDIPO. Por obra de dolencias el infortunado se ha consumido, según parece.

MENSAJERO. Sí, y también tras haber contabilizado un largo período de vida.

EDIPO. ¡Ah, ah! ¿Por qué, entonces, habría uno de prestar atención a la sede profética de Apolo, o a las aves que en lo alto resuenan, cuyas indicaciones eran que yo había de dar muerte a mi propio padre? Él, una vez muerto, oculto está bajo tierra, mientras que yo aquí estoy sin tocar espada alguna, a no ser que en alguna medida haya muerto por causa de la nostalgia de mi 970 persona, y de esa forma sí sería yo el causante de su muerte. En consecuencia, Pólibo yace en el Hades llevándose consigo los presentes oráculos de ninguna consideración merecedores.

YOCASTA. ¿No es cierto acaso que yo te venía diciendo esto desde hace rato?

EDIPO. Lo decías, pero yo me dejaba llevar del miedo.

YOCASTA. Ahora ya nada de esto lances contra tu corazón.

EDIPO. ¿Y cómo el lecho de mi madre es preciso que yo no tema?

YOCASTA. ¿Por qué habría de sentir miedo el hombre, cuando por lo que a él respecta son los acaeceres del azar quienes tienen poder, y su previsión de nada es clara conocedora? Lo mejor es vivir al azar, en la medida que uno pueda. Tú ante las bodas con tu madre no sientas temor. Muchos ya entre los mortales han compartido el lecho con su madre también en sueños. Sin embargo, aquel para el que estas cosas nada valen, ése con absoluta facilidad lleva adelante su vida.

EDIPO. Bien habría sido dicho todo esto por tu parte, si no siguiera en vida la que me engendró. Pero en cambio, puesto que aún vive, absoluta necesidad hay de sentir miedo, aunque bien hables.

YOCASTA. Sin embargo, gran ayuda al menos es la muerte de tu padre.

EDIPO. Grande, sí. Pero por lo que respecta a la que aún vive siento miedo.

MENSAJERO. ¿Y cuál es la mujer respecto a la que sentís ese miedo excesivo?

EDIPO. Respecto a Mérope, anciano, con la cual Pólibo vivía.

MENSAJERO. ¿Qué es lo que de ella os lleva al temor?

EDIPO. Un terrible oráculo enviado por los dioses, extranjero.

MENSAJERO. ¿Se puede decir, o no es lícito que otro lo sepa?

EDIPO. Por supuesto que sí. Loxias dijo un día que era preciso que yo me uniera con mi propia madre y que la sangre paterna con mis manos la cogiera. Por causa de ello alejado de Corinto vivo hace ya mucho tiempo. Y con suerte propicia, a pesar de que, no obstante, lo más dulce es contemplar constantemente los semblantes de los progenitores.

MENSAJERO. ¿Acaso por temer esto estuviste desde entonces alejado de la ciudad?

EDIPO. Porque de ningún modo quería ser el asesino de mi padre, anciano.

MENSAJERO. ¿Por qué no te he librado yo de este temor, dado que he venido bien dispuesto?

EDIPO. Y en verdad que agradecimiento digno alcanzarías de mi parte.

MENSAJERO. Y en verdad que sobre todo por esto he venido, para que, cuando vuelvas a tu casa, me vaya bien en alguna medida.

EDIPO. No, nunca iré al lado de quienes me engendraron.

MENSAJERO. Hijo, bien claro está que no sabes lo que haces.

EDIPO. ¿Cómo, anciano? Por los dioses, explícamelo.

MENSAJERO. Si por estos motivos rehúyes ir a tu casa...

EDIPO. Es que temo que Febo me resulte verdadero.

MENSAJERO. ¿No vaya a ser acaso que alcances contaminación de tus padres?

EDIPO. Eso mismo, anciano. Eso es lo que una y otra vez me aterra.

MENSAJERO. ¿No sabes, entonces, que en lo que atañe a la justicia no tienes motivo alguno de temor?

EDIPO. ¿Y cómo no, si hijo en efecto soy de estos padres?

MENSAJERO. Porque contigo Pólibo nada tenía que ver en ascendencia.

EDIPO. ¿Cómo has dicho? ¿Acaso no me engendró Pólibo?

MENSAJERO. No más que aquí yo, sino igual.

EDIPO. ¿Y como el que me engendró por igual que el que no?

MENSAJERO. En efecto. A ti no te engendró ni aquél ni yo.

EDIPO. ¿Pero por qué, entonces, me llamaba hijo?

MENSAJERO. Tras recibirte como regalo un día, sábetelo, de mis manos.

EDIPO. ¿Y sin embargo, a pesar de venir de otras manos, llegó a amarme en tan gran medida?

MENSAJERO. Es que su anterior carencia de hijos le convenció.

EDIPO. ¿Y tú tras comprarme o tras encontrarme me entregas a él?

MENSAJERO. Tras encontrarte en los boscosos desfiladeros del Citerón.

EDIPO. ¿A qué recorrías esos lugares?

MENSAJERO. Allí estaba al cuidado de montaraces rebaños.

EDIPO. ¿Por qué? ¿Eras pastor y vagabundo a sueldo?

MENSAJERO. Pero salvador tuyo al menos, hijo, en aquel momento.

EDIPO. ¿Y qué aflicción tenía cuando me cogiste en medio de la desgracia?

MENSAJERO. Tus pies podrían dar testimonio.

EDIPO. ¡Ay de mí!, ¿cuál es esa vieja desgracia que dices?

MENSAJERO. Te desaté, puesto que tenías los tobillos de ambos pies perforados.

Edipo. Terrible afrenta en verdad saqué de los pañales.

Mensajero. De forma que de este azar recibiste el nombre que tienes[31].

Edipo. Por los dioses, ¿por obra de mi madre o de mi padre? Habla.

Mensajero. No lo sé. El que te me entregó sabe esto mejor que yo.

Edipo. ¿Es que acaso me tomaste de manos de otro y no me encontraste casualmente tú mismo?

Mensajero. No, sino que otro pastor te me entregó.

Edipo. ¿Quién es ése? ¿Sabes darlo a conocer de palabra?

Mensajero. Por uno de los de Layo, creo, era tenido.

Edipo. ¿Del soberano de esta tierra en otro tiempo?

Mensajero. Exactamente. De ese hombre éste era pastor.

Edipo. ¿Y está aún éste en vida, de forma que yo pueda verlo?

Mensajero. Vosotros sois los que mejor podríais saberlo, los naturales de esta tierra.

Edipo. *(Al Coro.)* ¿Hay alguno de vosotros, los que aquí cerca estáis, que conozca al pastor del que habla, porque lo haya visto ya sea en el campo ya sea aquí incluso? Hablad con claridad, puesto que es el momento oportuno de que quede en claro este asunto.

Corifeo. Creo que no se refiere a otro que a ese del campo al que también antes tratabas de ver. De todas formas, aquí Yocasta con bastante más razón podría decirlo.

---

31. Edipo significa en griego «que tiene los pies hinchados».

EDIPO. Mujer, ¿recuerdas a ese que hace un momento mandábamos que viniera? ¿De ése es de quien éste está hablando?

YOCASTA. ¿Qué importa de quién haya hablado? No hagas caso. Ni quieras neciamente mantener en el recuerdo todo lo dicho.

EDIPO. No será posible eso. No dejaré de hacer manifiesta mi ascendencia, una vez que he alcanzado tales indicios.

1060 YOCASTA. No, por los dioses, si es que en algo te cuidas de tu propia vida, no lo investigues. Bastante es con que yo sufra.

EDIPO. Ten ánimo. Tú, aunque yo desde mi abuela aparezca esclavo en tercera generación, tú no te revelarás plebeya.

YOCASTA. De todas formas, hazme caso, te lo suplico. No hagas eso.

EDIPO. No podría hacerte caso en no llegar a conocerlo con total certeza.

YOCASTA. Sin embargo, sabiendo lo que digo estoy diciéndote lo mejor para ti.

EDIPO. Lo mejor, entonces, es lo que me está atormentando desde hace tiempo.

YOCASTA. Desventurado, ojalá nunca sepas quién eres.

EDIPO. ¿Irá alguien a traerme aquí al pastor? A ésta dejadla que de opulento linaje se jacte.

1070 YOCASTA. ¡Ay, ay, desdichado! Esto es lo único que puedo llamarte. Otra cosa diferente, ya nunca.

(YOCASTA *entra en el palacio presa de un terrible dolor.*)

Corifeo. ¿Por qué se habrá ido, Edipo, esta mujer agitándose bajo salvaje dolor? Temo que de este silencio estalle una tormenta de desgracias.
Edipo. Que estalle lo que quiera. Mi estirpe, aunque sea baja, yo quiero llegar a conocerla. Ésta tal vez, puesto que como toda mujer es orgullosa, de mi humilde ascendencia siente vergüenza. Yo, dado que hijo me considero de Fortuna la dadora de favores, no me veré deshonrado. De ésta en calidad de madre nací, y los meses que conmigo nacieron pequeño y grande me hicieron. Si tal nací, no podría ya un día resultar distinto, de forma que no pueda llegar a conocer con certeza mi ascendencia.
Coro[32].

Estrofa

Si yo adivino soy
y en reflexión experto,
no, ¡por el Olimpo!, desconocedor,
Citerón, tu no serás
en el plenilunio de mañana
de que a ti, sí, a ti de Edipo
compatriota nodriza y madre se te honra,
y que con danzas te festejamos por nuestra parte,
pues con agrado te conduces
para mis soberanos.
¡Febo salvador, ojalá que a ti
estas cosas sean gratas!

32. Cf. la nota 20 de *Áyax*.

Antístrofa

*¿Quién a ti, hijo, quién a ti te engendró
de las inmortales, entonces,*
*a Pan que por los montes vaga como padre unida?
¿O fue acaso alguna
compañera del lecho de Loxias?
A éste las planicies dispersas por el campo
todas le son queridas.
O tal vez el que sobre Cilena gobierna[33],
o el dios báquico que en la cima de los montes habita
como hallazgo te recibió de alguna
de las Ninfas Heliconias, con las que
multitud de veces juega.*

(Entran unos criados trayendo al viejo pastor.)

EDIPO. Si es preciso que en alguna medida también yo haga cálculos, aunque antes de ahora no he tenido relación con él, ancianos, creo estar viendo al pastor que precisamente antes buscábamos. Dentro ya de una gran vejez coincide convenientemente con este hombre, y, además, a los que lo traen los he reconocido como criados de mi casa. Pero a mi deducción tú podrías tal vez sin duda sobrepasarla, puesto que ya antes viste al pastor.

CORIFEO. En efecto, lo reconozco, sábelo bien. De Layo era, si es que puede haber algún otro, todo lo fiel que puede ser un pastor.

---

33. Hermes.

EDIPO. A ti te pregunto primero, extranjero corintio. ¿De éste es de quien hablas?

MENSAJERO. De este que exactamente estás viendo. 1120

EDIPO. Eh, tú, anciano, mira hacia aquí y dime cuanto te pregunte. ¿Eres tú de Layo?

SERVIDOR. Sí, esclavo no comprado, sino criado en casa.

EDIPO. ¿En qué clase de asunto te ocupabas, o qué vida llevabas?

SERVIDOR. Estuve cuidando los rebaños la mayor parte de la vida.

EDIPO. ¿En qué lugares principalmente habitabas con ellos?

SERVIDOR. Era el Citerón, o algún lugar próximo.

EDIPO. ¿A este hombre, entonces, recuerdas haberlo visto por allí?

SERVIDOR. ¿En qué ocupación? ¿De qué hombre hablas?

EDIPO. De este que está aquí. ¿O tal vez haber tenido 1130 incluso algún contacto con él?

SERVIDOR. No hasta el punto de que pueda, al menos, hablar al momento por efecto del recuerdo.

MENSAJERO. Y realmente nada tiene de extraño, señor. Sin embargo, yo le haré recordar en su ignorancia. Sé bien que se acuerda de cuando por la zona del Citerón, él con dos rebaños, yo con uno solo, al lado de este hombre estuve viviendo en tres ocasiones desde la primavera hasta la aparición de Arturo[34] durante seis meses completos. Y ya en el invierno a mis establos conducía yo mi ganado, y éste a las alquerías de Layo el suyo. ¿Tuvo lugar lo que digo, o no? 1140

---

34. A mediados de septiembre (cf. Glosario de nombres propios).

SERVIDOR. Dices la verdad, aunque de esto hace ya mucho tiempo.

MENSAJERO. Ea, di ahora. ¿Recuerdas que entonces me entregaste un niño, con el fin de que como criatura mía propia yo lo criara?

SERVIDOR. ¿Qué sucede? ¿Por qué sobre este asunto indagas?

MENSAJERO. Éste es, querido amigo, aquel que entonces era pequeño.

SERVIDOR. ¿No guiarás tu pie a la perdición? ¿No te vas a callar?

EDIPO. Eh, no reprendas, anciano, a este hombre, porque tus palabras son las que necesitan de represor más que las de éste.

SERVIDOR. ¿En qué falto, tú, el más noble de los señores?

1150 EDIPO. En que no haces mención del niño por el que éste pregunta.

SERVIDOR. Habla sin saber nada, pero en vano se esfuerza.

EDIPO. Tú de grado no piensas hablar, pero con lágrimas hablarás.

SERVIDOR. No, por los dioses, no maltrates al que es anciano.

EDIPO. ¿Nadie al punto habrá que ate atrás las manos de éste?

SERVIDOR. Desdichado, ¿por qué?, ¿de qué quieres enterarte?

EDIPO. Le entregaste a éste el niño que él cuenta.

SERVIDOR. Se lo entregué. Y ojalá que yo hubiera muerto ese mismo día.

EDIPO. Pues a ese punto llegarás si no dices en efecto la verdad.

SERVIDOR. Con mucho mayor motivo de todas todas, si hablo, perezco.

EDIPO. Este hombre, según parece, trata de encaminar- 1160
se a la dilación.

SERVIDOR. En modo alguno por parte mía, sino que ya he dicho hace rato que se lo entregué.

EDIPO. ¿De dónde lo tomaste? ¿Era de tu propia casa o lo tomaste de algún otro?

SERVIDOR. Mío no era, sino que lo recibí de otro.

EDIPO. ¿De cuál de estos ciudadanos?, ¿de qué techos?

SERVIDOR. No, por los dioses, no, señor, no indagues más.

EDIPO. Muerto eres si te tengo que volver a preguntar esto de nuevo.

SERVIDOR. Está bien. Era uno de los retoños de la casa de Layo.

EDIPO. ¿Esclavo o perteneciente a su estirpe había nacido?

SERVIDOR. Ay de mí, estoy en el punto terrible de hablar.

EDIPO. Y yo de escuchar. Sin embargo, de todas for- 1170
mas hay que escucharlo.

SERVIDOR. Está bien. Hijo de aquél era llamado. La que ha entrado en palacio[35]... tu mujer podría muy bien decir cómo es esto.

EDIPO. ¿Es que te lo entregó ella?

---

35. Situación embarazosa del viejo pastor que conoce la verdadera relación que hay entre Edipo y Yocasta, y no sabe cómo aludir a esta última.

SERVIDOR. En efecto, señor.

EDIPO. ¿Con qué sentido?

SERVIDOR. Para que lo matara.

EDIPO. ¿A pesar de haberlo engendrado, desdichada?

SERVIDOR. Ante el temor en verdad de funestos augurios.

EDIPO. ¿De cuáles?

SERVIDOR. Que él había de matar a sus padres se decía.

EDIPO. ¿Cómo, pues, tú lo abandonaste en manos de este anciano?

SERVIDOR. Porque sentí compasión, señor, ante la idea de que lo llevaría a otra tierra, de donde él era. Pero éste lo salvó camino de las mayores desgracias. En verdad que si eres ese que éste dice, ten por seguro que has nacido desdichado.

EDIPO. ¡Ay, ay, todo resultará verdadero! ¡Luz del sol, que por última vez ahora te contemple, yo que he quedado de manifiesto haber nacido de quienes no debía, y con quienes no debía me he unido, y a quienes no era preciso he dado muerte!

(EDIPO *se precipita dentro del palacio. El resto abandona igualmente la escena.*)

CORO.

Estrofa 1

¡Ah, generaciones de los mortales,
cómo a vosotras por igual también en nada
mientras estáis en la vida os considero!

*¿Quién, qué hombre una medida superior
de felicidad puede obtener   1190
a tanta sólo cuanta lo parece
y tras parecerlo declina?
Con el tuyo como ejemplo,
con tu destino, sí, con el tuyo,
infortunado Edipo, de los mortales
nada tengo por dichoso.*

Antístrofa 1

*Aquel que en exceso
con sus dardos llegó a ser dueño
de la próspera felicidad en todo,
Zeus, tras echar abajo a la de corvas garras
doncella de canto oracular*[36],   1200
*y de muertes en mi tierra
torre defensora se erigió.
Desde esto rey mío se te llama,
y con los mayores honores eres honrado
reinando sobre la gran Tebas.*

Estrofa 2

*Y ahora de oír ¿quién hay más desdichado?,
¿quién de cegueras salvajes, quién en medio de fatigas
convecino es por trueque de la vida?
Ah, insigne Edipo,
al que el mismo gran puerto fue bastante*

---

36. La esfinge. Cf. nota 5 de esta misma tragedia.

para que como hijo y como padre que el lecho frecuenta
1210 *a él arribase,*
¿cómo es posible, cómo es posible
que los paternos surcos sobrellevarte, desdichado,
en silencio pudieran hasta tal punto?

Antístrofa 2

Te descubrió sin tú quererlo
el tiempo que todo lo ve.
Justicia hace él ahora
de las bodas que no son bodas
en las que engendrador y engendrado uno son.
¡Ay, hijo de Layo,
ojalá que a ti, ojalá
yo nunca te hubiera visto!
Gimo sobremanera y dolientes gritos
brotar hago de mi boca.
Mas a decir verdad,
1220 *el aliento recobré por obra tuya,*
y camino del sueño bajé mis párpados[37].

(Sale de palacio un criado.)

MENSAJERO DE PALACIO. ¡Ah, vosotros que los máximos honores de esta tierra siempre recibís, qué sucesos vais a oír, qué cosas vais a ver, cuánto dolor vais a recoger,

---

37. Otros interpretan este verso en sentido totalmente contrario. Por ejemplo, Mazon traduce el pasaje: «par toi jadis j'ai recouvré la vie, et par toi aujourd'hui je ferme à jamais les yeux!».

si es que fieles a la estirpe todavía seguís mostrando solicitud por la mansión de los Labdácidas. Creo que tal vez ni el Istro ni el Fasis podrían limpiar de forma purificadora[38] estos techos de cuantos horrores guardan dentro, y algunos al punto los mostrarán a la luz, desgracias voluntarias y no involuntarias. De los pesares los que más duelen son los que aparecen por propia determinación.

CORIFEO. Nada falta a lo que ya antes sabíamos para ser propio de grave lamento. ¿Qué añades a esas cosas?

MENSAJERO DE PALACIO. La más rápida de las palabras en decir y entender: ha muerto la soberana Yocasta.

CORIFEO. Desdichada, ¿por qué causa?

MENSAJERO DE PALACIO. Ella a manos de sí misma. Pero de lo sucedido lo más doloroso falta, porque no ha lugar a la contemplación. De todas formas, en la medida al menos que alcanza mi memoria, te enterarás de los sufrimientos de aquella infortunada. Cuando, llevada de su pasión, atravesó el vestíbulo camino del interior de la casa, se dirigió derecha al tálamo nupcial, arrancándose los cabellos con ambas manos. Y tras cerrar las puertas, una vez que entró, dentro llama a Layo, muerto hace ya mucho tiempo, a la par que trae al recuerdo las antiguas siembras, por causa de las cuales él habría de morir, y a cuyo vástago habría de entregar a la que lo engendró como procreadora de infortunadas criaturas. Se lamentaba del lecho, donde infortunada había engendrado doble prole: esposo de esposo e hijos de

---

38. El empleo de la corriente de un río como elemento purificador es un lugar común en este tipo de religiones.

hijos. Y de qué forma después de esto perece ya no lo sé, porque gritando irrumpió Edipo dentro de casa, por lo que no fue posible terminar de asistir al fin de aquélla, sino que hacia él mientras daba vueltas dirigíamos la mirada. Va y viene suplicando que le proporcionemos una espada, y preguntando dónde podrá encontrar a la esposa que no es esposa sino materno campo de labranza de doble fruto de sí mismo y de sus hijos. En su excitación alguno de los dioses se lo indica, no uno de los hombres que estábamos cerca. Tras lanzar un grito terrible, como si alguien le sirviera de guía sobre la puerta de doble hoja se precipitaba, y de sus goznes hacía saltar la cerradura que se combaba ante su empuje, y penetra dentro de la estancia. Allí colgada vimos a la mujer, por trenzadas cuerdas enlazada. Él, cuando la ve, tras lanzar, desdichado, terribles bramidos, afloja el lazo que cuelga; y una vez que en tierra estuvo tendida la infortunada, terrible de ver fue lo que a continuación vino. Tras arrancar de ella los broches de oro del manto, con los que se adornaba, levantándolos en alto se golpeó las cuencas de sus ojos, al tiempo que profería cosas tales como que no volvería a ver en lo tocante a él ni qué clase de desgracias había sufrido ni cuáles había él hecho, sino que en la oscuridad en el futuro, a los que no hubiera sido necesario verían, y a los que hubiera querido no conocerían. Cosas tales deplorando muchas veces y no una sola se golpeaba los ojos levantando en alto los broches, y a un tiempo sus pupilas ensangrentadas bañaban su barba, y no fluían vertiendo gotas de sangre, sino que a un tiempo una negra lluvia de granizo y de

sangre se derramaba. Estas desgracias nacieron por 1280
obra de dos, no de uno solo, eran desgracias comunes
del hombre y la mujer. La felicidad de antaño era felicidad en su justo sentido antes; ahora en este día es
lamento, obcecación, muerte, oprobio, de cuantos
nombres hay para todas las desgracias, ninguno está
ausente.

CORIFEO. ¿Ahora está el infortunado en alguna tregua
de desgracia?

MENSAJERO DE PALACIO. A gritos manda que alguien
abra las puertas y muestre a todos los cadmeos al asesino de su propio padre, al que a su madre..., al tiempo
que dice cosas sacrílegas y no pronunciables por mi
boca, puesto que, según cuenta, de esta tierra piensa 1290
arrojarse y no permanecer ya más en palacio, maldito
como está por su propia imprecación. No obstante, de
fuerza y de un guía a menos necesita, puesto que su infortunio es mayor del que uno puede sobrellevar. Pero
también a ti se te mostrará. Los cerrojos de la puerta
de la casa se están abriendo, y pronto podrás ver un espectáculo tal que incluso el que lo odie tiene que sentir
compasión.

(Aparece EDIPO *a las puertas del palacio
con los ojos ensangrentados y paso dubitante.)*

CORIFEO. *(Anapestos.)*
¡Ah, terrible sufrimiento de ver para los hombres,
ah, el más terrible de todos cuantos
yo antes había ya encontrado!

1300 ¿Qué locura, desdichado, te invadió?
¿Quién es el dios que de un salto
mayor que los muy grandes
sobre tu infortunado destino saltó?
¡Ay, ay, desventurado!,
ni siquiera para mirarte tengo fuerzas,
aunque mucho es lo que quisiera preguntar,
y mucho averiguar, y mucho contemplar.
¡Tal terror es el que me infundes!
EDIPO. *(Anapestos.)*
¡Ay, ay, desdichado de mí!
¿A qué punto de la tierra marcho, infortunado?
1310 ¿Dónde mi voz volará de la mano del viento?
¡Ay, destino, dónde te has precipitado!
CORIFEO. Hasta un punto terrible que ni oír ni ver se puede.
EDIPO.

Estrofa 1

¡Ah, de oscuridad
nube mía abominable,
sobrevenida indecible,
indomeñable y con viento funesto!
¡Ay de mí!
¡Ay de mí una vez más!
¡Cómo se sumergió a la vez en mí
de estos aguijones la picadura
y el recuerdo de desgracias!
CORIFEO. Nada, en efecto, hay de extraño que, en medio de tan grandes pesares, dobles sean tus sufrimien-
1320 tos y dobles las desgracias que sobre ti llevas.

Edipo.

Antístrofa 1

¡Ay, amigo,
tú a mi servicio ya eres el único,
pues aún dispuesto sigues a mi lado
a cuidar de este ciego que yo soy!
¡Ay, ay,
no me pasas inadvertido,
sino que reconozco claramente, aunque en sombras,
tu voz, en efecto, a pesar de ello!

Corifeo. ¡Ah, autor de acciones terribles!, ¿cómo te atreviste a apagar tus ojos de tal forma?, ¿cuál de los dioses te impulsó?

Edipo.

Estrofa 2

Apolo fue, Apolo, amigos,
quien llevó a cabo estos funestos, sí, funestos   1330
sufrimientos míos y muy míos.
No los hirió con mano propia
ningún otro sino yo, desdichado.
¿Por qué había yo de seguir con vista,
para el que en su vista nada había dulce de ver?

Coro.

Así es, tal y como tú dices.

Edipo.

¿Qué cosa, entonces, para mí digna de ver

había que fuese digna de ser amada?
O ¿qué saludo aún hay
de escuchar con agrado, amigos?
Retiradme fuera de aquí lo más pronto posible,
1340 *retirad, amigos, el gran azote,*
al que en sí lleva la maldición más horrible,
ya incluso para los dioses
el más odioso de los mortales.

CORIFEO. ¡Desdichado por tu clarividencia y por tu desgracia en igual medida, cómo habría yo querido ni llegar a reconocerte nunca!

EDIPO.

Antístrofa 2

¡Ojalá perezca quien fuera
el que de salvaje atadura
1350 *sobre la hierba de pasto me desató,*
y de la muerte me sacó
y a la vida me devolvió de nuevo,
nada que fuera de agradecer haciendo!
Si entonces hubiera yo muerto,
no sería para los míos ni para mí
pesar tan grande.

CORO.
También para mi gusto así habría sido.

EDIPO.
En verdad que de mi padre en ese caso
a asesino no habría yo llegado,
ni esposo de quien nací
por los mortales sería llamado.

Mas ahora sin dios estoy, 1360
y de impuros soy hijo,
y común descendencia tengo con aquella
de la que yo mismo nací, desdichado.
Y si existe una desgracia
superior aún a otra desgracia,
ésa alcanzó Edipo.

CORIFEO. No sé de qué forma pueda decir que has tomado una decisión correcta, pues mejor te sería no existir ya que vivir ciego.

EDIPO. El que esto no está hecho así de la mejor manera, no trates de explicármelo, ni te esfuerces ya por 1370 ayudarme a tomar una decisión. Yo no sé con qué ojos, en caso de que siguiera con vista, a mi padre podría mirar cuando llegase al Hades, ni de igual forma a mi desventurada madre, contra los que por mi mano hay hechas acciones superiores en su castigo a la horca. ¿Pero es que podía haber en mí sin duda el deseo de contemplar el espectáculo de mis hijos, habiendo brotado como han brotado? En modo alguno, al menos para mis ojos. Ni la ciudad ni torre alguna ni las sagradas estatuas de los dioses, de todo lo cual yo, desdicha- 1380 do, que la mejor vida de todas, al menos en Tebas, llevé, me privé a mí mismo, puesto que fui yo quien ordenó que todo el mundo rechazase al impío, al que conforme a los dioses se reveló impuro y de la estirpe de Layo. ¿Tras descubrir yo mía tal mancha, había de poder mirar a éstos con rectos ojos? De ningún modo, sino que si hubiera algún medio de cerrar a través de los oídos la corriente de la audición, no me contendría de aislar mi infortunada persona, a fin de estar ciego y

1390 sordo a todo, pues el que la mente viva fuera de las desgracias es cosa dulce. ¡Ah, Citerón!, ¿por qué me acogiste?, ¿por qué no me diste muerte al punto al recogerme, a fin de que yo nunca hubiera mostrado a los hombres de dónde había nacido? ¡Ah, Pólibo, Corinto, antiguas mansiones paternas de palabra, cómo en verdad me criasteis cual belleza podrida por dentro de males! Ahora me encuentro que soy un miserable y nacido de miserables. ¡Ah, encrucijada de doble senda y selvoso valle oculto, encinar y desfiladero en un cruce
1400 de dos caminos, que la sangre de mi padre que es también la mía por obra de mis manos bebisteis, ¿os acordáis aún de mí, qué clase de acciones llevé a cabo ante vosotros y luego, al venir aquí, cuáles hice de nuevo? Ah, bodas, bodas, vosotras nos engendrasteis y, después de procrearnos, de nuevo disteis paso a siembra idéntica, y dejasteis ver padres, hermanos, hijos, sangre de una misma familia, esposas al tiempo mujeres y madres, y cuantas acciones más vergonzosas han tenido lugar entre los hombres. No obstante, puesto que
1410 no es hermoso hablar de lo que tampoco es hermoso hacer, lo más rápido que podáis, por los dioses, ocultadme fuera de aquí en alguna parte, o dadme muerte, o arrojadme al mar[39], donde nunca ya más me veáis. Ea, dignaos tocar a un hombre desdichado[40], hacedme caso, no tengáis miedo, pues mis desgracias nadie hay entre los hombres, excepto yo, capaz de llevarlas.

---

39. Puesto que se considera un ser portador de impureza.
40. El simple contacto físico con un homicida suponía mancha moral.

CORIFEO. Oportunamente para lo que pides aquí llega Creonte a intervenir y deliberar, puesto que de nuestra tierra es ya el único guardián que queda en tu lugar.

EDIPO. ¡Ay de mí!, ¿qué le diré, entonces, a éste?, ¿qué credibilidad tendré conforme a justicia? En todo lo que antes lancé contra él ahora he resultado un canalla. 1420

(*Entra* CREONTE.)

CREONTE. Ni como burlón, Edipo, llego, ni para echarte en cara en alguna medida los daños de antes. Pero vosotros, si la estirpe de los mortales ya no respetáis, en ese caso al menos de la llama del soberano Sol que todo lo alimenta sentid respeto, de que tal mancha impía al descubierto así mostréis, la cual ni la tierra ni el agua sagrada ni la luz podrán acoger. Sino que al punto llevadlo dentro de casa. A los de la familia es precisamente a los únicos a los que las desgracias de la familia es piadoso ver y oír. 1430

EDIPO. Por los dioses, puesto que de lo que yo esperaba me has sacado, viniendo tan noble aquí junto a mí tan miserable, obedéceme en alguna medida, pues en bien tuyo, no mío, voy a hablar.

CREONTE. ¿Y qué ruego me pides con esta insistencia conseguir?

EDIPO. Arrójame de esta tierra lo más pronto posible, donde por ninguno de los mortales pueda yo aparecer interpelado.

CREONTE. Lo habría hecho, tenlo por cierto, de no haber sido que primero quería informarme del dios qué es preciso hacer.

1440 EDIPO. — Pero la respuesta de aquél fue plenamente puesta de manifiesto: que perezca el parricida, el impío, yo.

CREONTE. — Así se dijo. De todas formas, en el punto de necesidad en el que estamos es mejor informarse qué hay que hacer.

EDIPO. — ¿Así que en defensa de un hombre desdichado vais a ir a preguntar?

CREONTE. — También tú ahora posiblemente tengas confianza en el dios.

EDIPO. — Sí, y a ti te encargo y suplico: el enterramiento de la que está en casa dispón tú mismo el que quieras, porque en favor de los tuyos habrás de cumplir rectamente. Por lo que a mí respecta, que nunca se considere a esta ciudad de mis padres merecedora de tenerme 1450 como habitante mientras yo siga en vida; sino que déjame vivir en los montes, allí donde está el Citerón, que es llamado mío, al que mi madre y mi padre dispusieron, mientras ambos vivían, como tumba para mí decretada, a fin de que yo muera a manos de aquellos dos que trataron de arruinarme. Sin embargo, al menos esto lo sé bien: ni enfermedad alguna ni ninguna otra cosa me podría destruir, porque nunca yo habría sido salvado cuando estaba a punto de morir, de no ser con vistas a alguna terrible desgracia. De todas formas, que mi destino dirija su paso a donde quiera que se encamine. De mis hijos varones, Creonte, no pongas cuida-1460 do; hombres son, de forma que no tendrán nunca escasez de recursos de vida allí donde estén. Sin embargo, de mis dos infortunadas y pobres hijas, para las que nunca mi mesa se dispuso aparte en la comida sin mí, sino que cuanto yo tocaba de todo ello siempre ellas

dos tomaban su parte, a éstas cuídamelas. Y, sobre
todo, déjame que con mis dos manos las toque y deplo-
re mis desgracias. ¡Ea, soberano, ea, noble de nacimiento! Si con mis manos las toco pensaré que las tengo,
como cuando veía. ¿Qué digo? ¿No es verdad acaso, 1470
por los dioses, que estoy escuchando a estos dos seres
queridos míos llorando y que Creonte, compadecién-
dose de mí, me ha enviado lo que me es más querido,
mis dos hijas? ¿Digo verdad?

(*Entran* ANTÍGONA *e* ISMENA.)

CREONTE. La dices. Yo soy el que lo ha dispuesto, pues
 comprendí la alegría presente, la cual te poseía desde
 hace rato.
EDIPO. Pues, ¡ojalá seas feliz y a ti, por la venida de éstas, ojalá que un dios te guarde mejor que a mí! Hijas, 1480
 ¿dónde estáis?, venid aquí, llegaos hasta estas manos
 mías fraternas, que os han proporcionado el poder
 contemplar así los ojos antes brillantes del padre que
 os engendró. Éste, hijas, sin ver ni saber nada, padre
 vuestro se ha revelado de donde él mismo brotó. Y por
 vosotras dos lloro –pues no puedo miraros– al pensar
 en lo que os queda de amarga vida, cuál será la que por
 necesidad habréis de vivir las dos de parte de los hombres. ¿A qué reuniones de ciudadanos podréis ir, a qué
 fiestas, de donde presas de llanto no hayáis de regresar 1490
 a casa en lugar de presenciar el espectáculo? Y cuando
 lleguéis a la edad precisa de las bodas, ¿quién será él,
 quién se aventurará, hijas, a sufrir tales oprobios, que
 como para mis progenitores ruina serán también de

igual forma para vosotras? ¿Qué desgracia falta? A su padre, vuestro padre dio muerte; a la que le engendró, fecundó, de donde precisamente él mismo había brotado; y de la misma de la que él nació, a vosotras os tuvo. Tales oprobios habréis de sufrir. Y en consecuencia, ¿quién hará de esposo? No lo hay, hijas, sino que con toda seguridad sin cultivo y sin bodas os consumiréis necesariamente.

Sin embargo, hijo de Meneceo, puesto que como único padre tú les quedas a estas dos, ya que los dos que las engendramos muertos estamos ambos, no consientas que ellas cual pordioseras sin esposo anden errantes siendo como son de tu misma estirpe, y no las iguales a mis desgracias. Por el contrario, ten compasión de ellas viéndolas tan jóvenes privadas así de todo, excepto de cuanto a ti se refiere. Prométemelo, bien nacido, tocándome con tu mano. A vosotras dos, hijas, si tuvierais ya juicio muchos consejos os daría; mas por ahora suplicad conmigo esto: que allí donde la conveniencia os consienta vivir, mejor vida vosotras llevéis que el padre que os engendró.

CREONTE. Bastante es a donde has llegado en tus lágrimas. Ea, ve dentro de casa.

EDIPO. Preciso es obedecer, aunque en nada es grato.

CREONTE. Todo en su momento es apropiado.

EDIPO. ¿Sabes con qué condición me iré?

CREONTE. Dila y entonces la sabré una vez que la escuche.

EDIPO. Que lejos de esta tierra me envíes.

CREONTE. Al dios corresponde el don que me pides.

EDIPO. Sin embargo, el más odiado por los dioses he llegado a ser.

CREONTE. Por eso probablemente lo conseguirás.
EDIPO. ¿Dices que sí, entonces? 1520
CREONTE. Lo que no pienso no me gusta decirlo en vano.
EDIPO. Retírame, entonces, de aquí ya.
CREONTE. Echa, pues, a andar, y suelta a tus hijas.
EDIPO. No, no me las quites.
CREONTE. No quieras prevalecer en todo. Incluso en lo que prevaleciste no acompañó a tu existencia para provecho tuyo.

(Van entrando todos en palacio.)

CORIFEO[41].
De la patria Tebas vecinos, mirad,
éste es Edipo,
el que los célebres enigmas llegó a ver,
y el más poderoso hombre era,
del cual nadie hubo entre los ciudadanos
que con envidia su destino no mirase.
¡A qué turbulencia de terrible azar ha llegado!
De tal forma que, siendo mortal
hasta no ver el día postrero
a nadie hay que tener por dichoso,
antes que la meta de la vida traspase 1530
sin haber sufrido dolor alguno.

---

41. Estos versos finales no son los tradicionales anapestos de salida de otras tragedias, sino que aquí se trata de tetrámetros trocaicos. Además, una serie de filólogos los ponen en boca de Edipo. Pero tal vez el aspecto más importante sea que para un sector de la crítica erudita (el último que conozco, R. D. Dawe, *Studies...*, vol. I, pp. 266-273) son una interpolación posterior.

Glosario de nombres propios

ABAS: Ciudad de la Fócida con un templo dedicado a Apolo e importante por sus oráculos. No lejos al norte de la actual Exarjos.

AFRODITA: Diosa del amor. Hija de Zeus y de Dione según una tradición, pero según otra nació del mar al caer en él los órganos sexuales de Urano cortados por Crono. Esposa de Hefesto, dios del fuego, aunque ella a quien amaba era a Ares, de cuyos amores nació Eros.

AGAMENÓN: Hijo de Atreo y Aérope, hermano de Menelao, esposo de Clitemestra, padre de Orestes, Electra y Crisótemis. Es el caudillo en jefe de la expedición griega contra Troya, tema que recoge la *Ilíada*.

AGENOR: Hijo de Posidón y Libia, por parte de ésta descendiente de Zeus. Tuvo tres hijos, entre ellos Cadmo (*v.*), y una hija, Europa, que habría de ser raptada por Zeus tras tomar éste la forma de un toro.

ALCMENA: Esposa de Anfitrión. Zeus, en su deseo de poseerla y conociendo la virtud de Alcmena, adoptó la figura de Anfitrión, y de su unión con ella nació Heracles.

ANFIÓN: Hijo de Zeus y Antíopa, hermano gemelo de Zeto. Ambos hermanos fueron expuestos en el monte por su tío abuelo Lico. Con el tiempo volvieron a Tebas y, tras derrocar a Lico, reinaron en la ciudad. Se casó con Níobe, la hija de Tántalo.

ANFITRITA: Diosa del mar. Hija de Nereo. Entre diversas tradiciones una de ellas cuenta que, por pudor ante los deseos amorosos de Posidón, se escondió en las profundidades del océano, más allá de las columnas de Hércules, es decir, en el Atlántico. A esta indicación del océano occidental es a la que se refiere Sófocles al aludir a Anfitrita en *Edipo Rey*, 195.

ANTÍGONA: Hija de Edipo y Yocasta, aunque a la vez hermana de su padre, como es bien sabido (*v.* Edipo). Sobrina de Creonte y hermana de Eteocles, Polinices e Ismena. Su nombre da título a una de las tragedias conservadas de Sófocles.

Glosario de nombres propios

APOLO: Dios perteneciente a la segunda generación de los dioses olímpicos. Es hijo de Zeus y de Leto, nacido en la isla de Delos. Desde Delos, y tras un viaje al país de los Hiperbóreos, llegó a Delfos, donde, tras matar a la serpiente Pitón y apoderarse del oráculo de Temis, se erigió como único soberano de Delfos. A partir de ese momento se entonó en su honor el canto del peán. Es el dios de la música y del vaticinio.

AQUELOO: El río Aqueloo, hoy el Aspropótamos, nace en las montañas del Pindo y, tras marcar con su curso los límites entre Etolia y Acarnania, desemboca en el mar Jonio. Como personaje mitológico era hijo de Océano y Tetis. Por su condición de dios fluvial tenía la prerrogativa de adoptar la forma que quisiera. Es uno de los pretendientes de Deyanira, en cuyo caso adoptó la forma de toro.

AQUERONTE: Río que han de atravesar las almas para llegar al reino de los muertos.

AQUILES: Hijo de Peleo y Tetis. El más importante caudillo de los que acompañan a los Atridas en la expedición contra Troya. En relación con su persona es importante el famoso juicio de las armas de Aquiles: al morir Aquiles su madre Tetis había determinado que las armas de su hijo pasasen a manos del guerrero griego que más hubiese amedrentado a los troyanos; la decisión recae sobre Odiseo y no sobre Áyax, a pesar de las pretensiones de este último. La tragedia de Sófocles *Áyax* arranca desde este punto.

ARES: Dios de la guerra. Hijo de Zeus y Hera. Por generalización se le tiene por dios portador de todo tipo de desgracias. Frecuentemente, tanto en Sófocles como en la restante literatura griega, se utiliza el nombre de Ares por metonimia en lugar de sus efectos, es decir, la guerra, la destrucción. En mi traducción he mantenido la figura.

ARGOS: Ciudad en la parte oriental del Peloponeso, hoy península de Morea.

ÁRTEMIS: Diosa de la caza. Hija de Zeus y Leto, hermana gemela de Apolo. Siempre permaneció virgen y joven.

ARTURO: Literalmente significa en griego «el guardián de la Osa». Es una estrella fija de la constelación del Boyero. Aparece a mediados de septiembre trayendo el otoño.

ATENA: Diosa guerrera, y así aparece muy a menudo con lanza y coraza, pero también es la diosa protectora de las artes y de la inteligencia. Nació de la cabeza de Zeus.

ATREO: Hijo de Pélope e Hipodamía, esposo de Aérope y padre de Agamenón y Menelao, los Atridas. Respecto a su hermano Tiestes, dado que éste tenía trato amoroso con su mujer Aérope y además había intentado desposeerle de su trono en Micenas, Atreo mató a los tres hijos de Tiestes y se los sirvió de comida en un banquete como venganza.

ATRIDAS: Los hijos de Atreo: Agamenón y Menelao.

ÁYAX: Héroe griego en la expedición contra Troya. Hijo de Telamón y Eribea. Su nombre da título a una de las tragedias conservadas de Sófocles.

BACO: Otro nombre de Dioniso.

BÓREAS: Viento del norte. Como personaje mitológico es uno de los Titanes, esos seres que personifican las fuerzas de la naturaleza. Uno de sus hijos fue Cleopatra, a la que se refiere el coro en *Antígona*, 966 ss. (*v.* Fineo).

BÓSFORO: Estrecho que une el mar Negro con el mar de Mármara y el Mediterráneo. Por extensión también se llamaba en ocasiones con esta misma denominación al Helesponto, hoy Dardanelos, como sucede en *Áyax*, 883.

CADMO: Héroe fundador de Tebas. Hijo de Agenor y hermano de Europa. Cuando Zeus, en forma de toro, raptó a esta última, Agenor envió a sus hijos en su búsqueda, prohibiéndoles el regreso sin ella. En su peregrinar Cadmo fundó Tebas, cuyos habitantes nacieron de la siembra que hizo Cadmo de los dientes de un dragón guardián de una fuente próxima y al que Cadmo mató.

CALCANTE: Famoso adivino en la mitología griega. Apolo le había concedido el arte oracular, y fue el augur titular de la expedición griega contra Troya.

CASTALIA: Famosa fuente en Delfos.

CEIX: Rey de Traquis, pariente y amigo de Heracles.

CENEO: Cabo en la isla de Eubea, hoy Litada.

CENTAUROS: Seres monstruosos, mitad hombre mitad caballo. Eran de costumbres salvajes y brutales, con excepción de Quirón y Folo.

CERBERO: Es el perro del Hades. Su misión es prohibir la entrada de los vivos al Hades y la salida de los muertos. Uno de los trabajos de Heracles fue traer a Cerbero a la tierra; Heracles lo consiguió, pero Euristeo, al contemplar su terrible aspecto, le ordenó devolverlo a su lugar de origen.

CERES: Una deificación más de las fuerzas del Destino, pero en este caso con un matiz preferentemente negativo y con idea de venganza. De hecho, a menudo se confunden con las Erinis y con las Moiras.

CIÁNEAS, ROCAS: Las que están en el estrecho del Bósforo a la entrada ya del mar Negro. Literalmente significan «las sombrías».

CILENA: Monte de Arcadia, hoy Killini.

Glosario de nombres propios

CIPRIS: Otro nombre de Afrodita.

CITERÓN: Monte entre Ática y Beocia.

CNOSOS: Ciudad de Creta.

CORINTO: Ciudad griega en el norte de la actual península de Morea, al fondo del golfo del mismo nombre.

CREONTE: Hermano de Yocasta y, por lo tanto, cuñado de Edipo y tío de Eteocles, Polinices, Antígona e Ismena.

CRONIDA: El hijo de Crono. Con esta denominación casi siempre se suele aludir a Zeus, puesto que realmente fue el único hijo que sobrevivió.

DÁNAE: Hija de Acrisio. A éste los oráculos le habían predicho que de Dánae nacería un hijo que le daría muerte. Para evitarlo encerró a su hija en una cámara subterránea guarnecida de bronce. Pero fue seducida por Zeus en forma de lluvia de oro. Y de esta forma habría de nacer Perseo.

DÁULIDA: Ciudad de la Fócida, la actual Davlia.

DELFOS: Ciudad griega en la Fócida. En Delfos estaba el más famoso santuario dedicado a Apolo. Su oráculo era consultado por toda Grecia.

DELOS: Isla griega al norte del mar Egeo. En ella había nacido Apolo, y había un famoso santuario oracular dedicado a este dios.

DEO: Otro nombre de la diosa olímpica Deméter, cuyo culto está en relación con el ciclo de la vegetación. Está muy próxima al concepto de la Madre Tierra de las religiones agrarias. Se la consideraba la fundadora de los misterios de Eleusis (v.).

DEYANIRA: Mujer de Heracles y madre de Hilo.

DIONISO: Divinidad olímpica, es hijo de Zeus y de Semele. Es el dios del vino y, en general, de la vertiente orgiástica de la religión griega.

DODONA: Ciudad del Epiro, famosa por su templo y oráculo dedicado a Zeus. Estaba situada a pocos kilómetros al sudoeste de la actual Ioannina.

DRIANTE: Padre de Licurgo (v.).

EÁCIDAS: Descendientes de Éaco. Éaco es hijo de Zeus y de la ninfa Egina. De la hija de Escirón, Endeis, tuvo dos hijos: Telamón y Peleo. De Telamón habría de nacer Áyax. Éaco es tenido por el más piadoso de todos los griegos.

ECALIA: Ciudad de la isla de Eubea.

EDIPO: Hijo de Layo y Yocasta, esposo a la vez de esta última, y padre y hermano de Eteocles, Polinices, Antígona e Ismena. Sobre la figura de este personaje mitológico conservamos dos tragedias de Sófocles (v. Layo).

EDONES: Uno de los varios pueblos griegos. En época histórica sabemos que ocupaban una parte de la Tracia, al este del Estrimón y al oeste del Nesto. En épocas más antiguas habían habitado más hacia el oeste, pero la expansión de Macedonia los había empujado hacia al este.

ELEUSIS: Localidad griega a unos 22 kilómetros al noroeste de Atenas. Aquí se celebraban unos misterios en honor de varios dioses, principalmente de Deméter y Perséfona. Por la documentación relativa, un tanto escasa, se trata probablemente de una serie de ritos agrarios.

ENEO: Rey de Calidón y padre de Deyanira, con la que habría de casarse Heracles.

ENÍADAS: Ciudad de la Acarnania junto a la desembocadura del río Aqueloo, hoy ruinas de Tricardo.

EQUIDNA: En lenguaje común es una víbora. Como personaje mitologizado es un monstruo con cuerpo de mujer y terminado por una cola de serpiente en lugar de las piernas. Se le atribuían numerosos hijos monstruosos, entre ellos, el perro Cerbero.

ERECTEIDAS: Descendientes de Erecteo. Erecteo, hijo de la Tierra en su unión con Hefesto, fue el primer rey legendario de Atenas; de ahí que, por extensión, se aluda a veces a los atenienses con este nombre de Erecteidas.

ERIBEA: Mujer de Telamón y madre de Áyax. Su padre es Alcátoo, rey de Mégara.

ERIMANTO: Monte en los límites entre Arcadia, Acaya y Élide. En este monte habitaba un jabalí monstruoso, cuya captura fue uno de los trabajos de Heracles.

ERINIS: Divinidades violentas encargadas de mantener el orden social, por lo que su labor es castigar a quienes lo alteran. Con el tiempo se afirman como divinidades de los castigos infernales.

EROS: Dios del amor. Se le asignaron múltiples genealogías. Pero en todo momento se le consideró una fuerza fundamental del orden del mundo.

ESCAMANDRO: El río más importante de la región de Troya, hoy el Kücuk Menderes.

ESFINGE: Monstruo femenino con rostro de mujer, pecho, patas y cola de león, y alas de ave rapaz. Este monstruo fue enviado por la diosa Hera contra Tebas por el crimen de Layo *(v.)*. Se estableció en una colina al oeste de Tebas, y allí planteaba enigmas a los viandantes, que al no resolverlos morían a manos de la Esfinge. Sólo Edipo fue capaz de resolver el suyo y, con ello, acabar con este monstruo.

ETA: Monte de Tesalia, al sudoeste de la actual Lamia.

Eteocles: Hijo de Edipo y Yocasta, hermano de Polinices, Antígona e Ismena, sobrino de Creonte. Al descubrirse el incesto de Edipo y alejarse del trono de Tebas, le suceden sus dos hijos varones, Eteocles y Polinices. Ambos llegan al acuerdo de reinar alternativamente. El primero en hacerlo es Eteocles, pero cuando llega el momento de dejar el puesto a su hermano, no cumple lo pactado. Polinices entonces le ataca con una expedición desde Argos. En el asedio de Tebas mueren ambos hermanos matándose el uno al otro. Ante esta circunstancia se hace cargo del poder su tío Creonte.

Etolia: Región en el oeste de Grecia.

Eubea: Isla griega del mar Egeo muy próxima a la costa oriental del Ática.

Eurídice: Mujer de Creonte y madre de Hemón.

Eurísaces: Hijo de Áyax y Tecmesa.

Euristeo: Es el personaje mitológico que impuso a Heracles los famosos «trabajos».

Eurito: Padre de Yola y rey de Ecalia.

Eveno: Río que nace en la ladera occidental del Eta, y desemboca a la entrada del golfo de Corinto.

Fasis: Río de la Cólquida que desemboca en el mar Negro, hoy el Rioni.

Febo: Otro nombre de Apolo.

Fineo: Rey de Tracia. Se casó en primer lugar con Cleopatra, una hija de Bóreas, y de ella tuvo dos hijos; después se casó con Idea, hija de Dárdano, pero ésta, celosa de sus hijastros, los calumnió acusándolos falsamente de haber intentado violentarla, ante lo que Fineo reaccionó cegando a los dos. Otra tradición cuenta que fue la misma Idea la que les sacó los ojos.

Fócida: Región de la Grecia central al noroeste del Ática.

Gigantes: Son hijos de la Tierra, nacidos de la sangre que brotaba de la herida de Urano, cuando fue mutilado por Crono. Son seres enormes, de terrible aspecto y con cuerpo de serpiente en lugar de piernas. Nada más nacer se enfrentaron con los dioses olímpicos, y en esta contienda sobresale la intervención de Zeus y Atena ayudados por Heracles.

Gorgona: Ser de semblante terrorífico: su cabeza estaba rodeada de serpientes, tenía grandes colmillos, semejantes a los del jabalí, manos de bronce y alas de oro, sus ojos echaban chispas, y su mirada era tan penetrante que convertía en piedra al que la sufría.

Hades: Es el dios de los muertos, y su reino son los infiernos. Hijo de Crono y Rea. Con frecuencia se utiliza su nombre para referirse más propiamente a los infiernos. También suele ser frecuente y por generalización referirse a él en el sentido más amplio de «muerte».

HÉCATE: Divinidad ctónica. Preside los cruces de caminos.

HÉCTOR: Hijo de Príamo y Hécuba. Es el principal caudillo de los troyanos. Para los presentes que intercambia con Áyax, cf. la nota 25 de *Áyax*.

HEFESTO: Dios del fuego. Hijo de Zeus y Hera. Por metonimia se utiliza su nombre para designar «el fuego».

HELENA: Mujer de Menelao. La guerra de Troya se produjo al ser raptada por el troyano Paris.

HELICÓN: Monte de Beocia.

HEMÓN: Hijo de Creonte y Eurídice. Prometido de Antígona.

HERACLES: El héroe más célebre de toda la mitología clásica. Es hijo de Zeus y Alcmena (*v.*).

HERMES: Hijo de Zeus y Maya. Nació en una cueva del monte Cilena. Pasa por ser el dios protector de los caminantes y, consiguientemente, de forma especial de los comerciantes y de los ladrones. También tenía a su cargo de manera muy específica el conducir las almas de los muertos hasta los infiernos.

HESPÉRIDES: Son las ninfas del Ocaso. Habitan el extremo más occidental de la tierra, cerca de la isla de los Bienaventurados. Su misión es vigilar el jardín de las Hespérides, donde se hallan las manzanas de oro, regalo que en otro tiempo había dado la Tierra a Hera por sus bodas con Zeus. Colabora con las Hespérides en esta vigilancia la Equidna.

HILO: Hijo de Heracles y Deyanira.

ÍCARO: Hijo de Dédalo. Padre e hijo habían sido encerrados en el Laberinto por Minos. Dédalo ingenió unas alas de cera que fijó a los hombros de su hijo y a los suyos propios. Antes de remontar el vuelo advirtió a su hijo que no se elevase demasiado, a fin de que el sol no derritiese la cera. Pero Ícaro, lleno de orgullo, no hizo caso y, elevándose en exceso, se le fundieron las alas por el calor del sol y cayó al mar.

IDA: Monte de la región de Troya, hoy de Kaz dagi.

IFITO: Hijo de Eurito, rey de Ecalia. Heracles le dio muerte, aunque de ello hay varias versiones en la tradición mitográfica.

ISMENA: Hermana de Antígona (*v.*).

ISMENO, DIOS: Otro nombre de Apolo, que se le daba en Tebas por tener este dios un templo junto a la corriente del río del mismo nombre. Este santuario de Apolo era también centro de adivinación, que en este caso se obtenía haciendo arder ofrendas.

ISMENO, RÍO: Corriente de agua por el lado oriental de Tebas.

Istro: Río, hoy el Danubio.

Lábdaco: Hijo de Polidoro y nieto de Cadmo. De él habría de nacer Layo, padre a su vez de Edipo. Por lo tanto, a Edipo y toda su familia se les llama labdácidas por cuanto son descendientes de Lábdaco.

Laertes: Padre de Odiseo.

Laomedonte: Padre de Hesíona, de la que habría de nacer Teucro. Laomedonte fue uno de los primeros reyes de Troya. De entre sus otros hijos está Príamo, rey de Troya en el momento de la expedición griega contra esta ciudad.

Layo: Padre de Edipo (v.). Layo, al hacerse con el poder en Tebas Anfión y Zeto, huyó al lado de Pélope, pero allí no se portó con nobleza, pues se enamoró de Crisipo, hijo de Pélope, y lo raptó; Pélope le lanzó la maldición de que, en caso de engendrar un hijo, éste le diera muerte.

Lerna: Laguna de la Argólida. Uno de los célebres trabajos de Heracles fue dar muerte a la hidra de Lerna. Esta hidra era un monstruo con forma de serpiente de muchas cabezas, que devastaba los campos y ganados. Heracles la atacó con flechas encendidas, pero cada vez que él cortaba una cabeza le brotaba otra nueva. Ante este hecho, y con la ayuda de Yolao, Heracles fue quemando las diversas heridas para así evitar que la carne se reprodujese. Al final Heracles empapó sus flechas en la sangre de la hidra y de esta forma las hizo venenosas.

Licas: Compañero y mensajero de Heracles.

Liceo: Otro nombre de Apolo.

Licurgo: Hijo de Driante, rey de los edones en Tracia. Cuando Dioniso quiso atravesar su territorio camino de la India, Licurgo les cerró el paso a él y al ejército de bacantes que acompañaban al dios. Fue castigado con la locura y, tras ser encerrado en una cueva del monte Pangeo, fue atado a cuatro caballos y despedazado.

Lidia: Región en la zona occidental del Asia Menor.

Loxias: Otro nombre de Apolo.

Malis: Región de Tesalia. En torno a ella se abría un golfo del mismo nombre.

Megareo: Hijo de Creonte. En el momento del ataque del ejército argivo contra Tebas, Tiresias vaticina que la ciudad podrá salvarse solamente si uno de los descendientes de Cadmo se ofrece como expiación a Ares, contrariado por la muerte del dragón a manos de Cadmo (v.). Este hijo de Creonte, contra la voluntad de su padre, se suicida voluntariamente. Eurípides lo llama Meneceo.

Ménades: Cortejo de mujeres que siguen al dios Dioniso posesas de él. Representan a los espíritus orgiásticos de la Naturaleza.

MENECEO: Padre de Creonte y de Yocasta.
MENELAO: Hijo de Atreo y hermano de Agamenón. Su mujer es Helena, por cuyo rapto a manos de Paris se produjo la guerra de Troya.
MÉROPE: Mujer de Pólibo, rey de Corinto, y supuesta madre de Edipo.
MISIA: Región central del Asia Menor.
MOIRAS: Divinidades encargadas de llevar a cabo el destino de cada hombre.
NEMEA: Ciudad y llanura de la Argólida. Por esta región deambulaba un león, monstruo terrible, que constituyó otro de los célebres trabajos de Heracles. El león de Nemea habitaba en una gruta con dos salidas y era invulnerable. Heracles al principio pensó domeñarlo con sus flechas, pero al no poder conseguirlo decidió entrar en la cueva y, tras tapar una de las entradas, se aproximó al león y lo ahogó con sus manos. Muerto el león, Heracles se revistió con su piel y su cabeza le sirvió de casco.
NESO: Uno de los centauros (v.). A orillas del río Eveno se dedicaba a pasar a los caminantes a la otra orilla.
NÍOBE: Hija de Tántalo. En su matrimonio con Anfión tuvo siete hijos y siete hijas. Orgullosa de ellos se atrevió a jactarse de ser superior a Leto, madre de un solo hijo y una sola hija, Apolo y Ártemis. Leto, ofendida, mandó a sus hijos que la vengasen. Éstos mataron con sus flechas a todos los hijos de Níobe, que en su dolor huyó al lado de su padre Tántalo. Los dioses la convirtieron en una roca, pero sus ojos siguen llorando.
NISA: Lugar de Eubea.
NOTO: Viento del sur, asociado principalmente con el invierno.
ODISEO: Héroe griego ante Troya. Célebre por su astucia. Personaje principal de la *Odisea*. Conocido también a través de la forma latina Ulises.
OLIMPIA: Ciudad en la parte occidental del Peloponeso. Allí había un importante templo oracular dedicado a Zeus.
OLIMPO: Monte en los límites de Tesalia y Macedonia, donde se pensaba que estaba la mansión de los dioses. Con este mismo nombre había otro monte en Misia (v.).
ÓNFALE: Reina de Lidia. De ella fue esclavo Heracles durante un tiempo.
PALAS: Otro nombre de Atena.
PAN: Dios de los pastores y de los rebaños. Es uno de los dioses agrarios por excelencia. Se le representa con cuerpo de hombre, aunque tiene varios elementos animalescos. Era de una gran agilidad en su deambular por los campos. También era peculiar su inclinación a la actividad sexual. Aparece frecuentemente en el cortejo de Dioniso.

Parnaso: Monte de la Fócida próximo a Delfos.
Pélope: Hijo de Tántalo, rey de Frigia o Lidia. Pélope se trasladó a Europa al desencadenar una guerra Ilo contra Tántalo. De su matrimonio con Hipodamía tuvo varios hijos, entre los que se contaba Atreo, padre a su vez de Agamenón y Menelao.
Perséfona: Diosa ctónica. Hija de Zeus y Deméter. Hades, tío suyo, la raptó presa de amor por ella y con la complicidad de Zeus. Deméter estuvo viajando por toda Grecia en busca de su hija. Al fin Zeus obligó a Hades a devolverla, pero durante su estancia en los infiernos había roto el ayuno, pues había comido un grano de granada, lo cual era suficiente para su encadenamiento por siempre al Hades. Zeus, como fórmula intermedia, dispuso que podía distribuir su tiempo al año entre la tierra y el mundo de abajo.
Pitón: Es el dragón que Apolo mata cuando llega a Delfos dispuesto a fundar un santuario oracular. A partir de esto se denomina Pitón a la propia Delfos, así como pítico a todo aquello que tenga relación con Apolo délfico.
Pleurón: Ciudad de Etolia, hoy ruinas al noroeste de la actual Messolonguion.
Plutón: Divinidad ctónica, frecuentemente confundido con Hades.
Pólibo: Rey de Corinto, falso padre de Edipo.
Polidoro: Hijo de Cadmo y padre de Lábdaco, y consiguientemente antepasado de Edipo.
Polinices: Hijo de Edipo y Yocasta, hermano de Eteocles, Antígona e Ismena y sobrino de Creonte (v. Eteocles).
Posidón: Es el dios del mar. Es uno de los dioses olímpicos nacidos de Crono y Rea, hermano por lo tanto de Zeus y Hades.
Quirón: Es uno de los centauros, aunque en este caso de talante juicioso y buen amigo de los hombres. Fue educador de varios héroes griegos importantes, maestro de música, del arte de la guerra, de la moral, de medicina. Cuando Heracles entabló batalla con los centauros, Quirón, aunque estaba de parte de Heracles, fue herido involuntariamente por una de las flechas de éste. A pesar de sus intentos de curarse no lo consiguió, y deseoso se retiró a una cueva, pero no podía morir porque era inmortal. Al fin Prometeo, otro espíritu benefactor, accedió a cambiarle su mortalidad por la inmortalidad del centauro, y de esta forma Quirón pudo encontrar el descanso final.
Salamina: Isla del golfo Sarónico. Es la patria de Áyax.
Salmideso: Ciudad de la Tracia, hoy Mídye.
Sardes: Capital de la Lidia, al oeste de la actual Salihli.
Selos: Tribu prehistórica asentada en Dodona (v.), de la que se escogían los que habían de ser los sacerdotes del templo de Zeus en esa

localidad, y además intérpretes de su oráculo. Cuando junto a Zeus se introduce en Dodona el culto de la diosa Dione, en ese momento estos sacerdotes son sustituidos por unas sacerdotisas que reciben el nombre cultual de «palomas».

SEMELE: Es hija de Cadmo y de Harmonía. Amada por Zeus concibió a Dioniso. Hera, esposa de Zeus, celosa, la incitó a que le pidiese a Zeus que se le presentase en toda su grandeza. Zeus, que le había prometido concederle todo lo que quisiera, no pudo rehusar, y se aproximó a ella con sus rayos, a consecuencia de lo cual Semele murió carbonizada.

SÍPILO: Monte de Lidia.

SÍSIFO: Es el más artero de todos los mortales. Hijo de Eolo. Según una tradición, recogida fundamentalmente por los trágicos, la víspera de la boda de Laertes y Anticlea, Sísifo consiguió seducir a ésta, y el hijo que nació de ella, es decir, Odiseo, no fue realmente hijo de Laertes, sino de Sísifo.

SUNIO: Promontorio al sureste del Ática.

TÁNTALO: Hijo de Zeus. Era rey de Lidia o de Frigia con su morada en el monte Sípilo (v. Níobe).

TEBAS: Ciudad de Beocia.

TECMESA: Hija del rey frigio Teleutante. Áyax, en sus razias por las ciudades de Asia, había atacado en una ocasión la ciudad de Teleutante y se había llevado como esclava a Tecmesa. El héroe vivió con ella durante el asedio de Troya, y tuvo un hijo de ella, Eurísaces.

TELAMÓN: Padre de Áyax. Su reino era Salamina. Su leyenda está en relación con las grandes empresas de la época heroica: la cacería de Calidón, y la expedición de los Argonautas. Pero sobre todo es importante por su participación en la toma de Troya por Heracles. Telamón fue el primero en entrar en la ciudad. Por su valor le fue concedida Hesíona, hija de Laomedonte, de la que tuvo a Teucro, que es por lo tanto hermanastro de Áyax.

TELEUTANTE: Rey de Frigia, padre de Tecmesa.

TÉSTOR: Hijo de Apolo y padre del adivino Calcante.

TEUCRO: Hijo de Telamón y Hesíona, hermanastro de Áyax (v. Telamón).

TIRESIAS: Célebre adivino ciego. Desempeña en el ciclo de la leyenda de Tebas el mismo papel que Calcante en la de Troya, es decir, son los adivinos oficiales de ambos ciclos épicos.

TIRINTO: Ciudad de la Argólida.

TRACIA: Región al norte de la Propóntida, a la que hoy llamamos mar de Mármara.

TRAQUIS: Ciudad de Tesalia.

TROYA: Ciudad de la Tróade, en el extremo noroccidental del Asia Menor.
YACO: Otro nombre de Dioniso.
YOCASTA: Mujer de Layo y madre y mujer a la vez de Edipo (*v.* Layo).
YOLA: Hija de Eurito, rey de Ecalia. Heracles, preso de amor por ella, destruyó la ciudad y se la llevó cautiva.
ZEUS: Es el dios más importante del panteón olímpico. Hijo de Crono y Rea. Junto con sus hermanos Posidón y Hades se repartieron el mundo: a Hades le correspondió el mundo subterráneo, a Posidón el mar, y a Zeus el cielo y la tierra. Tuvo infinidad de relaciones amorosas con diosas y mortales, de las que tuvo un sinfín de hijos e hijas. Entre los más importantes podemos mencionar a Atena, Afrodita, Apolo, Ártemis, Ares, Hermes, Dioniso, Heracles, etc.